辨喜传

梵澄译丛·主编 闻中

辨喜传

［法］罗曼·罗兰 著

朱彩红 译

广西师范大学出版社
·桂林·

顾 问

（以姓氏笔画为序）

王志成

毛世昌

卢 勇

乐黛云

孙 波

孙向晨

杜伽南达

吴学国

张颂仁

高世名

总顾问

高世名

主 编

闻中

中译本导论

德国作家赫尔曼·黑塞（Hermann Hesse）一生为东方文化而着迷，他曾在颇具神秘色彩的作品《东方之旅》舒缓而迷离的小说节奏之间，突然插入了一段神来之笔，说道：

> 我发觉参加了到东方的朝圣，表面上仿佛是一次明确而单纯的朝圣——但事实上，以它最广泛的意义来说，这次东方的远征，不仅仅是属于我的和现在的；这个由信徒和门徒所构成的行列，一直都在不断地走向东方，走向光明之乡，许多世纪以来，这个行列都在走动，朝着光明的奇迹，而每一名分子，每一个小组，甚至于连我们全伙及其伟大的朝圣，都只不过是人类，以及朝向东方的、朝向家乡的人类精神的永恒奋斗中川流不息的一波而已。①

这段话似乎成了一个大大的隐喻，不但表征了西方自毕达哥拉

---

① ［德］赫尔曼·黑塞：《东方之旅》，蔡进松译，台北：志文出版社，1999年版，第49页。

斯起就已经开始的朝向"东方"的精神征程，就算同为东方子民的中国在历史的不同时段也是一拨又一拨地往"西天"朝觐。而他们的汇聚之地就是那个神话思维和神话想象遍布全地的神秘国度——印度。这一地域，曾被古代的中国人于汉籍中造出各种稀奇古怪的名字诸如"身毒""贤豆""天竺"等来加以称谓，而其中某位朝圣者则云：

> 详夫天竺之为国也，其来尚矣。圣贤以之叠轸，仁义于焉成俗。然事绝于曩代，壤隔于中土，山经莫之纪，王会所不书，博望凿空，徒赍怀于栱竹；昆明道闭，谬肆力于神池。遂使瑞表恒星，郁玄妙于千载；梦彰佩日，秘神光于万里。①

又有云："所有星光之照，岂如朗月之明！苟缘斯致，因而譬月。良以其土圣贤继轨，导凡御物，如月照临。由是之故，谓之印度。"②又云："夫印度之为国也，灵圣之所降集，贤懿之所挺生，书称天书，语为天语。"③

可见加入这样的一种追寻，是一种极富魅力的生命经验，正如黑塞所言，往"东方"的追寻，正是"人类精神"朝往故乡和家园的"永恒奋斗"。而我们今日把类似的精神追寻指向风起云涌的印度近

---

① [唐]玄奘等著，季羡林等校注：《大唐西域记校注》，北京：中华书局，2000年版，上卷，第1—2页。
② 同①，第161—162页。
③ 同①，第1046页。

现代走出来的先知般的人物——辨喜（Vivekananda），也应该抱有同样的情怀和遐想。这本罗曼·罗兰1929年所写的重要传记，终于以汉语的形式出版了，让我们有机会一起深入地来了解此人，了解他的生平与思想。

印度辨喜尊者（Swami Vivekananda，1863—1902），原是一位寂寂无名的印度托钵僧人，信守《奥义书》里的隐修精神，只因风云际会而涌到了时代的最前端，革新了印度教，开启了民智，同时激励了印度的民族精神，他曾在已逝的导师之预言与祝福中，参与了1893年于美国芝加哥所召开的"世界宗教议会"，其丰赡的学识、深湛的思想，加之长年的瑜伽修行而筑就的人格魅力，使得他一夜之间名满天下，被欧美人誉为"雷霆般的雄辩家"（Lightning Orator），而其传播印度精神的辉煌事功，又使得印度人把他当成自己的民族英雄，一位杰出的先知。他的伟大古鲁[①]罗摩克里希纳（Ramakrishna）在世之时，就曾说过，辨喜将会是一位英雄，是指向世界的一把利剑，劈开精神界的愚昧，并将珍贵的灵魂拯救之道从东方带至西方。时至今日，辨喜于1897年创建的"罗摩克里希纳传道会"（Ramakrishna Mission），依然是印度教在海内外具有极大影响力的宗教社团。

从罗曼·罗兰的该部传记当中，我们可以看到，辨喜的思想是复杂的。他天资雄拔，早年又受过良好的西式教育，而遇到其精神导师

[①] Guru，意为"精神导师"，辨喜终生敬服其导师，并说"古鲁崇拜（Guru-Bhakti）是一切灵性发展的基石"。参见 The Life of Swami Vivekananda, by His Eastern and Western Disciples, Kolkata:Advaita Ashrama, 1989, Vol. II, p.70。

罗摩克里希纳之后，又接上了印度自古以来的秘修传统。古老的印度文明万流归壑，而他就成了应时而召的伟大盛器，几乎每一种传统都能够在他那里得到重要回应。甚至连摩尼教和犹太教等似乎与印度本土文明颇为遥远的精神传统也在他的滔滔雄辩中得以梳理与传达。古鲁去世之后，他曾长年漫游于印度四境，与无数的高人逸士有过深度的接触和学习，故真要理清其全部的精神脉络实非易事，但其基本精神无疑是自古以来的印度文明的主流思潮——即吠檀多哲学和瑜伽思想。

他的作品里显示出他甚为关注东西方文明的走向，尤其是宗教文明的比较，他认为所有的宗教都是真实的、美善的，因此，每一个人都应该坚守自己的信仰，但同时也要尊重他者的信仰方式，甚至是偶像崇拜。我们需要注意的是，辨喜与其导师一样，从来都支持偶像崇拜对于灵性成长的重要意义，认为古老的迷信也埋藏着黄金般的真理。罗摩克里希纳就曾说过："如果我们真的感知到神的无所不在，为什么我们就不能借着崇拜一个神圣的形象来达到对心意的专注呢？难道这全在者就独独不显现于此形象中吗？那些不重视偶像崇拜的人，也请不要抵制他人对任何偶像的崇拜，而那些试图从这些崇拜中寻找错误的人，他自己其实是愚蠢的。"偶像崇拜亦可以是一条灵性上扬之路，只要不停留于信仰的低地。

辨喜还曾提及奉爱圣者罗摩奴阁（Ramanuja）生平中的一则小故事：曾有一些孩童在道上玩耍，他们在地上涂抹出一幅斯里兰甘（Srirangam）神庙的画像，并且在上面画出大神朗迦南德（Ranganatha）的冥思图。恰好被当时在路上行乞的罗摩奴阁看到，他迅疾上前，在像前跪倒膜拜，而且立即跌进了三摩地。"以为神不能于我们所制的雕像和我们所画的画像上面存在，这是极其愚蠢的念头。"故此，问题不应是谴责他们，而是要帮助他们从这种较低层次的崇拜形式中提升至更高更圣洁的宗教形式。

而宗教里所涉及的宇宙、神和人的关系也是辨喜全部作品的核心命题；但他同时也认为，任何宗教与任何知识一样，必须基于内在的经验，换言之，每一个人都应该寻找到适合自己的那种与神圣者的联合之道，也就是瑜伽（Yoga）实践，这种与神圣者的联合之道其实也藏在普遍的精神修行中，它不仅仅是印度文明所独有，也是辨喜所要给世人晓示的精神界的奥秘。而作为伟大的民族主义者，他也对印度文明寄予厚望，认为它将一直承担着向世界传播宗教与灵性信息的使命，过去如是，将来亦然。

人们在涉及印度思想家的精神根基之时，譬如像辨喜的吠檀多思想和瑜伽修行，必然会与印度哲学中最重要的概念"梵"（Brahman）相遇。因为"梵"是印度文明的根本概念，自"奥义书"时代的古典圣人一直到近现代的诗人泰戈尔、哲学家阿罗频多等，都是一脉贯之。至于辨喜更是以"吠檀多"的传播者自命，在欧美的讲演中力图展现以《奥义书》《梵经》和《薄伽梵歌》等为代表的"吠檀多精神"，尤其是《奥义书》的智慧之道与《薄伽梵歌》的行动之道，构成真谛与俗谛动态不二的结构。

他还曾认为，一切思想想要在人心中立稳根基，都应该回到《奥义书》，回到天启与圣传的经典。而"梵"就是这些经典的核心，它具有三个特征，即存在（Sat）、智慧（Chit）和喜乐（Ananda），在当今世界的多元文明中，正可构成人类不同文明对话的维度。譬如，海德格尔的存在论与Sat、维特根斯坦的知识论与Chit，以及尼采所推崇的充满狂喜的酒神精神与 Ananda 等，皆可构成深度的对话。

但是，自古以来，东方思想的根本洞见，很难被西方的哲学概念所涵盖，反而是常常逸出了其概念所及之范围，尤其是东方思想里面所代表的体证与经验的那部分。况且在东方哲人看来，哲学本身就应该是异于其他任何学问，诚如方东美先生所云："别的学问可能客观，哲学则不然，尤其是东方哲学，东方哲学所讲的智慧是'内证圣智'，外在的经验和事实只能助其发展。"[1] 因为就哲学而言，绝非仅仅起于"好奇"那么简单，而应是试图寻求路径，求得本原，如印度哲学，则是为解脱与终极的涅槃而存在，它寻求的就是内圣的体证之路，其实践方式也就是瑜伽之道。

需要提醒的是，今日的我们必须摆脱风行的狭隘瑜伽概念，"瑜伽"在《薄伽梵歌》，甚至在辨喜那里，事实上指向了联结人与神圣者的所有可能存在的所有方式。而印度的宗教与哲学也都是基于这些精神修行，在他们的文明中，以精神实证为特征的"瑜伽"作为正统六派哲学之一而存在，与其他玄妙的纯理论并驾齐驱，这本身就是很耐人寻味的文化现象。其实，如果我们深入地了解这些瑜伽的精义之后，我们还会发现，它们同时也是世界各大文明的核心精神，只是它们从不曾得到如其在印度文明里面那般的隆重恩遇。

当今世界无疑是个不同文明相遇的世界。一战前的文化怪杰斯宾格勒在考察过人类各大文明的命运时，写就了如同旋风般有力的《西

---

[1] 方东美：《从比较哲学旷观中国文化里的人与自然》，载自方东美全集第三卷《生生之德》，台北：黎明文化事业股份有限公司，2005年版，第317页。

方的没落》。而印度文明那时早已渗入欧洲，而时至今日，种种迹象表明，文明的对话已成了无可回避的境遇，它一定程度上也预示着人类共同体的生存与毁灭的问题。而在我们看来，辨喜所代表的印度宗教思想正是这个时代最好的宗教对话资源之一。他也是这个领域的先驱式人物，作为1893年首届世界宗教大会上最辉煌的人物，我们理应关注他的宗教思想，以及所带来的巨大启迪。

印度文明的神秘和幽邃是迷人的，辨喜更是极富魅力的，并是离我们最近的近现代圣人之一，他当年往美国参加宗教大会的途中，还曾于中国的土地上停留三日，留心观察过香港、广东等地人民的生活。而他对英语世界所造成的震动更是至今余响未绝，影响了当时与后来无数人的命运，并开启了印度大师向西方主动传道的精神历程。譬如后来的室利·阿罗频多（Sri Aurobindo），尤迦南达（Paramhansa Yogananda），斯瓦米·穆克达南达（Swami Muktananda），斯瓦米·帕布帕德（Swami Prabhupada），等等，他们先后都受过辨喜不同程度的启发。

但平心而论，就传播"吠檀多哲学"的历史来讲，辨喜也不是第一人，他照样受到前人的影响，梵社第一代精神领袖罗姆摩罕·罗易（Rajah Rammohum Roy，1744—1833）就是辨喜极为推重的前辈，因为他才是立于印度本土将吠檀多哲学传播到英语世界的先驱。最早译成外国文字的《奥义书》是在17世纪莫卧儿王朝时期，当时少数几个篇章被转译成了波斯文字；19世纪初，法国学者迪配隆（A. Duperron）又依据这个版本转译成拉丁文，这个版本也借着影响叔本华进而影响到欧洲哲学的走向，罗易则是以英译《奥义书》而输出印度思想。故此，辨喜把罗易视为"行动瑜伽"的代表人物。

而罗易所翻译的《奥义书》也相当程度地影响了西方文化，譬如美国19世纪的那场轰轰烈烈的号称"美国文艺复兴"的超验主义（Transcendentalism）运动，一定程度上复兴的是远在印度的"吠檀多"精神，无论是其精神领袖爱默生，还是这个运动里边的重要骁将梭罗，都是印度精神养育的乳儿。他们暗中以罗易翻译的《奥义书》为思想武器，这已经被一些学者注意到，并专门编有一本《爱默生与梭罗的两种"梵"资料》(*Two Brahman Sources of Emerson and Thoreau*)。里面包括了罗易翻译的《奥义书》，有《蒙查羯奥义书》《由谁奥义书》《石氏奥义书》和《伊萨奥义书》等四种，以及一些吠陀颂歌，此书原于加尔各答出版，后又在1832年于伦敦推出；还有一卷是William Ward译的《印度的历史、文学与神话》，原书于1922年，也是在伦敦出版问世。[①] 无怪乎此后一直追随爱默生足迹的美国大诗人惠特曼会写出《向着印度行进》的诗歌，其辞曰：

啊，灵魂，向着印度行进！
解开亚洲的神话，那些原始的寓言之谜，
不只是你们才是世界的值得夸耀的真理，
不只是你们，你们这些现代科学提供的事实，
而是古代的神话和寓言，亚洲，非洲的寓言，

那些精神的射程遥远的光芒，那些放松了约束的梦想，
那些潜入力深远的圣典和传统，

---

① 参见 W. Stein, *Two Brahman Sources of Emerson and Thoreau*, Florida: Gainesville, 1967。

> 诗人们设想的大胆情节，昔日的宗教；
> 啊，你们这些比正在升起的太阳所浇灌的百合更加美丽的寺院！
> 啊，你们这些寓言，摈弃了已知，逃脱了已知的掌握，直上高天……①

但不管怎么样，罗易所造成的影响远远不及辨喜，更没有像辨喜那样违背国家禁令，亲自远渡重洋到世界各地言传身教，把印度最伟大的思想加以弘扬。在印度历史上，这也许只有佛陀在东方的作为，可以与辨喜在西方的事功相提并论。

有时候我只觉得生命中的所有重要秘密都隐藏在一句话语里面，那就是《旧约·创世记》中的圣言："耶和华神说，那人已经与我们相似，能知道善恶。现在恐怕他伸手又摘生命树的果子吃，就永远活着。耶和华神便打发他出伊甸园去，耕种他所自出之土。于是把他赶出去了。又在伊甸园的东边安设基路伯和四面转动发火焰的剑，要把守生命树的道路。"（3：22—24）正因为"生命树的秘密"被神界牢牢把守，才使得一代代东西方的天才与圣徒互相携手、互相努力，从而将天上的智慧与圣火盗至人间，普及人间。人类生命中的所有苦难在此，挣扎在此，圣洁与高贵也一并于斯。这种可敬的历史我们甚至可以一直追溯到神话时代的英雄普罗米修斯（Prometheus）和吉尔伽美什（Gilgamesh）那里去，我想，把辨喜归入这么一个行列应该是合适的。

---

① ［美］惠特曼：《草叶集》，赵萝蕤译，上海：上海译文出版社，1991年版，第714页。

作为伟大而杰出的人道主义作家，罗曼·罗兰在中国一直深受人们的喜爱，尤其他的传记，在以傅雷先生为代表的译家那里，不断召唤这一代代富有生命力的新人，矢志于精神的战斗，为文明世界提供创造性的思想基础。在此，我们也希望，罗曼·罗兰的这本杰出的关于印度精神的传记，也能够得到汉语学界与普罗大众的深喜，为之而赞叹，并驱除内心的寂寞，携手合力，像每一个伟人一样，为他所在的那一个时代而努力着，一起朝觐人类精神的故乡，从而有望建筑起人类历史上那些最为厚重的浮雕群像。

深爱东方文明，尤其是印度文明的德国作家赫尔曼·黑塞在其《东方之旅》的同一个地方还进一步说道："因为我们的目标不只是东方，或者不如说东方不仅是一块国土和地理上的东西，而且也是灵魂的家乡和青春，它是处处皆在而处处不在，它是一切时间的联合。"

闻中

2021 年 11 月 16 日

目 录

上篇　辨喜的生活

　序　幕 \ 003

　第一章　云游托钵僧：尘世对流浪灵魂的召唤 \ 007

　第二章　云游印度 \ 018

　第三章　奔赴西方的伟大旅程和世界宗教议会 \ 028

　第四章　盎格鲁-撒克逊的亚洲精神先驱：爱默生，梭罗，惠特曼 \ 039

　第五章　在美国传道 \ 059

　第六章　印度与欧洲的相遇 \ 072

　第七章　返回印度 \ 087

　第八章　建立罗摩克里希纳传道会 \ 098

　第九章　第二次西方之行 \ 124

　第十章　离别 \ 131

中篇　辨喜的普世福音

　第一章　摩耶与自由征程 \ 145

　第二章　伟大的道路：瑜伽 \ 156

　　一、行动瑜伽 \ 160

　　二、虔信瑜伽 \ 171

三、胜王瑜伽 \ 180

四、智慧瑜伽 \ 193

第三章 科学：普世之宗教 \ 211

第四章 上帝之城与人类之城 \ 230

第五章 当心恶犬 \ 242

结 论 \ 254

下篇 补充资料

第一章 罗摩克里希纳修道院和传道会 \ 261

第二章 辨喜之后印度的觉醒：泰戈尔与阿罗频多 \ 273

附 录

附录1 论神秘的内倾及其对认识现实的科学价值 \ 285

附录2 论公元1世纪希腊基督教神秘主义及其与印度教神秘主义的关系：亚历山大里亚的普罗提诺和亚略巴古的丢尼修 \ 297

译后记 \ 329

上篇 辨喜的生活

序　幕

作为罗摩克里希纳的伟大弟子，辨喜的任务是继承古鲁的灵性遗产，并将古鲁的思想稻谷撒遍全世界。然而，无论在体格上还是在品性上，他都和古鲁截然不同。

罗摩克里希纳，一位撒拉弗般纯洁的大师，在亲爱的神圣母亲脚下度过了一生。孩提时起，他就开始敬拜神圣母亲，在获得自我意识之前，他就意识到了对神圣母亲的爱。然而，为了重返神圣母亲的怀抱，他不得不苦行数年，犹如一名骑士在森林游荡，他历经的磨难是为了让自己配得上这种高尚而虔诚的爱所指向的对象。神圣母亲独自守在林中全部岔路的终点——这位多重之神，她的面孔隐藏在无数面孔之中。当他抵达神圣母亲时，他发现，他已学会辨认其他所有面孔，并在她里面去爱它们，这样，他得以通过神圣母亲拥抱全世界。他的余生在无限的"欢乐"（Joy）所带来的宁静的圆满中度过，这"欢乐"的启示，贝多芬（Beethoven）和席勒（Schiller）已经为西方唱出。①

然而，罗摩克里希纳比我们的悲剧英雄贝多芬和席勒更加完全地实现了欢乐。欢乐在贝多芬那里仅仅是层层乌云缝隙中透出的一抹

---

① 指贝多芬第九交响曲，以席勒的《欢乐颂》结尾。——英译者注

蔚蓝，而这只印度的至尊天鹅却将它的羽翼栖息在深蓝色的永恒之湖上，超脱狂暴日子的面纱。

我们不能假定，他的那些值得骄傲的弟子赶上了他。他们中间最伟大的那一个，那个拥有最大翅膀的灵魂——辨喜，也只能借着暴风雨中的突然起飞，才达到他的高度，这让我一遍遍地想起贝多芬。甚至在停驻于海面的那些时刻，辨喜的船帆也装满了各色的风。尘世的哭喊，时代的苦难，犹如饥饿的海鸥在他周围飞来飞去。力量（而绝非软弱）的激情在他雄狮般的心中激荡。辨喜是人格化的能量，而行动是他给予人类的信息。对他而言，就像对贝多芬而言，行动是一切美德之根。他是如此地厌恶逆来顺受，而世俗之轭又是如此沉重地压在东方这头忍辱负重的老牛身上，因此他说：

"首先，要顽强！要有气概！我甚至尊重邪恶之人，只要他顽强而有气概，因为他的力量有朝一日会让他放弃邪恶，甚或放弃所有怀着自私目的的行动，最终进入真实。"[①]

他的健壮体格与罗摩克里希纳的孱弱身板相反。他身材高大（5英尺8.5英寸）[②]、肩膀宽阔、胸膛厚实、骨骼粗壮，是个大块头；他的手臂肌肉发达，受过训练，能够从事所有类型的运动。他有着橄榄色的皮肤，圆润的脸庞，宽阔的额头，雄健的下巴[③]，一双高贵的眼睛，瞳仁又大又黑，眼睑厚重，让人想起古典的荷叶比喻。没有什么

[①] 1891年在拉杰普纳对他的阿尔瓦尔弟子发表的演说。
[②] 他体重170磅。根据《纽约骨相学期刊》（见《辨喜的生活》第二卷），确切的数据也许在他第一次赴美时有记录。
[③] 他的下巴更像是鞑靼人的，而不是印度人的。辨喜以自己的大胆祖先为荣，他爱说在印度"鞑靼人是印度民族的酒"。

能够逃脱他充满魔力的一瞥,这一瞥能以不可抗拒的魅力去包容,能闪出智慧、讽刺或善良的光芒,能在狂喜中自我消融,能迫切地投入意识深处并狂猛地凋谢。然而,他的卓越特征乃是王者之相。他天生是个王者,无论在印度还是在美国,没有人走近他而不尊崇他的威严。

1893年9月,当这个二十九岁的无名青年在由红衣主教吉本斯(Cardinal Gibbons)发起的芝加哥世界宗教议会开幕式上现身时,在他面前,所有与会者黯然失色。他的力与美,他优雅庄严的举止,他闪亮的黑色双眸,他的堂堂相貌,以及从他开口那一刻起,他深沉的嗓音①发出的壮丽音乐,迷住了美国的广大盎格鲁-撒克逊听众,他们先前由于他的肤色而对他抱有偏见。这个印度刹帝利先知②的思想在美国留下了深刻的印记。③

不可能想象他屈居第二。无论身在何处,他都是第一。甚至连他的古鲁罗摩克里希纳在有关这名亲爱弟子的一次异象中,也把自己描绘成一个孩子站在一个伟大见者的身旁。即便辨喜拒绝接受这种崇敬,严格地自我评判并故意让自己出丑,也是枉然,因为每一个人第一眼便会承认他是领袖,是神所"膏"的,带有权柄的标记。一位旅人在喜马拉雅山偶遇他,并不认识他,却惊诧地停下来叫道:"湿

---

① 他有着美妙的嗓音,就像一把大提琴(约瑟芬·麦克里尔德这么告诉我),庄严却没有激烈冲突,而是带着深沉的振动,充满大厅和心灵。一旦听众被吸引,他就能让声音如同热烈的钢琴声,进入听众的灵魂。艾玛·卡尔维认识他,把他的嗓音描绘成"绝妙的男中音,振动如中国弓"。

② 他属于刹帝利阶级,武士种姓。

③ 罗摩克里希纳传道会经他介绍,迅速传播,他在美国人中找到了若干最虔诚的弟子。

婆……"①

仿佛他的择神在他的额头刻下了自己的名字。

然而,正是这个额头饱经风霜,犹如被四种灵魂之风吹打的悬崖峭壁。他难得显出平静的气氛,即透明的思想空白,那里停留着罗摩克里希纳的微笑。他超级强健的身体②和无比开阔的大脑是注定的战场,要经受他在风暴中飘摇的灵魂之冲击。在他那里,过去和现在、东方和西方、梦想和行动,都在为了赢得主权而斗争。他知晓并可以达成太多,而不能通过放弃他的本性的一部分或真理的一部分去建立和谐。为了综合那些强大的对立力量,他持续斗争若干年,耗尽勇气和生命。战斗和生命在他那里是同义词。③他寿数有限,罗摩克里希纳去世十六年后,这名伟大的弟子也随导师而去……那些大火熊熊燃烧的年份……当这个身强力壮之人直挺挺地躺在火葬柴堆上时,还不到四十岁……

然而,那个火葬柴堆的火焰燃烧至今。从他的灰烬中,仿佛从神鸟凤凰的灰烬中,出现了对大一④的信仰、对一个伟大信息的信仰;自吠陀时代起,一个古老的民族就在以其梦想精神哺育这个信息,它必须被传达给全人类。

---

① 由达恩·葛帕·穆克奇(Dhan Gopal Mukerji)讲述。
② 但糖尿病第一次发作很早,他死于此疾。这个大力士总是与死亡比邻。
③ 难道他不是把生命解释为"一个存在者展开和发展的趋势,在某些情况下倾向于被压下"。(1891年4月与凯特里王公的会面。)
④ "大一"指万物的内在灵魂、本质、实相,在印度教中通常用"梵"或"至上神"来称呼。

第一章　云游托钵僧：尘世对流浪灵魂的召唤

1886年圣诞夜后，巴拉纳戈尔的守夜祈祷式上，一个新的使徒教团在爱的热泪中成立，以纪念他们仙逝的古鲁……时光飞逝，多年以后，罗摩克里希纳的思想被转变为活生生的行动。

在思想与行动之间，需要搭建一座桥梁，他们起初无法下定决心去搭建。唯一具备必要的能量和建设性才能的那一个是纳伦（Naren）①，而

---

① 我要提醒读者，他原名纳伦德拉纳特·达塔（Narendranath Dutt）。直到1893年赴美前夕，他才改名为辨喜。

关于这个话题，我咨询过罗摩克里希纳传道会。斯瓦米·阿肖卡南达（Swami Ashokananda）怀着巨大的善意把一项全面调查的全部结果交给了我。根据辨喜在修道院最重要的弟子之一——斯瓦米·萨达南达（Swami Suddhananda，时任罗摩克里希纳传道会秘书）的决定性见证，罗摩克里希纳总是叫他纳伦德拉，或者更简短地称他为纳伦。尽管他让某些弟子成为桑耶辛，但他从未按照常规形式给他们起法名。他实际上给纳伦起了个绰号，叫卡马拉克夏（Kamalaksha，莲花眼），但纳伦马上放弃了这个绰号。在他起初云游印度期间，他以不同的名字现身，以便隐藏自己的身份。有时他是斯瓦米·维韦迪夏南达，有时他是萨切南达。此外，在赴美前夜，当他去向当时的神智学会主席奥尔科特上校（Colonel Olcutt）申请去美国的介绍信时，奥尔科特上校以为他叫萨切南达，上校没有把他推荐给自己在美国的朋友，反而提醒他们要远离他（奥尔科特写给夏玛帕拉的信在美国，萨达南达读过）。是他的重要朋友凯特里王公在他登上赴美轮船的那一刻，向他提出了辨喜这个名字。这个名字的灵感来自一个幻觉：这位斯瓦米拥有"分辨力量"。纳伦接受了它，也许是暂时的，然而他再也没法换掉这个名字，即便他想要换掉，因为在几个月里，这个名字就俘获了一批印度—美国名流的心。

他自己犹豫了。他甚至比他们所有人还要更加不确定,梦想与行动撕扯着他。在架起横跨两岸的桥梁之前,他需要了解和探究对岸:印度的社会现实和时代状况。然而,没有什么是清晰的:即将来临的使命在这个命运选中的年轻人狂热的心中朦朦胧胧地燃烧,当时他只有二十三岁。任务是如此地艰巨、庞大和复杂!何以完成任务?要从何时何地开始着手?在极度痛苦之中,他推迟了下决定的时刻。然而,他能够阻止自己内心隐秘的深处那充满激情的讨论吗?自青少年时起的每一夜,它都纠缠着他,不是有意识地,而是无意识地贯穿他天性中热烈而冲突的本能,以及冲突的欲望——拥有、征服和统治尘世的欲望,和弃绝一切尘世之物以便拥有神的欲望。①

这种斗争在他的一生中不断地卷土重来。这名战士和征服者想要拥有一切:既拥有神又拥有世界,就是说,统治一切、弃绝一切。各种过剩的力量在他罗马运动员般的身体和凯旋将军般的头脑中争夺统治权。然而,正是过多的力量致使他不可能将他的洪流局限在任何河床之内,除了神的河床——向大一(Unity)全然地自我臣服。骄傲与迫切的爱之间、两个巨大的欲望(二者是对手和不折不扣的兄弟)之间的这种争夺要如何解决?

还有第三个要素,罗摩克里希纳的预言者之眼早已看出,而纳伦自己也预见到了。当时,有人对这个年轻人表示担忧或怀疑,因为在他身上,各种如此狂暴的力量在运作着,而他的古鲁却断言:

"在纳伦遭遇苦难和不幸的那一天,他性格中的骄傲将化成无限慈悲的心境。他对自己的强大信仰将成为工具,在灰心丧气的灵魂之

---

① 参见纳伦讲述的灵性冲突故事。

中重建已然失去的信心与信仰。他那基于强大自制的自由品行，将在他人眼里闪闪发光，成为真正自由的自我展现①。"

遭遇苦难和不幸——不仅是模糊笼统的不幸，而且是明确的不幸、近在咫尺的不幸、同胞的不幸、印度的不幸——将成为刀上火石，由此，一颗火星飞溅而出，点燃整个灵魂。以此为基础，骄傲、雄心与爱、信仰、科学与行动——他的所有力量与所有欲望全部投入服务于人的使命当中，合起来成为一场熊熊大火："这种宗教将给予我们自我信仰，民族自尊，以及力量去喂养和教育穷人、解除我们周围的不幸……如果你想要找到神，就去服务于人！"②

然而，只在数年的耳闻目睹之后，他才意识到了自身的使命，并全心投入；在那些直接经验中，他亲眼看见、亲手触摸赤裸的印度母亲悲惨而荣耀的身体。

让我们用文字来伴随他经历"流浪岁月"（Wanderjahre）③。

在巴拉纳戈尔的第一年，他将最初的几个月致力于使徒们的相互启发，因为他们中间没有一个已然准备好向人传道。他们渴望专注于追寻神秘觉悟，而内心生活的欢喜让他们的双眼远离外界。纳伦虽然共享他们对无限者的渴望，但意识到了这种基本的吸引力对于消极的灵魂是多么地危险，它就像重力之于一块下落的石头，而纳伦的梦想本身是行动，他不会让他们被冥想麻痹地吞没。于是，他让这段修道

---

① 就是独一的神圣存在者（引自萨拉达南达的著作 Divya Bhana）。
② 《辨喜的生活》，出自《辨喜全集》第二卷第七十三章（The Life of Vivekananda, Vol. II, Chapter LXXIII），1893 年之前的对话。
③ 众所周知，这是歌德的书名《威廉·麦斯特的流浪岁月》（Wanderjahre 的字面意思是流浪岁月。——英译者注）。

院隐居期成为一种勤勉教育的群居——一所灵魂的高级学校。他的才能与知识的优势从一开始就赋予了他对同伴们的一种默示但明确的领导权,尽管他们中有不少人比他年长。古鲁离世之时留给纳伦的遗言难道不是——

"照顾好这些伙伴!"……①

纳伦毅然担负起了这所刚刚建立的学校的管理任务,不允许它沉迷于对神无所事事的遐想中。他让成员们始终保持警醒,并且"毫不怜悯"地不断"骚扰"他们的心意;他为他们朗读人类思想的伟大著作,向他们解释宇宙精神的演化,迫使他们对所有重大的哲学和宗教问题进行枯燥而热烈的讨论,他引导他们不屈不挠地走向无限真理的宽广地平线,这真理超越一切学派与种族的藩篱,他引导他们拥抱和统一所有的特殊真理。

这种精神的综合实现了罗摩克里希纳爱的信息所许下的承诺。这位不可见的古鲁指挥着他们的聚会,而他们得以在为他的普世心灵服务的过程中安置他们的智性工作。

然而,犹如法国中产阶级那样封闭在某个地方,并非印度出家人的特质,尽管欧洲人认为亚洲人喜静。甚至连那些修习冥想之人,他们的血液中也流淌着这样的世俗本能:浪迹天涯、居无定所、了无牵挂,所到之处皆是新地。这种成为流浪僧侣的倾向在印度宗教生活中有个特殊的名字——云游托钵僧,它不久便激励了巴拉纳戈尔的一些教友。从成立的那一刻起,整个教团就从未全部聚齐。头领中的两个,尤迦南达(Yogananda)和拉图(Latu),就缺席了1886年

---

① 《罗摩克里希纳南达弟子回忆录》中有关罗摩克里希纳弥留之际的记载,在美国出版,收录于 Messages from the East(参见第一卷第十二章)。

的圣诞节奉献仪式,有人追随罗摩克里希纳的遗孀去往边达本,还有人——比如年轻的萨拉达南达——突然消失,而没有交代自己去了哪里。尽管纳伦想要维系把兄弟们结合起来的这条纽带,但他本人也渴望逃离,并为这种渴望所纠缠。灵魂的这种流浪需求,这种消失在蓝天中的渴望——犹如一只笼中信鸽——如何能与新生教团所必需的稳定性调和?后来的安排是,该教团至少应有一部分成员始终留在巴拉纳戈尔,好让其他教友响应"森林的召唤"。实际上,他们当中只有一个人——萨斯(Sasi,Soshi)从未离开教团,他是修道院的忠实守护者、固定的中心、鸽笼的压顶石,流浪的翅膀飞回他那里……①

纳伦在两年时间里按捺住了飞翔的召唤。除了短期外出,直到1888年,他一直留在巴拉纳戈尔。接着,他突然离开,起初并非独自一人,而是带着一名同伴。尽管逃离的渴望是如此地强烈,但在两年半的时间里,如果被教友或某个预料之外的事件召唤,他总会回去。然后,他再度被神圣而疯狂的逃离渴望抓住,这种压抑了五年之久的渴望最终冲破了所有的界限。1891年,他独自一人,没有同伴,没有姓名,手持碗杖,作为无名乞丐,在数年时间里消失在印度的茫茫大地上。

然而,有一种隐秘的逻辑指挥着他的这个分心过程。对于被隐藏

---

① 我在前面说过,自由的罗摩克里希纳在这个方面与其他古鲁不同,没有按常规方式对他的弟子举行入门仪式。这后来成为一个被用来指责辨喜的话柄。纳伦和他的同伴们在1888年或1889年自己补上了入门仪式,他们履行了纯净仪式(Viraja Homa),即在巴拉纳戈尔的修道院里举行传统的弃绝仪式。斯瓦米·阿肖卡南达还告诉我,在印度,人们还认为另一种类型的弃绝高于以通常的方式被尊崇的常规弃绝。如果一个人感觉到对生活的强烈超脱和对神的强烈渴望,就可以独自过弃绝的生活,甚至不要求任何正规的入门。这无疑是巴拉纳戈尔的这些自由僧侣们的状况。

的神占据的人来说，不朽名言"如果你没有发现我，就不会寻找我"[①]再真实不过了；这样的人与隐藏的神做斗争，为的是从神那里磨出他们所承担的使命之秘密。

纳伦毫不怀疑有个使命等待着他。他的力量、他的天赋在他内部请愿；时代的狂热、世道的悲惨、被压迫的印度发出的无声恳求萦绕着他；而悲剧性的对比——印度尚未实现的庄严而古老的命运对比儿女们的背叛导致的国家堕落，死亡的痛苦与绝望对比爱的复活——折磨着他的心。但他的使命究竟是什么？该由谁来告诉他？神圣的古鲁已经离世，并未向他道明他的使命。在活着的人当中，有没有谁[②]能够照亮他的道路？唯有神。那么，就让神说话吧！但神为何沉默？神

[①]　出自帕斯卡尔（Pascal）。

[②]　只有一个人，一个圣人，受到印度最具智慧之人的尊崇，他就是帕瓦里·巴巴（Pavhari Baba）。这个伟大的隐士出生于贝拿勒斯的婆罗门家庭，非常博学，通晓印度所有宗教与哲学、德拉维人的语言和古孟加拉语，他游遍乡村，独自退隐并进行最严格的苦行。他无畏的灵魂、英雄般的谦卑所带来的平静迷住了印度的那些最高尚的心灵，这种平静使他以冷静的微笑坦然面对最可怕的现实，使他在忍受眼镜蛇咬所导致的巨大痛苦时说，"这是亲爱的神给我的信息"。柯莎布·钱德·森（Keshab Chundar Sen）拜访过他，甚至当罗摩克里希纳健在时，辨喜就拜访过他（帕瓦里认出了罗摩克里希纳的圣洁）。在罗摩克里希纳去世后的那段不确定时期，纳伦再次拜访了他；纳伦每天去他那里，差点成为他的追随者，差点要求他让自己入门。纳伦内心的这种纠结持续了数周，在罗摩克里希纳和帕瓦里·巴巴的两种神秘吸引力之间拉扯。后者原本可以实现他对神圣深渊的激情，在那神圣深渊里，个体灵魂弃绝自身，完全被吸入，一去不返。他原本可以平息始终折磨纳伦心灵的痛悔，这种痛悔由脱离世界和社会服务而生，因为他宣称如下信仰：灵魂可以帮助他人，即便在脱离身体的情况下，而最强烈的行动是由最强烈的专注来履行的。有哪颗宗教之心听到这种言论不会被致命地吸引？在二十一个白昼，纳伦几乎屈服，但在二十一个夜晚，罗摩克里希纳的幻影将他拉回。最后，在一次最强烈的内心斗争中——他常常拒绝谈论，他做出了永久决定。他选择了在人身上服务于神。

为何拒绝回答?

纳伦是去找神的。

他于1888年突然离开加尔各答,穿越贝拿勒斯、达由迪亚、勒克瑙、阿格拉、边达本、北印度和喜马拉雅山。对于这趟旅程以及后来的旅程,我们一无所知,纳伦对他的宗教经历保密,我们只能从遇到他或陪同他的教友的回忆录里获取信息。[①]1888年,第一次云游期间,在离开边达本之后,他于哈提拉——一个小火车站,非常偶然地收了第一个弟子,这个人前一分钟还完全是个陌生人,下一分钟便被他的一瞥深深吸引,放下一切追随他,并至死不渝地忠于他,这个人名叫萨拉特·钱德拉·笈多(Sarat Chendra Gupta,后改名为萨达南达,Sadananda)。[②] 他们伪装成乞丐四处云游,常被驱逐,有时几乎

---

① 萨拉达南达,婆罗门南达,帕莱马南达,尤迦南达,优瑞雅南达,尤其是阿坎达南达,最后一个跟随他的时间最长。

② 辨喜重要的美国弟子克里斯汀修女给我看了她《未公开的回忆录》,在这本书中,她留下了有关这一事件和萨达南达富有魅力的人格的珍贵记述,是从辨喜对她讲的私房话里收集起来的。

萨达南达是哈提拉年轻的火车站站长。他看见几乎饿死的纳伦来到火车站。他被纳伦的一瞥迷住了。"我追随的是一双恶魔般的眼睛。"他后来说。他带纳伦到他家,而当纳伦离去时,他跟随了他,一跟随就是一生。

这两个年轻人都是艺术家和诗人。然而,与导师不同,在萨达南达那里,理智是第二位的,尽管他受过良好教育(他学过波斯语,受到苏菲派的影响)。跟纳伦一样,他对美有着强烈的感觉,并享受自然和乡村的愉悦。没有人比他对辨喜更加忠诚。他沉浸在导师的存在当中,只要闭上双眼,冥想纳伦的面容和仪态,就能立刻进入纳伦的深邃思想。辨喜把他描述成"我精神的孩子"。如果没有认识罗摩克里希纳,他天生与萨达南达是最像的;萨达南达生活中的事件让人想起辨喜,以及珍贵传说中的若干圣人:他看见一头水牛被鞭打,立刻,鞭痕出现在他身上;他照顾麻风病患者,像敬拜神一样敬拜他们;他整夜抱着一个得了天花发烧的人,为他降温。他比后来的任何弟子更加拥有民主精神(根据克里斯汀修女的讲述,

饿死渴死，毫不关心社会地位，甚至愿意吸贱民的烟斗。萨达南达病了，纳伦把他扛在肩上，穿越危险的丛林。接着，纳伦也病了，于是他们不得不返回加尔各答。

这第一次云游将古老的印度生动地展现在他眼前，永恒的印度、吠陀的印度，连同她的英雄和神祇，身披传说与历史的荣光，雅利安人、莫卧儿人、德拉维人——万象归一。[①] 这第一次的冲击让他意识到了印度与亚洲的灵性统一性，他向巴拉纳戈尔的教友们传达了他的这一发现。

从1889年的加济布尔之旅中，他似乎带回了对人类福音的某种直觉，这种福音正被西方新的民主制度无意识地、盲目地书写。他告诉教友，何以"在西方，神圣权利的古老理想以前一直是独一存在者（上帝）的附属品，后来，它逐渐被认为是所有人的财富，而不分阶级，由此，人的精神得以认识自然（Nature）与整体（Unity）之神性"。他看到并立刻宣称，有必要把美国和欧洲已经尝试并取得如此

部分归因于穆罕默德的影响）。在瘟疫期间，他是传道会里最先组织清扫队的人之一。他爱不可接触者，并分享他们的生活。他受到年轻人的热爱。在他最后一次生病期间，一伙忠诚者自称为萨达南达的忠犬，以热烈的虔诚照看他；他们为他丢下一切，就像他为辨喜丢下一切。他不允许他们之间产生不寻常的师徒关系，他是他们的伙伴。"我只能为你们做一件事，"他说，"就是把你们带到斯瓦米吉那里。"尽管有时比较苛刻，但他始终充满欢乐，就像他选的名字所显示的那样，而且他把这种欢乐传达给他们。他们始终对他充满爱的回忆。

请读者们原谅这个长长的脚注，在一定程度上打断了故事的思路。感谢克里斯汀修女为西方的虔诚心灵保存这朵印度"小花"，它实际上充满圣方济各式的恩典，在我看来比写作的迫切需要本身更加重要。

① 在阿格拉，莫卧儿帝国的显赫迹象让他落泪。在达由迪亚，他重温了《罗摩衍那》的故事，在边达本，他重温了克里希纳的童年。退隐喜马拉雅山时，他冥想《吠陀》。

令人满意之结果的那些观念引入印度。所以,从一开始,他就展现出了自由的、伟大的精神,该精神渴望并寻求共同的善,即所有人通过共同努力共同取得灵性进步。

1889年和1890年,安拉阿巴德和加济布尔的短期之旅进一步启发了他的普世观念。在加济布尔访谈期间,我们可以看到,他正在走向印度信仰与现代科学、吠檀多与今日社会现实、纯粹精神与无数神祇的综合(无数神祇是宗教的"低级观念",是人的软弱所必需的,全都具备如下特质:作为知识的幽灵、人类精神发展过程中的各种法门和不同阶段,朝着存在的巅峰缓慢地攀爬)。

这些尚且是灵光一闪,是他的未来之草图。然而,它们全都在他的头脑中积聚和发酵。在位于巴拉纳戈尔的修道院里,在由责任所规定的日常生活中,甚至在与朋友们的交流中——在这些狭小的边界内,一种奇妙的力量在这个年轻人心中生起,再也无法遏制。他必须挣脱捆绑,扔掉锁链、生活方式、姓名、身体,扔掉属于纳伦的全部,在不同人的帮助下再造另一个自我,让已经长成的巨人能够自由地呼吸——重生。重生为辨喜。他仿佛卡冈都亚(Gargantua,巨人),把令自己窒息的绳子撕成碎片……这再也无法被描述为云游对修行的召唤、为了追随神而告别兄弟们。这个身强力壮的青年被他的那些没有用武之地的力量几近逼死,现在他被一种致命的本能驱动着,投靠了一套野蛮的说辞,对于这套说辞,虔诚的弟子们避而不谈。他在贝拿勒斯说:

"我要走了,再不回来,直到像颗炸弹,在社会上爆炸,让社会像条狗一样地跟随我。"

尽管我们知道他本人是如何击败这些可怕的魔鬼,并让它们以最大的谦卑服务于卑微者,但我们也喜欢沉思这些骄傲与雄心所具有的凶猛力量,这力量令他窒息。过度的力量让他受苦,这力量强烈要求统治,他心里有个拿破仑。

于是,在 1890 年 7 月初,这一次,他挣脱了自己亲手建立的巴拉纳戈尔这个可爱的家,挣脱了罗摩克里希纳庇护的这个灵性之巢。他的翅膀送他远去。他首先去请求"神圣母亲"(罗摩克里希纳的遗孀)① 为他的长途旅行祝福。他渴望切断所有缠缚,退隐喜马拉雅山。然而,在一切好东西中,孤独(是珍宝,也是群居之人的恐惧)是最难实现的。父母、朋友,都会否定孤独(托尔斯泰深知这一点,并且从未实现孤独,直到在阿斯塔波沃弥留之际……)。社会生活对那些逃离它的人提出许许多多的要求,当逃离者仍是年轻的囚徒时,要求甚至更多!纳伦直到付出代价才发觉了这一点。代价还包括那些爱他的人:他的兄弟道友们决意跟随他,以致他不得不几乎冷酷无情地和他们分手。② 即便如此,这个悲惨世界也不会允许纳伦忘记它——一个妹妹的死触动了孤独中的他。妹妹是这个残酷社会的可怜受害者,

---

① 莎拉达·戴薇(Sarada Devi),一个善良单纯的女人,比罗摩克里希纳多活四十多年,比辨喜多活了二十多年,受到大家的尊敬与爱戴,她对辨喜的感情跟罗摩克里希纳一样。有一天,麦克里尔德小姐(Miss MacLeod,本故事的讲述者)对莎拉达·戴薇说:"还是你丈夫比较好,他生活在印度,在自己人当中,那一定令他满心欢喜。斯瓦米(辨喜)的使命比较艰难,他要扮演英雄的角色。""是啊,"莎拉达·戴薇坦率地回答,"斯瓦米·辨喜要更伟大。罗摩克里希纳总是说,他是身体,而辨喜是头脑。"我引用她们的谈话不是因为我持有相同的观点,而是为了表明罗摩克里希纳的谦逊。

② 阿卡达南达(Akhadananda)陪着他去喜马拉雅山,他在那里病倒了。在阿尔莫拉,纳伦碰上了萨拉达南达和特里帕南达,随后碰上了图利亚南达。他们黏着他。1891 年 2 月底,他在蜜拉特附近离开他们,但他们对他牵肠挂肚,以致一路跟着他到了德里。他生气了,命令他们离开他。

让他想起印度女性被牺牲的命运和人民生活中的可悲问题，进而他感到，继续做一个冷漠的旁观者是可耻的。在他认为自己最终实现了孤独的时刻，一连串或许可以算是命中注定的事件不断地打破他的孤独，并将他从静默的喜马拉雅山扔回充满喧嚣和人类贪欲的平原。随着这些心烦意乱发展成疲劳与困苦，他在喜马拉雅山脚下恒河边的斯利那加和蜜拉特得了两场重病，几乎死于白喉，接踵而来的极度虚弱让这场伟大的孤独之旅雪上加霜。

然而，他的孤独之旅还是完成了。即便他要死，也是死在路上，死在他自己的路上——由他的神向他启示的路上！1891年2月，尽管朋友们一再挽留，他还是独自离开了德里。这就是那次伟大的起程。他如同潜水员，一头扎进印度洋，而印度洋淹没了他的踪迹。在漂浮的残骸与货物中，他只不过是个披着松垮长袍的无名桑耶辛，许许多多桑耶辛中间的一个。然而，天才之火在他眼里燃烧。无论怎么乔装，他都是王子。

第二章　云游印度

辨喜花了两年时间云游印度，然后花了三年时间云游世界（难以确定是不是他的初衷），他的伟大旅程充分显示出他对自己本性中的双重迫切需要——独立与服务——的本能反应。他摆脱计划、种姓、家园，四处漫游，时常与神独处。一生中，他没有一刻不接触到活人的悲哀、欲望、滥用、不幸和狂热，无论他们是贫穷还是富贵，身在城市还是农村；他深入他们的生活，而伟大的生活之书向他揭示了图书馆里的全部书籍所不能揭示的，甚至连罗摩克里希纳炽热的爱也只能恍如梦中一般朦朦胧胧地看见的：今日的悲伤面孔，在人群中挣扎的神，印度和世界人民求助的呼喊，以及这位新俄狄浦斯的英勇职责——将底比斯从斯芬克斯的魔爪中救出，或者与底比斯一道灭亡。

多年的游历，多年的学习。[①]多么特别的教育！他不仅是谦卑的兄弟，睡在马棚里或乞丐的草褥上，而且立足于人人平等，今天是被贱民庇护的受辱的乞丐，明天是王子的座上宾，与首相和王公平等对话；被压迫之人的这位兄弟对他们的不幸弯腰敬礼，然后对大人物们的奢华穷根究底，以期在他们麻木的心中唤醒对公众福祉的关怀。他既精通学者的知识，又精通掌控着人的生活的工业问题和农村经济，他始

---

① 原文为"Wanderjahre, Lehrjahre"，出自歌德的《威廉·麦斯特的学徒和漫游时代》。

终在教、始终在学,渐渐地,他把自己变成了印度的良心、印度的团结、印度的命运——它们全都化作辨喜,让世人从他身上看见它们。

他穿越拉杰普塔那、阿尔瓦(1891年2月至3月)、斋普尔、阿杰梅尔、凯特里、艾哈迈达巴德和卡提瓦半岛(1891年9月末)、朱那伽特和古吉拉特、博尔本德尔(停留了八九个月)、德瓦拉卡、肯帕德湾附近的庙城帕里塔那、巴洛达、坎德瓦、浦那、贝尔高姆(1892年10月)、迈索尔邦的班加罗尔、科钦、马拉巴尔、特拉凡科、特里凡德洛尔、马都拉……去往科摩林角(印度的"天涯海角",相当于南印度的贝拿勒斯),还有拉梅斯瓦拉姆(相当于《罗摩衍那》里的罗马),以及肯亚库玛利以北,那里是伟大女神的圣所(1892年年底)。

从北到南,印度的古老土地上充满了各种神祇,然而,他们的无数手臂组成的完整链条形成了同一个神。他意识到了他们在灵与肉上的统一性,他还意识到,这种统一性为全体印度人的生活所共享。他教导人们认识这一点。他让人们相互理解:他教导那些强大的心灵——着迷于抽象事物的知识分子——要尊重圣像和神的偶像;他教导年轻人,不仅要担负起研习伟大古书的职责,包括《吠陀》、《往世书》、古代记录,更要担负起了解今日之人的职责;他教导所有人,要虔诚地爱印度母亲,为了拯救她而奉献自己的激情。

他的收获不少于付出。从来没有一天,他的伟大心灵未能扩展其知识[①]和经验,他吸收分散和埋葬在印度土地上的所有思想河流,因

---

① 在凯特里,他成为当时最重要的梵文文法学家的弟子。在艾哈迈达巴德,他完全了解了伊斯兰教和耆那教文化。在博尔本德尔,他待了八个多月,跟随梵学家圣人学习哲学和梵文,尽管他立誓成为云游僧人;他还和翻译了《吠陀》的特里古那奇塔(Trigunakita)一起工作。

为他看到它们的源头是同一的。辨喜远离正统人士的盲目奉献，那些人被污浊之水淹没；他远离梵社改革者们微不足道的理性主义，那些人怀着良好的意图，却忙于将隐秘能量的神秘泉眼抽干；他想要保存并协调全部的泉眼，通过耗尽一个深度虔诚的灵魂拥有的整个大陆所储存的水。

他渴望更多。（没有人可以毫不费劲地在海洋中间开出一条通路，并让两岸的人重新牵手，不管他们愿不愿意！）无论去往何处，他都随身携带《效仿基督》，和《薄伽梵歌》放在一起，他传播耶稣的思想[1]；他敦促年轻人学习西方科学[2]。

然而，他的开阔心灵并不局限于观念领域，一场革命发生在他对人际关系、对他人的道德洞察中。年轻的纳伦德拉曾经内心傲慢，伴随着理智偏执，宛如一个贵族，蔑视所有的人，只要他们不符合他纯粹而崇高的理想：

"（他亲口说）二十岁时，我是最冷酷、最坚定的狂热者；在加尔各答大街上，我不会走剧院那边的人行道。"

在云游的最初几个月里，有一天，他在斋普尔附近与凯特里王公做伴（1891年4月），一个年幼的舞者无意中给他上了有关谦卑的一课。当她出现时，轻蔑的僧人辨喜起身，意欲离开。王公恳请他留

---

[1] 但他无情地对待传教士的偏狭，并且从未原谅过他们的这一点。他所宣扬的基督对所有人敞开怀抱。
[2] 云游之初，在阿尔瓦停留期间（1891年2月至3月），他痛苦地感到印度历史缺乏准确、严谨和科学批判的精神。他把西方作为榜样，西方和印度相反。他希望印度受到西方各种方法的启示，从而有可能使得一个年轻的印度历史学家流派兴起，致力于恢复印度的过去。"那将是真正的民族教育，由此，一种真正的民族精神将会觉醒。"

下。年幼的舞者唱道：

"哦，主啊，请别把我的邪恶品性看轻！哦，主啊，你的名字就是一视同仁。请让我俩成为一样的婆罗门！一块铁铸成庙里的神像，另一块铁铸成屠夫手里的刀。然而，当它们碰到点金石，就会变成一样的金子。所以，主啊，请别把我的邪恶品性看轻！主啊，你的名字就是一视同仁……

"一滴水落到神圣的亚穆纳河里，另一滴水落到路边污浊的水沟里。然而，当它们落入恒河，就会变成一样的圣水。所以，主啊，请别把我的邪恶品性看轻。主啊，你的名字就是一视同仁……"[1]

纳伦被彻底征服了。这首谦卑的歌里包含的大胆信仰影响了他的一生。多年以后，他仍会激动地回想起这一幕。

此后，他的偏见一个接一个地消失，甚至包括那些他曾经以为最根深蒂固的偏见。在喜马拉雅山，他与藏民同住，他们实行一妻多夫制。他客居的一户人家有六个兄弟，共享一个妻子，他试图热心地向他们表明这是不道德的。然而，他们却被他的说教震惊了。"多么自私啊，"他们说，"竟然想要独占一个女人！……"山脚的真理到山顶却成了错误……他意识到了道德的相对性，至少那些带有最大的传统约束力的道德是相对的。另外，就像在帕斯卡尔的例子中那样，一种卓越的反讽教导他，在判断一个民族或一个时代的善恶时，要开阔自己的道德观念，要与那个民族或时代的标准相适应。

此外，他与来自最堕落种姓的盗贼为伍，甚至承认拦路抢劫的强盗是"作为潜在圣人的罪人"[2]。所到之处，他分担被压迫阶级的贫困

---

[1] 毗湿奴派圣人苏尔达斯（Suradas）的诗。
[2] 他遇到一个盗贼，偷过他的神圣古鲁帕瓦里·巴巴的东西，后来悔改成为一名僧侣。

和耻辱。在印度中部,他住在一个无种姓的清洁工家里。在这些蜷缩于社会底层的卑微者中间,他发现了灵性财富,而他们的不幸令他窒息。他难以忍受地呜咽着:

"哦,我的祖国!哦,我的祖国!……"

当在报纸上读到加尔各答有人饿死时,他捶胸顿足地自问:

"我们到底做了什么,我们这些所谓的神子,这些桑耶辛,我们为大众做了什么?!"

他想起罗摩克里希纳的激烈言辞:

"宗教不是叫人饿肚子!"

他越来越无法忍受一种利己主义信仰的理智沉思,下面这一条被他变成了宗教的第一职责:"关怀穷人并改善他们的生活"。这个职责被他加在富人、官员和王公身上:

"你们中间难道就没有人致力于服务他人吗?把研习智慧、修习冥想放到来生!将此生献给为他人服务!那时,我才知道你们没有白白地来我这里。"①

有朝一日,他的悲悯之音将变成豪言壮语:

"我愿一次次地再生,遭受千万遍的不幸,只要能够崇拜我所信仰之神——所有灵魂组成的全体,首先是各民族的恶人之神、受苦者之神、穷人之神!……"

在当时的1892年,他满眼所见皆是印度的不幸,不幸占据了他的心,将别的念头排除在外。不幸犹如猛虎追羊般地追逐着他,从北印度一直追到南印度。不眠之夜里,它让他憔悴。在科摩林角,它扑

---

① 这些话是后来记录的,然而,它们包含的情感属于这个时候。

住他，将他叼在嘴里。在那样的时刻，他听任它摆布自己的身体与灵魂。他将自己的生命献给了劳苦大众。

然而，怎样才能帮助他们？他没有钱，时间紧迫，而且一两个王公的捐赠或若干支持团体的捐助只能满足千分之一最迫切的需要。要先置之死地，才能让印度从沉睡中觉醒，并为了共同的善而组织自身。他放眼望向海洋，望向海洋彼岸：必须向世界求助。整个世界需要印度。印度的健康、印度的死亡也是世界的牵挂。难道可以任由印度的巨大灵性储备遭到破坏，就像埃及和迦勒底那样，很久以后在人们努力发掘时只剩破瓦残砾，她们的灵魂已经永远死去？……从印度向欧洲、向美国呼吁的想法开始在这个孤独思想家的头脑中成形。正是在 1891 年年末，在朱那伽特和博尔本德尔之间，他似乎第一次想到这一点。在博尔本德尔，他开始学习法语，一位梵学家建议他去西方，在那里，比起在自己的国家，他的思想能够得到更好的理解：

"去掀起风暴再回来！"

1892 年初秋，在坎恩瓦，他听说世界宗教议会将于次年在芝加哥举行，他的第一个念头是如何去参加。同时，在兑现游遍整个印度的誓言之前，他不允许自己采取任何措施去达成赴芝加哥的计划，他也拒绝接受有关这一计划的捐款。在班加罗尔，接近 10 月末，他向王公明确宣布了他的意向——去向西方寻求"改善印度物质条件的办法"，并带去吠檀多的福音作为交换。到 1892 年年末，他心意已决。

当时，他发现自己身在印度的"土地尽头"，那是神猴哈努曼惊人一跃的最南端。然而，辨喜和我们一样是凡人，无法追随半神的足迹。他已然凭借双足横跨印度的广袤土地。在两年时间里，他的身体不断地接触印度的庞然之躯，他忍受饥饿、干渴、残酷的自然和无礼的人们，待到抵达科摩林角时，他已筋疲力尽，却没钱乘船去他的云游终点——最神圣的肯亚库玛利，于是，他纵身跳入海中，游过鲨鱼出没的海峡。最终，他完成了任务。然后，回首望去，犹如站在高山之巅极目远眺，他拥抱刚刚横跨的整个印度，以及在他的漫漫云游路上包围着他的思想世界。在两年时间里，他仿佛活在沸腾的大锅里，被一种狂热耗尽；他怀着"一颗火上的灵魂"，他是一场"暴风雨"。① 犹如遭受水刑的老犯人，他感到自己被累积起来的能量洪流淹没，他的存在之墙在水下坍塌……② 当他在刚刚爬上的这座大地边缘的塔楼露台驻足时，整个世界展现在他眼前，热血在他耳中翻腾，犹如脚下的海洋，使他几乎难以站立。这是他内心争斗的诸神最猛烈的一次攻击。当争斗结束，他的首战告捷。他一直就是自己要走的路。他的使命已经选定。

他游回印度大陆，向北走去。取道拉姆纳德和本地治理，他来到马德拉斯。1893 年的第一周，就在马德拉斯，他公开宣布自己要去西方传道的愿望。③ 事与愿违，他已声名在外：他被这座生机勃勃的思想之城的访客们包围，在那里参加了两次盛典。正是在马德拉斯，他建立了自己的第一个虔诚弟子团体，弟子们献身于他，寸步不离；在他启程之后，他们仍以信件和信仰支持着他，而他则在遥远的异国他乡保持着对他们的指导。他对印度炽热的爱激起了他们心中强烈的共鸣，而借着他们的热情，他自己的信力增强了十倍。他反对所有追

---

① 1893 年 10 月在巴洛达遇见他的阿喜达南达（Abhedananda）是这样描述他的。
② "我感觉到一种强大的力量！仿佛我即将爆发。我有如此之多的力量！似乎我可以发动世界革命。"
③ 这是他于 1893 年 2 月在海德拉巴所作的一场演讲的题目——"去西方传道"。

求个人得救的人，应该追求的是民众的得救、祖国的复兴、印度灵性力量的复活及传遍世界……

"时候到了。见者们的信仰必须具有活力、必须自我实现。"

富翁和银行家资助他出国，但他拒绝了。他请募捐的弟子们诉诸中产阶级，因为：

"我是代表人民和穷人去的。"

就像云游之初那样，他去请求神圣母亲为他更加遥远的旅程祝福。她也给了他罗摩克里希纳的祝福，因为古鲁托梦给她，让她向亲爱的弟子转达祝福。

他似乎没有给巴拉纳戈尔的灵性教友们写信（毫无疑问，他认为他们沉思默想的灵魂习惯于巢中的温暖，会被社会服务和向外邦传道的想法吓坏；那样的想法会扰乱心无挂碍地专注于自身拯救的灵魂）。然而巧的是，在孟买附近的阿布山车站，差不多在他出发前夕，他遇见了他们当中的两个——婆罗门南达和图利亚南达，他以悲悯的激情——其冲击直达巴拉纳戈尔[①]——告诉他们，苦难的印度急切的呼唤迫使他出发：

"我已走遍整个印度……可是，唉！弟兄们，我极其痛苦地亲眼目睹了民众可怕的贫穷与不幸，止不住地流泪！现在我坚信，倘若不先努力消除他们的贫困与苦难，向他们传道也是枉然。为了找到更多

---

① 然而，巴拉纳戈尔的僧侣们似乎并未被他打动而以他为榜样。甚至直到他从美国凯旋而归，他们也觉得难以同意他的观点：如果有需要，就应让冥想生活从属于社会服务，甚至为了社会服务而牺牲冥想生活。只有一个人——阿坎达南达（甘迦达尔）被婆罗门南达和图利亚南达捎回的话所感动，于1894年去往凯特里开办学校，致力于大众教育。

的办法来拯救印度的穷人,我现在要去美国了。"①

---

① 这些话转引自优秀作品《辨喜的生活》,由图利亚南达的回忆补全,由斯瓦米·吉安尼斯瓦拉南达(Swami Jnaneswarananda)记录并发表在1926年1月31日的《晨星》上:

婆罗门南达和图利亚南达在阿布山上隐居,正修炼一种非常严格的"苦行"。他们没想到会遇见纳伦。几周前,他们在阿布山车站见过他。纳伦把自己的计划、踌躇和确信——世界宗教议会是神意欲为他的成功做好准备——告诉了他们。图利亚南达回忆起当时纳伦说的每一个字和他的语气:

"天啊,"纳伦叫道,他的脸随着热血上涌而通红,"我无法理解你们所谓的宗教!……"他整个人表现出一种深深的悲伤和激烈情感,他把颤抖的手放在胸口,接着说道:"但我的心已经远远变得更大,我已学会去感受(他人的苦难)。相信我,我感到非常悲伤!"

他哽咽了。他沉默了。他泪流满面。

图利亚南达讲到这里,也被深深打动,眼里噙着泪水:

"你可以想象,"他说,"当我听到这些悲悯之辞并看到斯瓦米吉的崇高悲伤时,我心里的感受。我想,'这些难道不是佛陀的话语和情感吗?'我记得很久以前,他去菩提伽耶的菩提树下冥想时,有过一个异象:佛陀进入他的身体……我可以清楚地看到,人类的苦难已经渗透他那悸动的心。"图利亚南达继续激动地说道,没人能理解辨喜,除非那人至少窥见了他内心火山般的情感的一个碎片。

图利亚南达讲述了自己亲身经历的另一个类似场景,那发生在辨喜从美国回来之后,很有可能在巴加扎的巴拉罗姆家(加尔各答):

"我去见他,发现他正像头笼中狮子那样在阳台上踱步。他在深思,没有注意到我的存在……他哼起米拉拜那著名的怜悯之歌。泪水从他眼里夺眶而出。他停下脚步,靠在栏杆上,双手掩面。他加大音量重复唱着:

"'哦,没人理解我的悲伤!'

"以及:

"'只有受苦之人懂得哀痛!'

"他的声音像支利箭,一次又一次地刺穿我的心。我无法理解他为何痛苦……然后突然,我理解了。正是他那撕心裂肺的怜悯让他泪水长流、热血沸腾。世人绝不会知道这一点……"

然而图利亚南达对听众说:

"你们认为这些热血之泪是白流的吗?不!他为自己的祖国流下的每一滴眼泪,他强大心灵的每一次悸动,催生出一群群英雄,他们将用他们的思想与行动撼动世界。"

他去往凯特里,在那里,他的王公朋友让迪旺(Diwan,首相)护送他去孟买上船。出发前一刻,他穿上红色丝绸长袍,戴上赭色头巾,起名辨喜——一个即将被他加诸世界的名字。①

---

① 我已在前面讲过他的名字的由来,是王公给他起的。云游印度期间,他有过那么多不同的化名,以致如他所愿,他通常不会被人注意。很多见过他的人不会对他的身份起疑。1892年10月在浦那也是如此,著名学者和印度政治领袖提拉克(Tilak)起初把他当作无足轻重的云游僧人,对他冷嘲热讽,然后被他的回答所彰显的伟大精神和知识所感动,邀请他到家里做客十天,甚至连他的真名都不知道。只有到了后来,当报纸上报道辨喜在美国的胜利,并描述这位征服者时,提拉克才认出这位曾经住在他的屋檐下的匿名客人。

第三章　奔赴西方的伟大旅程和世界宗教议会

这趟旅程实际上是一次惊人的冒险。年轻的斯瓦米闭着眼睛随意地进入了冒险，他模模糊糊地听说美国的某时某地要举行一次世界宗教议会，并决定参加，但他本人、他的弟子、他的印度朋友、他的学生、学者、大臣和王公都没有费心去打听清楚。他一无所知，既不知道确切的日期，也不知道入场条件。他没有携带任何凭据。他以十足的信心勇往直前，仿佛那足以让他在合适的时候——神才知道——展现自我。尽管凯特里王公替他买票上船，尽管他的反对者们给了他一件美丽的长袍（对美国闲人的魅力不亚于他的雄辩），然而没有人考虑过气候条件和习俗：当他穿着他的印度盛装抵达加拿大时，差点冻死在船上。

1893年5月31日，他离开孟买，辗转锡兰、槟榔屿、新加坡、香港，然后参观了广东和长崎。在长崎，他徒步去往横滨，参观了大阪、京都和东京。无论在中国还是在日本，但凡所到之处，他的注意力都放在一切有可能证实他的假设或确信——古老的印度对远东的帝国和亚洲的灵性统一性具有宗教影响——的事物上。[1]同时，他无时

---

[1] 拜访第一位佛教徒皇帝御封的中国寺庙时，他感动地发现了以孟加拉文字书写的梵文手抄本。他注意到，在日本的寺庙中也是如此，梵文真言（神圣文本）碑刻用的是古孟加拉文字。

无刻不想到他的祖国正在遭受的病痛，眼见日本取得的进步，他的伤口又被撕开。

他从横滨到温哥华，然后从温哥华坐火车抵达芝加哥，当时临近7月中旬，他发现自己处于一个迷惑的境地。他在人群中是如此地显眼，远远就能看到！起初，他像个孩子般在芝加哥世界博览会上四处游荡，目瞪口呆。一切都是新的，让他惊讶万分、呆若木鸡。他从未想象过这个西方世界的力量、富有和创造才能。比起泰戈尔或甘地，辨喜更有活力，对力量之吸引力更加敏锐，前两人被整个欧洲—美国机制疯狂的活动与喧嚣所折磨，而辨喜则在这个机制中感到安心，至少起初是这样；他听任它的极度兴奋，他的第一感觉是孩子般的接受感；他的赞美没有边界。在十二天里，他如饥似渴地观看这个新世界。然后，他想起自己要去世界宗教议会的咨询处……多么令人震惊啊！他发现宗教议会要到9月中旬才会开幕，而且现在进行代表登记为时已晚，再者，如果没有官方推荐函，就不能登记。他没有官方推荐函，他在这里是个陌生人，没有来自任何知名团体的凭据，他的钱包快要空了，形势不容他等到大会开幕……他不知所措。他给马德拉斯的朋友们发越洋电报诉说他的苦恼，期待某个官方宗教协会给他授权。然而，各个官方协会并不宽容胆大妄为地离开队伍的独立个人。某协会的会长答复道：

"让这魔鬼冻死吧！"

这魔鬼既没有冻死，也没有放弃！他和命运赌了一把，取代什么也不做地节省剩下的几块钱，他把钱用来参观波士顿。命运帮了他。命运总是帮助那些知道怎么帮助自己的人。真正的辨喜从未路过而不引人注目，甚至在他尚且寂寂无名之时。在波士顿的火车上，他的相貌和谈吐打动了一位旅客——一位富裕的马萨诸塞州女士,她询问他,然后对他产生了兴趣,邀请他到家中做客,介绍他认识哈佛大学教授——希腊文化研究者赖特(J. H. Wright);赖特立刻被这个印度年轻人的天才打动,并为他操持一切;他坚持认为,辨喜应该代表印度教参加世界宗教议会,并写信给委员会主席。他为这名身无分文的旅人买了去芝加哥的火车票,并写推荐信给委员会要求提供住宿。简而言之,辨喜的所有问题全部解决了。

于是,辨喜返回芝加哥。火车很晚才到,这个茫然的年轻人弄丢了委员会的地址,不知该去哪里。没有人会屈尊俯就地为一个有色人种之人带路。他看到火车站角落里有个大空箱,就睡在里面。早上,他起来寻路,作为桑耶辛挨家挨户地乞讨。然而,他身在一个班努赫鸠般(Panurge-like)的城市,它知道一千零一种赚钱方法的城市——唯独不懂上帝的流浪者圣方济各的方法。必须补充说明,他发现自己身在一个只说德语的地区,没人听得懂他说话,他们对待他就像对待黑人,当着他的面关上大门。游荡许久之后,他坐在街边,筋疲力尽。对面窗户里的人注意到了他,问他是不是参加世界宗教议会的代表。他被邀请进屋,又一次,命运为他找到了一个人,这个人后来成为他最忠实的美国追随者之一。[①]休息过后,他就被带到了宗教议会,开会期间,他一直住在这位恩人家里。

差点悲惨告终的冒险之旅这次带他进入了港湾,但不是为了让他休息。行动在召唤他,既然命运已经将他置之死地而后生!昨日的无名之辈、乞丐、因肤色而被乌合之众鄙视的人——这些乍看起来似乎

---

① 黑尔(Hale)女士。

要强加在他的尊贵才能之上。

1893年9月11日，星期一，世界宗教议会第一次会议开幕。坐在中间的主持人是红衣主教吉本斯，从右到左环绕着他的是东方代表团：梵社首领、辨喜的老朋友玛祖姆达（Protap Chunder Mazoomdar）[1]和孟买的纳伽卡（Nagarkar）一起代表印度有神论者；达摩波罗（Dharmapala）代表斯里兰卡佛教徒；甘地[2]代表耆那教徒；查克拉瓦提（Chakravati）和安妮·贝赞特（Annie Besant）一起代表神智学会。然而，在他们中间的这个年轻人既不代表什么，又代表一切，这个人不属于任何教派，而是属于作为一个整体的印度，他吸引了在场上千人的目光。[3]他的迷人脸庞、高贵身形、华丽衣着[4]——增强了这道来自传说中的世界奇景的效果——遮盖了他自己的情绪。他无意隐瞒。这是他第一次在这么多人面前说话；由于代表们不得不一个接一个地在公众面前发表简短的热烈演说，辨喜一个小时接一个小时地等到了这一天的最后。[5]

就在那时，他的话语如同火焰燃起。在冷冰冰的学术演讲的灰色荒野中，他的话语点燃了这群听众的灵魂。他几乎还没讲完异常简单的开场白：

---

[1] 参见拙作《罗摩克里希纳传》第六章。
[2] 当然，这不是圣雄甘地，差不多在那个时候，我们的圣雄正在登上南非的土地。然而，圣雄甘地的家庭与耆那教徒有着密切的关系，很有可能参加世界宗教议会的甘地是个远亲。
[3] 美国媒体可资证明。
[4] 他的红袍腰部系着一根橘色细绳，黄色缠头巾突出了他漆黑的头发，他拥有橄榄色的皮肤，乌黑的双眼，红润的嘴唇。（报纸上的描述）
[5] 让我们补充说明，这个没有先见之明的人什么都没准备，而别人都在读发言稿。

"美国的兄弟姐妹们！……"

就有人站起身来鼓掌。他纳闷自己是否真的出于自身意志在讲话。他无疑是第一个放下大会的形式主义，以大众正在等待的语言对他们说话的人。寂静再次降临会场。他以世上最古老的修道会——吠陀的桑耶辛修道会——之名问候这个最年轻的国家。他把印度教描述为诸宗教之母，她教给诸宗教一个双重训诫：

"彼此接受，彼此理解！"

他从圣典上引用了两段美妙的话语：

"无论是谁以何种形式来到我这里，我都伸手拥抱他。

"人们都在各自的道路上奋斗，这些道路最终全部通向我。"

其余每一个演说者谈的都是自己的神，自己教派的神。他，唯有他，谈的是他们所有人的神，并以普世的存在者（universal Being）拥抱他们所有人。这是罗摩克里希纳的呼吸，借助这名伟大弟子之口打破一切障碍。世界宗教议会对这位年轻的演说者报以热烈的掌声。

在接下来的几天里，他又讲了十次或者十一次。[①] 每一次，他都以不同的论证但却同样的确信力量重复他的论题：一种普世宗教，不受时间或空间的限制，统一人类精神的整个信条——从野蛮人那被奴

---

① 他都在世界宗教议会的全体会议和附属的科学会议上讲话。他的主要演说针对如下议题：
（1）"我们为何产生分歧"（他谴责不同宗教观点的偏狭，那是盲信的根源）；（2）"宗教不是印度的迫切需要"（而是面包；这是在呼吁人们帮助他将要死去的同胞）；（3）9月22日，"吠檀多哲学"；（4）9月23日，"正统印度教和印度现代宗教"；（5）9月25日，"印度宗教的本质"；（6）9月26日，"佛教——印度教的实现"；加上另外4次讲话。但最著名的讲话是：（11）9月19日的讲话，这是有关印度教最著名的论文，尽管他是大会上唯一的普世代表，不分教派；我们后面在考察辨喜的思想时会回到这个话题上来；（12）9月27日在大会最后一场会议上的讲话。

役的拜物教到现代科学那最自由、最具创造力的断言。他把这些协调到一个综合体当中,该综合体绝对不让任何个人的希望破灭,而是帮助所有人实现希望——根据自己的本性获得成长与繁荣。[1]除了相信人与生俱来的神圣性和无限演化的能力,没有其他教条。

"提供这样一种宗教,所有民族都将跟随你。阿育王的集结[2]是佛教信仰的集结。阿克巴的集结[3],尽管更切题,却只是个室内会议。我们需要美国来向全世界每一个地方宣告,主在每一个宗教里。

"愿他,印度教徒的梵,琐罗亚斯德教徒的阿胡拉·马兹达,佛教徒的佛陀,犹太教徒的耶和华,基督徒的天父,赐予你们力量……基督徒无须成为印度教徒或佛教徒,印度教徒或佛教徒也无须成为基督徒。然而,每一宗教都必须吸收他者的精神,保留自身的特征,并根据自身成长规律来成长……世界宗教议会……已经证明……神圣、纯净和慈悲并非世上任何教会的独有之物,每一体系皆产生了具有最崇高特质的人……尽管会有……阻力,但不久,每一宗教的旗帜都将写上:'要帮助,不要争斗''要吸收,不要破坏''要和谐与和平,不要纷争'。"[4]

这些强大话语的作用是巨大的。它们盘旋在宗教议会官方代表们的头顶,它们针对所有人,并吸引外部思想。辨喜立刻声名鹊起,而

---

[1] 然而,这个年轻的印度教徒——确信自己的理想具有优越性——呈现了印度教的要点,更新和净化了印度教的堕落部分,就像他所说的普世宗教那样。
[2] 指波吒梨城集结,约公元前253年,由阿育王召集佛教徒举行。
[3] 16世纪(1556—1605)伟大的莫卧儿皇帝公开放弃伊斯兰教,试图在印度教徒、耆那教徒、穆斯林、拜火教徒,甚至基督徒的同意下建立一种折中主义的理性主义,它将成为一种帝国宗教。
[4] 在最后一场会议上的讲话(9月27日)。

作为整体的印度受益匪浅。美国媒体赏识他:"他无疑是世界宗教议会上最伟大的人物。听完他的演说之后,我们感到,把传教士派往这个博学的民族是多么地愚蠢。"①

我们可以想象,这样一种告白在基督教传教士们听来并不悦耳,辨喜的成功在他们当中激起了苦涩的憎恨,这种憎恨不惜利用最卑鄙的武器。它同样激起了某些印度代表的嫉妒,他们看到自己身在这个既无头衔也无关系的"云游僧人"的阴影中。特别是神智学会,辨喜对它不依不饶,它也从不原谅他。②

辨喜如何看待自己的胜利呢?他为之流泪。这个云游僧人明白,他与神自由独处的生活结束了。任何真正虔诚的灵魂难道不会同情他的遗憾吗?虽然胜利是他自己所渴望的……或者毋宁说,他被命令他来传道的这种未知的力量所渴望……然而在他的内部,始终存在着另一个声音,它对他说:"弃绝吧!活在神之中!"他从未能够做到满足一者,又不部分地否定另一者。因而,这个风暴般的天才一次次地度过周期性的危机,其中的折磨(看似矛盾其实合乎逻辑)无法为单调的心灵所理解,那些人的头脑中只有一个念头,他们把自己的贫乏变成一种义不容辞的"美德",把过于丰富的灵魂为了走向和谐而进行

---

① 见《纽约先驱报》。《波士顿晚报》说,他是"世界宗教议会的大红人"。他只需跨过讲台,接受掌声。留住感到厌烦的与会公众的唯一办法是,宣布辨喜将在最后讲话。
② 从美国返回之后,在马德拉斯进行的演讲"我的活动计划"中,辨喜揭露了攻击过他的所有人,并愤怒地告诉神智学会他对他们的想法。有关辨喜和神智学会会员的关系,进一步参见本书结尾处,我们将给出相应的文本和讨论。读者也可查阅康德·凯瑟琳(Count Keyserling)撰写的《一位哲学家的旅行日记》中有关阿迪亚尔的章节,阿迪亚尔是神智学会在印度的总部所在,该学会的精神充满了非常狭隘的观念。

的强大又可怜的斗争称为混乱或欺骗。辨喜是并将始终是那些怀有恶意的解读之靶子,对于那些解读,他崇高的自尊心并未试图去饶恕。

然而在当时,他所面对的复杂性并不仅仅是精神上的。复杂性是形势本身所固有的。成功之后,亦如成功之前那样(或许更甚),他的任务是艰巨的。以前,他几乎被贫穷压垮,现在,他陷入了被财富吞没的危险当中。美国的势利扑向他,在其第一次泛滥中威胁着要用奢靡和虚荣让他窒息。对于实在过多的金钱,辨喜几乎在生理上感到恶心。夜晚,他在卧室发出绝望的呼喊,并在地上打滚,心里牵挂着快要饿死的同胞。

"哦,母亲啊!"他呻吟道,"我该怎么对待名声,当我的同胞正在水深火热之中!……"

为了服务于他那不幸的印度的事业,并且为了让自己从富人保护者的监护中脱身,他接受了一个演说局提供的美国之旅:东部和中西部,芝加哥,艾奥瓦州,得梅因,圣路易斯,明尼阿波利斯,底特律,波士顿,剑桥,巴尔的摩,华盛顿,纽约,等等。但这是个冒险的办法,因为想象他会像许多演说者那样,通过在美国公众的鼻子底下焚香去圈钱圈掌声,则是个错误。

这个年轻合众国的巨大力量最初对他的吸引力已然消退。辨喜几乎立刻撞上了野蛮、残忍、精神的渺小、狭隘的盲信、巨大的无知,以及——对于凡是和人类的这个"模范"民族所思、所信、所活不同的人——如此露骨与自负的压倒性的不理解……他没有耐性。他毫不隐藏。他指责西方文明的邪恶与罪行,及其暴力、掠夺和破坏的特性。有一次,在波士顿,他正要讲一个美妙的宗教话题,这个话题对他而言特别珍贵①,然而他一看听众就感到如此地厌恶,厌恶这些矫揉造作、冷血无情的人,以致他拒绝把自己圣殿的钥匙交给他们,并唐突地改变了话题,转而猛烈地抨击由这些虎狼之辈所代表的文明……②公愤相当可怕,数百人吵闹着离开会场,媒体沸腾了。

他对虚妄不实的基督教和宗教伪善极其不满。

"你们就自吹自擂吧,你们的基督教在哪个地方不是靠着刀剑发迹的?你们的宗教是个以享乐之名布道的宗教。我在这个国家听到的全是伪善。这全部的繁荣,这来自基督的全部!那些呼喊基督的人,只关心敛财!在你们当中,基督连块用来搁脑袋的石头都找不着……你们不是基督徒。回到基督吧!……"

他的轻蔑训斥招来的是愤怒的爆发,从那一刻起,他的后面总是跟着一帮教士,对他进行谩骂和指责,甚至到了如下地步:在美国和印度散布有关他的生活与行为的无耻诽谤。③敌对社团的某些印度代表的行为同样可耻,那些人被辨喜的荣耀冒犯,不惜散布由心怀恶意的传教士发动的卑鄙指责。这些基督教传教士又转而利用那些嫉妒的

---

① 指罗摩克里希纳。
② 我听说过一个类似的场景,关系到我们尊敬的一个伟大的印度诗人。他受邀到美国开会,讲自己心仪的一部作品。然而,当他看到准备订购他的作品的听众时,却是如此地反感,以致开始攻击他们和他们那令人窒息的物质文明。因此,他亲自破坏了自己的作品在美国看似板上钉钉的成功。
③ 理所当然,他们制造了盎格鲁–撒克逊国家的经典指控——引诱!为了阻止一个俗不可耐的教士散布的不实谣言——辨喜虐待被密歇根州的州长解雇的一名雇工,州长的妻子不得不发表信件公开否认(1895年3月),证明辨喜的道德高尚性。然而,由无耻谎言造成的损害没有被任何否认所弥补。

印度人提供的武器①，以几乎滑稽的热情指控这个自由的印度桑耶辛，因为在美国，他不再遵守正统印度教规定的严格的饮食起居制度。②辨喜厌恶地看到，由狂热分子掀起的恶意波浪之沉渣通过弟子们的惊恐信件从印度返回给他。他是以怎样的轻蔑当着那些诋毁者的面把指控扔回的啊！③

他的美国弟子之一斯瓦米·克里帕南达（Swami Kripananda）④追溯他在美国遭受的磨难时这样描述道：

"这伪宗教怪物——妖精、幽灵、超人、假先知——的温床［对

---

① 有的梵社成员把辨喜在美国对吠檀多主义的某些阐述看作渎神之辞，比如，他的"神圣性的权利"（即人类灵魂之神圣性的权利），"罪的否认"（来自罗摩克里希纳），"演化主义"，"引入印度教的西方观念"，等等（对照玛祖姆达在小册子《辨喜，麦克斯·缪勒的引导者》里所说的内容）。他被说成是新教传教士、神智论者和一些梵社成员的奇怪混合体。

② 主要的指控是，他吃了牛肉。他对此并不隐瞒。他讨厌盲从，这种盲从让人相信，如果遵循某些修习，并把不遵循视为重罪，就能在道德方面和神面前宣告自己无罪。他认为无物神圣，除了他的两个誓戒——贫穷和独身。对于其他东西，他依照常识认为人应该入乡随俗。

③ 对于印度的虔诚者们震惊的抗议书（他们惊恐地听闻他们的斯瓦米在异教徒的餐桌上吃不洁之食），他反驳道：
"你们是想说，我天生就要像你们只能在受教育的印度人中间发现的那些被种姓支配的、迷信的、无情的、虚伪的、不敬神的懦夫那样生活和死去吗？我讨厌懦弱，我跟懦夫没什么关系……我属于印度，同样属于世界；这不是胡说八道……哪个国家对我有特殊权利呢？难道我是任何国家的奴隶吗？……我看到一种比人、神或者我背后的魔鬼更加强大的力量。我不要求任何人的帮助。我的一生都在帮助他人……"（此信写于1895年9月9日的巴黎，写给他的印度弟子们。）

④ 克里帕南达是里昂·兰斯伯格（Leon Lansberg）拜辨喜为师时所起的名字。里昂在出身上是个俄国犹太人，后加入美国国籍，他是一家很大的纽约杂志的合伙股东，是辨喜收的第一批西方弟子中的一个。我在后面会谈到他。
我概述的这封信写于1895年，发表在马德拉斯杂志《梵论》（The Brahmavadin）上。

畸形之物、神秘之物、异常之物的病态渴望（由此产生一种无知的轻信，导致许许多多团体的散播）将它吞没]，这各种肤色外国人的避难所，在辨喜看来是个可憎之地。他觉得自己一开始就有必要清扫这个极其肮脏的马厩。"

他把涌入他的最初几场演说的懒汉、丑角、浑水摸鱼之人、轻易受骗之人交给魔鬼。他立刻从阴谋家、爱管闲事者和宗教骗子那里收到结交书、承诺、威胁和敲诈。我们无须说明他们对他这样一个人物的作用。他不会容忍哪怕最轻微的控制。他拒绝与任何教派为伍去反对另一教派。不止一次，他抓住机会在任何地方从事公共斗争，以反对想要利用他为自身目的服务的"联盟"。

为了美国的荣誉，我们必须在此说明，他在道德上的不妥协、他强健的理想主义、他无畏的忠诚，为他从各方吸引了一群精选的保护者和倾慕者，这群人将形成他的首批外国弟子，以及他的人类复兴工作最积极的代理人。

第四章　盎格鲁-撒克逊的亚洲精神先驱：爱默生，梭罗，惠特曼

这会是件相当有趣的事：确切地弄清 19 世纪的美国精神在多大程度上直接或间接地受到印度思想的渗透。因为毫无疑问，印度思想已然影响了现代美国的道德精神和宗教精神。美国有着令人惊讶的混合——盎格鲁-撒克逊的清教、美式的行动乐观主义、实用主义、"科学至上主义"，以及伪吠檀多主义，这让欧洲如此地难以理解。我不知道是否会有历史学家严肃地研究这个问题，然而，这首先是个心理问题，与我们的文明史密切相关。尽管我没有办法解开这个问题，但我至少能够指出里面的某些要素。

把印度思想引入美国的主要人物之一似乎是爱默生（Emerson）[1]，而爱默生受到了梭罗（Thoreau）的深刻影响。

爱默生预先受到了印度思想的影响，从 1830 年起，这些影响开始出现在他的日记里——记录了印度宗教文本中的典故。他于 1838 年在哈佛大学的著名演说（在当时引发了流言蜚语）表达了对人身上的神性的信念，而神性类似于如下灵魂概念：阿特曼/梵。正是在此，

---

[1] 有人向我提起，印度的布拉玛昌德拉·梅特拉（Brahmachundra Maitra）撰文，题为《从印度人的视角看爱默生》，载于《哈佛神学评论》，1911 年。但我未能拜读此文。

他把一种完全道德的或道德家的理解附加在这一概念上，此为他和他的民族之标记。无论如何，在爱默生那里，这一灵魂概念的实现是对一种名副其实的"正义"瑜伽的狂喜领悟，这种瑜伽表达在如下双重意识中：一是道德至善和宇宙平衡，一是统一行动、虔信和智慧。[①]

爱默生在阅读或写作中很少循规蹈矩，凯博（Cabot）在有关他的回忆录中告诉我们，爱默生满足于摘录和引用，而不请教权威专家。然而，梭罗是个优秀的读者，1837年至1862年间，他是爱默生的邻居。1846年7月，爱默生在日记中提到，梭罗正在给他读《康科德与梅里马克河上的一周》中的选段。现在，这本书（该选段）成了对《薄伽梵歌》和印度的伟大诗歌与哲学的热烈颂扬。梭罗提出宣扬亚洲经典的"联合圣经"："中国的、印度的、波斯的、希伯来的，一直传播到世界尽头。"他的格言是：光明来自东方。[②]

[①] "如果一个人内心正义，那么他在如下限度内是上帝：上帝的平安、上帝的不朽、上帝的威严确实进入了这个正义的人……因为众生出自这一精神，它在不同的应用中被不同地命名为爱、正义、节制，如同海洋接纳它所冲刷的若干海岸的不同命名……对这一法中之法的认识在心中唤醒一种情操，我们称之为宗教情操，它带来最大的快乐。它拥有奇妙的力量，让我们陶醉，让我们听从。它是山间之风……它让天空和群山庄严崇高，它是群星的沉默之歌……"（1838年7月15日，美国剑桥神学院大四课程上的演说。）

[②] 梭罗解释了他的思想来源：《薄伽梵歌》的一个法语译本，出版于1840年，译者肯定是布尔努夫（Burnouf），尽管他没有提及；更为重要的是查尔斯·威尔金斯（Charles Wilkins）的英语译本，由总督黑斯廷斯（Warren Hastings）作序。我说过，这个伟人（黑斯廷斯）、这名征服者虽然统治印度，但他服从并公开承认这片吠陀土地的灵性统治。1846年，他把《薄伽梵歌》的译本"托付"给东印度公司的主管，并为它作序。我在别处从梭罗本人那里引用过黑斯廷斯的庄严证词，他宣称"当英国在印度的统治早已结束，当这种统治获得的财富和力量之来源早已被人遗忘，印度哲学的书写者们也将会留存"。梭罗也提到了其他印度作品，比如迦梨陀娑的《沙恭达罗》，并满腔热情地谈论了摩奴，他是通过威廉·琼斯（William

我们可以想象，这样的提议在爱默生那里不会白费，梭罗热烈的亚洲主义感染了爱默生。

　　正当那时，爱默生建立的"超验主义俱乐部（Transcendental Club）"蓬勃发展；1850年后，他和美国的希帕蒂亚——玛格丽特·芙乐（Margaret Fuller）合编的季刊《日晷》开始发表来自东方语言的译文。印度思想在他身上引发的情绪想必相当强烈，以至于他在1856年写下了一首相当学究式的诗——美妙的《梵天》。①

　　我们必须考虑到，当时的新英格兰地区正在经历着一个由灵性复兴和醉人的唯心论构成的转折点，对应欧洲1848年以前的唯心论框架（尽管前者由相当不同的要素组成，没有那么文雅，更为强健，

Jones）的翻译知道摩奴的。他的《康科德与梅里马克河上的一周》于1839年动笔，1849年出版。

这些细节是艾塞尔·塞德维克（Ethel Sidewick）小姐告诉我的，她在贝利奥尔学院院长和斯沃斯莫尔学院（宾夕法尼亚）戈达德教授的帮助下好心帮我查阅。我在此感谢他们富有价值的帮助。

① 读者可能会乐意在此细读：
即便停留者认为他在停留
或者即便着色者认为他在着色，
他们也不了解精妙的方法，
为我所保存、传递和再度改变。

我的朋友瓦尔多·弗兰克（Waldo Frank）和凡·维克·布鲁克斯（Van Wyck Brooks）给了我一些重要细节。1854年，英国人托马斯·考尔蒙德利（Thomas Cholmondeley），即大主教雷吉纳尔·德希伯（Reginald Heber）的外甥，拜访了康科德，并成为这个理智群体的朋友。返回英国之后，他送给梭罗一套四十四卷本的东方经典。梭罗说，实际上不可能在美国找到这些作品中的任何一本。我们可以恰当地认为，爱默生的诗歌《梵天》是一棵刚刚喝足这场印度思想洪流之水的大树开出的花朵。

而且极为亲近自然）。① 乔治·瑞普利（George Ripley）那无政府主义的布洛克农场（1840—1847），1840年波士顿的"宇宙进步之友（Friends of Universal Progress）"狂热集会（让持各种观念、操各种职业的男男女女聚到一起），全都以洪荒之力奋起，渴望摆脱昔日谎言的桎梏，却不知应当采纳何种真理；因为没有人类社会能够生存，除非它已说服自己：我拥有真理！②

啊！美国在随后的半个世纪里信奉的真理一点儿也不像期待的蜜月！真理尚未成熟，而那些渴望采摘它的人更不成熟。然而，这种失败绝不归因于崇高理想和伟大观念的缺乏，而是归因于这些崇高理想和伟大观念过于混杂，并被过于仓促地消化，没有时间健康地吸收。南北战争之后的重大政治和社会动乱造成的紧张震荡，以及发展成为现代文明之狂乱律动的病态匆忙，长期以来已经让美国精神

---

① 这仅仅是无数例子中的一个，这些例子表明了人类灵魂以其非常多样化的民族表达方式呈现的同步性；由于我研究过历史，因而这种同步性常常让我想到同一棵大树的不同分枝，它们彼此分享同样的季节变化。这种信念在我心中慢慢成熟，直到现在，这一点已经牢牢确立：支配着各个民族、国家、阶级及其斗争的特殊发展的所有规律都从属于更大的宇宙规律，这些宇宙规律控制着人类的总体发展。

② 约翰·莫利（John Morley）在批评爱默生的论文中描绘了这个理智沉醉时刻的迷人图景———一种"疯狂的热情"，正如沙夫茨伯里（Shaftesbury）所称，它从1820年至1848年转变了新英格兰的头脑。

哈罗德·凯瑞（Harold D. Carey）发表在《文人》（1929年2月）上的最新文章主要致力于描写这个新奇的布洛克农场，他表明了它的灵性和社会运动的革命特征，以及它在统治阶级和中产阶级的心中造成的"布尔什维克主义"印象。它是对令人害怕的、动荡不安的狂暴的一种宣泄。这些狂暴尤其敌视爱默生，并指责他对反叛精神负主要责任。我们这一代人全都过快地遗忘了爱默生及其朋友所扮演的那个勇敢角色。梭罗和西奥多·帕克尔（Theodore Parker）同时在一些事件中公开鞭挞法律的谎言，抗议帝国主义这一初生怪物（正值1847年，美国政府对墨西哥发动战争之际）。

失去平衡。然而,我们不难在19世纪下半叶追踪康科德河上的自由先驱——爱默生和梭罗播下的种子。可是,用这些种子结出的麦子,"心灵治愈"和玛丽·贝克·埃迪(Mary Baker Eddy)夫人的追随者们制作的,是多么奇怪的面包啊!

那些人多多少少有意地利用了经由爱默生的唯心论歪曲过的印度元素。[1]然而,他们将这些元素还原到了仅仅朝向当前利益的功利主

---

[1] 威廉·詹姆斯(William James)就"心灵治愈"说过:"它由如下要素构成:四福音,贝克莱和爱默生的唯心论,招魂术及其法则——灵魂经由累世生命而彻底演化(这是一种乐观、粗俗的进化论),以及印度诸宗教。"

查尔斯·博杜安(Charles Baudouin)补充说,1875年以后,法国催眠流派的影响被叠加了上去。他提到,库埃(Coue)受惠于此,因为他专门学英语去了解美国粗俗化了的神秘主义,并由此发展出了一种更加简单化、十分理性和实证主义的表达。然而,我们有必要回到18世纪初麦斯麦(Mesmer)的动物磁场理论去寻求共同来源,并进一步回到组成这个谜一般的强大人格之要素。(参见Pierre Janet, *Meditations psychologiques*, Vol. I, Alcan, 1919。)

至于基督教科学,我们只需提及埃迪夫人给她的《圣经》增添的哲学和宗教术语词典《科学与健康》,就能明白它的一些基本观点与印度吠檀多主义的相似性:

"宾格的我或主格的我。神圣的原则。灵,灵魂……永恒精神。只有一个我或我们,只有一个原则或精神,它主宰万物……每一事物都在上帝的创造中反映或折射着同一个独一无二的精神;并不反映这个独一无二之精神的每一事物都是虚妄的,都是一种欺骗……

"上帝——这伟大的'我是'……原则、灵、灵魂、生命、真理、爱、全部物质、智性。"埃迪夫人看似并不希望承认它们的来源。她在该书的新版中对这个问题保持沉默。然而首要地,她引用了吠檀多哲学。罗摩克里希纳的弟子斯瓦米·阿喜达南达(Swami Abhedananda)说,《科学与健康》第24版包括一个章节,现在已被删除,是以四句吠檀多引文开始的。在同一章,埃迪夫人引用了查尔斯·威尔金斯翻译的《薄伽梵歌》,1785年于伦敦出版,1867年于纽约出版。这些引文后来被删除,我们只能找到对印度思想的一两处隐藏的间接提及。这种在不知情的读者面前掩饰的企图,就是在不得体地承认印度思想的重要性。[参见麦德林·哈丁(Madeleine R. Harding)发表在1928年3月的《印度觉醒》上的文章。]

义层面，由此导致了一种神秘的保健法，依靠的是令人惊愕的轻信，这给予"基督教科学"①以自豪的伪科学观点和伪基督教教义。

这些学说的一个共同特征是粗俗的乐观主义，以简单的否认，或者不如说以省略来解决恶的问题。"恶并不存在，那么，就让我们转移视线！"……这样一种理智态度，连同其天然的简单性，常常为爱默生持有。他尽可能频繁地省略疾病或死亡的话题。他厌恶阴暗，"尊重光明！"然而，那不过是尊重恐惧。他的双眼是脆弱的，所以他从一开始就把太阳置于阴影里。在这个方面，他被他的国人如此紧密地追随。尽管这种乐观主义是行动所必需的——这么说也许并不过分，但我对一个人或一个民族的能量并不抱有多大的信仰，那种能量和物性（Natura Rerum）相反，有赖于诸条件。我更喜欢玛格丽特·芙乐的说法："我接受宇宙。"但无论你是否接受宇宙，你首先需要看到它，并把它看作一个整体！我们稍后就会听到辨喜对他的英国弟子说："学会认识母亲，在邪恶、恐怖、悲伤、拒绝中，也在甜蜜中、在欢喜中。"同样，在充满爱与喜乐的梦境深处，微笑的罗摩克里希纳能够看到并提醒宣扬"善神"的柔顺传教士们：善不足以用来定义每天牺牲成千上万无辜者的那种力量。这里面有印度的乐观主义、希

最后，与印度思想的相似之处在"心灵治愈"最重要的专著/论文中更加显著，这些专著/论文出自德莱瑟（Horatio W. Dresser）、伍德（Henry Wood）和特莱恩（R. W. Trine）。但由于它们写在19世纪末，就是说写在辨喜去世之后，所以它们可以大大地归功于辨喜的教导。它们赞同有关专注的规则及其背后的信仰的所有观点。法国读者会在威廉·詹姆斯的《宗教经验之种种》中发现一些典型的摘录（法语版第80—102页）。

① 需要注意"基督教科学"这一名称已被埃迪夫人的前辈昆比医生用过，他先于前者若干年（大约1863年）在基督科学、基督教科学、神圣科学、健康科学名下树立了一个类似的信条。新近出版的昆比手稿确定了他对埃迪夫人的影响。

腊的英雄主义和盎格鲁-撒克逊的乐观主义之间的基本差异。乐观主义者直面实相，无论他们是像印度人那样拥抱实相，还是像希腊人那样与实相抗争并试图制服它；但在美国的乐观主义者那里，行动从不诉诸知识，而知识已在服务于行动中驯化，戴着镶金边的帽子，上面写着它的名字：实用主义。[1] 我们很容易理解，像辨喜这样的人不会喜欢此种装扮，此种装扮被这群人用来隐藏他那荣耀的、自由的、至尊的印度吠檀多主义的那些弱小而堕落的私生子。[2]

然而，凌驾于这群活着的人之上的，是个已故的巨人[3]，他的影

---

[1] 在变得软弱的战后欧洲，这些道德特征不幸具有被确立的倾向；这种道德懈怠的最坏特征是，它伴随着虚妄的自吹，以实在论和男子气自我奉承。

[2] 在他第一次逗留美国期间，埃迪夫人于波士顿开办的曼彻斯特形而上学学院（她在七年内教了四千名学生）暂时关闭（1889年10月），以便让其女奠基者，"首个基督科学教会的荣誉牧师"，撰写新的《科学与健康》。这本书出版于1891年。该学院在她的统领下于1899年重新开放。
当时"心灵治愈"十分繁盛，产生了《新思想》，它之于基督教科学就像理性主义的新教之于正统天主教。
神智学会的两大创始人之一奥尔科特上校（Colonel Olcott, 1875年）是个美国人，精力旺盛地活跃在印度及各地。正如我前面提过的，他的活动有时和辨喜的活动相交。我在此处仅仅提及当时激起美国宗教潜意识以及"复兴主义"的三股主要潮流，"复兴主义"也导向对潜意识力量的摒弃——当时迈尔斯（Myers）正在形成（1886年至1909年间）知识的科学精神理论和潜意识生活。
犹如正在喷发的火山口，泥浆与火同时喷出。

[3] 指已故的惠特曼。除了惠特曼，还有另一个没那么伟大的诗人，他同样倾向于印度思想，他就是埃德加·爱伦·坡，他的《尤里卡》出版于1848年，显示了类似于《奥义书》的思想。弗兰克（Waldo Frank）等人认为，他一定在漫游途中（事实上他的确在少年时代去过俄国）遇到了印度神秘主义。然而，《尤里卡》并没有影响当代思想。尽管惠特曼一度与爱伦·坡合作（见《百老汇日报》和《民主评论》），然而我们可以肯定，他从未与爱伦·坡关系亲近，他从未揣摩过爱伦·坡的思想，事实上他对爱伦·坡有种本能的反感，他迟迟才承认爱伦·坡的伟大，而

子比他们透过严守教规的冰冷窗格子看到的"存在的太阳"黯淡的反光还要温暖一千倍。他站在辨喜面前,把自己伟大的手伸向对方……对方怎么不握呢?……或者不如说(因为我们知道,辨喜后来在印度读了他的《草叶集》),辨喜的记录者们,无论多么粗心和消息不灵,怎么没有记下这一重要事件:"阿特曼/梵"的印度使节辨喜和"自我"的叙事诗人惠特曼(Walt Whitman)的"相会"!

惠特曼逝世于1892年3月26日,辨喜赴美的前一年,靠近卡姆登,费城工人居住的郊区。有关他的葬礼——不像人们描述的那样是异教的,而是完全符合印度普世主义[①]的精神——的记忆当时仍在萦绕。辨喜见到不止一个惠特曼的密友,他甚至与著名的不可知论者和唯物主义作家罗伯特·英格索尔(Robert Ingersoll)[②]友好地交往,后者与诗人惠特曼进行了最后的告别[③]。辨喜不止一次以友好的方式和

且还经过了一番努力(1875年,五十六岁的惠特曼去往巴尔的摩参加爱伦·坡纪念馆的开幕式)。爱伦·坡在他的时代一直是个离群者。

① 每一段话中都有出自人类圣典的某句伟大格言:"这些话出自孔子、佛陀、耶稣基督、《古兰经》、以赛亚、圣约翰、《阿维斯塔》、柏拉图……"
② 英格索尔在他的告别演说上赞美这位唱出壮丽辉煌的"生命诗篇"的诗人,并将感谢献给母亲,以回报她的吻和拥抱。英格索尔以自然为"母亲"。惠特曼的诗里充满了母亲,她有时是自然,"伟大的、野性的、沉默的母亲,接受一切",有时是美国,"可怕的母亲,伟大的母亲,你的母亲和她平等的孩子"。但无论这个伟大的存在是什么,用什么词来称呼它,它始终代表着至上的存在者这一概念,而他们的深沉语调让人想起印度的观念;他们始终依附于不可见的上帝,他是众生的依靠。
③ 伟大著作《辨喜的生活》,由辨喜的弟子们出版,简要地提到了若干次这样的会面,并仅仅评论说,它们表明辨喜有进入最自由、最前沿的美国思想圈子的入场券。英格索尔在一次讨论中以友好的方式警告辨喜要当心。他向辨喜揭露了那些隐藏在美国的,尚未被扑灭的狂热分子。他说,放到四十年前,一位印度吠檀多主义者会有被活活烧死的危险,再晚近些,则会有被石头砸死的危险。

英格索尔争论,所以他不可能没有听说过惠特曼。

无论这个伟人多么出名,有多少来自各国的作品献给他,我仍有必要在此简短地说明他的宗教思想,因为那是他最少为众人所关注的一面,同时,那又是核心。

他的思想中没有隐义,诚实的惠特曼毫不掩饰他的赤裸。他的信仰在《草叶集》中表达得最为淋漓尽致,尤其集中在一首伟大的诗里,这首诗的光芒虽然被《自我之歌》过多地遮蔽了,但我们必须像惠特曼本人那样,把它放回首要行列当中,位列他自己最后的版本之首,后面紧跟着《铭言集》。这首诗就是《从巴门诺克开始》。[①]

他在这首诗里说了什么?

> 我创立一种信仰……
> ……我说,整个地球,天空的所有星星,都是为了信仰而存在……
> 你知道,只是为了在大地撒播更加伟大的信仰的种子……
> 我歌唱……
> 你和我分享两种伟大,而由此产生的第三种更加辉煌。
> 爱与民众(Democracy)的伟大,信仰的伟大……

---

① 《从巴门诺克开始》没有出现在前三版里(1855年版,1856年版,1860—1861年版)。直到第四版(1867年)才出现,并被放在卷首。但在《草叶集》第一版中,正如我的朋友露西安·普莱斯(Lucien Price)向我指出的,《自我之歌》位于卷首,它以原初更短更严格的形式,给人留下鲜明印象:那伟大信息中包含的每一关键的、英勇的事物都可以在里面找到,以火焰般的明晰性加以浓缩。参见威廉·肯尼迪(William Sloane Kennedy)《一本书在世上的战斗》(The Fight of a Book in the World)。此处的中文参照邹仲之的译本。

（那么，惠特曼的注释者们为什么通常让前两种相对低级的"伟大"，遮蔽了包含和支配着它们的第一"伟大"？）

这种信仰如此充满他的内心，以至他打算通过演讲的方式将它传遍世界，尽管他几乎没有兴趣在公开场合讲话——这种信仰是什么？[①]它可以概括为一个词，宛如印度音乐在耳中美妙地回荡——"同一性（Identity）"。它充满整部《草叶集》，几乎出现在惠特曼全部的诗里。[②]

"每一时刻的所有生命形式之同一性（Identity）"，"已得实现的大一之直接性"，"每一秒、每一存在微粒的永恒（Eternity）之必然性"。

[①] 他在出版他的诗之前和之后都想到了这一点。
[②] 《从巴门诺克开始》《自我之歌》《芦笛》《过布鲁克林渡口》《欢乐之歌》《桴鼓集》《想想时间》等。

"同一性"这个词可以用来指两种完全不同的东西：（1）更常见的用法是指对大一的一种直接感知；（2）贯穿整个永恒之旅的私我之持久性及其各种变形。依我看来，在他疾病缠身和年迈的岁月中，占据支配地位的是后一种意思。

如果我要在此完整地研究惠特曼，那么就有必要追溯他的思想在生活打击之下的演变（但不忘其本质上的一贯性），比起他公开坦承的乐观主义使我们相信的，他遭受的打击实际上远远更多。（参照《神圣的死亡低语》和《绝望时刻》。）那时，不屈不挠的精神尽管没有得到生的充分滋养，却在死里恢复。那时，"已知"的生活被未知成全。那时，"白昼"为"黑夜"带来新的光芒。（参照《想想时间》和《草原之夜》。）他的耳朵朝别的"音乐"敞开，那音乐是他的"无知"从前没有听到过的。最后，死者比生者更有活力，"或许那唯一活着的，是那唯一真实的"（《沉思而犹豫地》）。

"我不相信生命滋养一切……但我相信神圣的死亡滋养一切。"（《信念》）

"我以为白昼最为灿烂，直至我目睹黑夜的展示……哦！我明白生命亦如白昼，无法展示全部，我明白我要等待死亡将会展示给我的"（《草原之夜》），等等。

然而，信仰的基础——同一性，即唯一存在的永恒，从未改变。

惠特曼是如何获得这种信仰的呢？

当然是通过觉悟，通过他经历过的某种打击，通过启示——很可能由某种精神危机引起，这种精神危机很快出现在他三十岁那年的新奥尔良之旅引发的各种情感之后，[①] 对此我们几乎一无所知。

触动他的不太可能是对印度思想的阅读。当梭罗于 1856 年 11 月告诉惠特曼，《草叶集》（1855 年 7 月初版，1856 年夏再版）让他想起伟大的东方诗歌，并追问惠特曼是否知道那些诗歌，惠特曼明明白白地回答"不知道"，我们没有理由怀疑这一回答。惠特曼几乎不读书，他不喜欢图书馆，也不喜欢听人提起图书馆。直到生命的尽头，他似乎也没有任何好奇心去核实他的思想与亚洲思想之间的相似性，而这种相似性在康科德的那个小圈子看来是显而易见的。当惠特曼每次在荷马式的枚举中一笔带过印度时，那种表达上的极度含糊性，是他对印度思想无知的最佳保证。[②]

因而，弄清下面这一点就更加有趣：他如何能够既不超越自我——百分之百的美式自我——又在不经意中与吠檀多思想发生关

[①] 参见柏克（Bucke）的《沃特·惠特曼》。
[②] 他有几次提到摩耶（"一切形而上学的基础"，《芦笛》）、化身（《告别之歌》）和涅槃（《七十生涯》《黄昏》），然而是以无知者的方式提及的"薄雾，涅槃，安眠和夜晚，健忘"。
《向印度航行》，这个标题有着一种相当出人意料的象征意味，但并没有显示出他对印度思想的理解比下面这个贫乏的诗行更加准确：
"古老神秘的梵天，无限早于温柔年轻的佛陀……"
在《向世界致敬》中，他关于印度所说的更加贫乏。
其灵感似乎具有亚洲来源的唯一一首诗是他七十二载岁月的最后一本诗集《别了，我的幻想！》（1891 年）中的《波斯人的一课》，在那里，他提到了苏菲。他不需要亲自去波斯听闻这些非常平庸的实情。

联?（因为吠檀多思想的亲缘关系始于爱默生本人,并未脱离爱默生团体的人;爱默生的这一善意评论不为人知:"《草叶集》似乎是《薄伽梵歌》和《纽约先驱报》的混合"。）

惠特曼的起点在于他自身的门第,在于他自己的宗教传承——尽管看似自相矛盾。他的父系家族属于贵格会左翼,聚集在一名自由信徒——艾利亚斯·希克斯（Elias Hicks）周围,惠特曼临终前写了一本小册子献给希克斯,他是个伟大的宗教个人主义者,脱离一切教会和一切信经,他使得宗教完全由内在的启示——"隐秘的、沉默的出神"构成。①

在惠特曼身上,这样一种精神倾向注定会从孩提时起就引发一种神秘的专注习惯,此种专注没有确切对象,而是渗透生活中的所有情感。年幼的惠特曼独特的天赋则发挥了另一方面的作用,他的天性中含有一种贪婪的接受能力,这使他不仅像普通人一样从世间百态的藤蔓上采摘苦乐的果子,而且在顷刻之间将自身融入所见的每一对象。在绝妙的《秋之溪水》一诗中,他描述了这种罕见的倾向:

> 有个向前走的孩子……
> 他所见的第一个对象,即是他成为的对象,
> 那个对象变成他的一部分,在那天,或那天的某个时间里,
> 或许多年里,或许多年的循环里……

出于本能而非经过反思,他得出了如下结论:整个宇宙对他而言

---

① 在1889年5月31日的一次相当简短的致辞中,年迈的诗人惠特曼再次说道:"跟随精神的冲动,因为我有一半血缘属于贵格会。"

不是客体，而是主体——宇宙就是他。当他在三十几岁突然描述他的真正诞生（很有可能在1851年至1852年左右）在他看来是什么的时候，那是一次炫目的顿悟，一次出神的敲打：

"哦！欢乐，"他说，"我的灵魂自在地倚靠自身，从事物中感受同一性……我的灵魂从事物中把振动传回给我……"①

在他看来，他"第一次醒来，过往一切仅是可鄙的昏睡"②。

最后，他听过爱默生的一些演说或谈论③，它们有可能将他的直觉诉诸理智，从而结出思想的果实，无论两者之间的关联是多么地不确定；因为此人总是不关心逻辑推理和形而上学建构④，他的整个思想之链不可避免地将他带到当下时刻，带到某种程度的启示当中，使得一种时空的无限性从中生起。由此，他立刻理解、接受、拥护并同时成为每一不同对象以及它们的大全，就是说，整个宇宙的展开与融合在每一原子和每一生命片刻得到实现。这与虔信瑜伽师的出神时刻——最沉醉的三摩地时刻（该瑜伽师在瞬间登上觉悟的高峰，并在征服这座高峰之后再度下来，在日常生活的一切所思所行中利用这一

---

① 《欢乐之歌》。
② 卡姆登版，第三卷，第287页。
③ 1887年，惠特曼否认自己在1855年以前读过爱默生的作品。但在1856年，他慷慨地写信给爱默生，称赞爱默生乃是发现了灵魂"新大陆"的哥伦布，而他自己则是被激励的探索者，"正是您发现了这些海岸……"然而两种说法并不冲突。我们可以说，这一新世界的发现之于爱默生就像之于哥伦布，然而事实上，北方人的船在若干世纪之前便已驶过，犹如年轻的惠特曼，而没有费心在航海日志上标出位置。
④ "比起任何形而上学书籍，窗上的晨辉更能让我满足。"（《自我之歌》）
还有《芦笛》中的美妙字句："表象的可怕怀疑"。在这一"可怕怀疑"中，一切都在摇晃，没有观念、没有推论具备任何效用或能够证明什么，唯独朋友之手的触碰能够传达绝对的确定："握手让我完全满足。"

经验）有何不同！①

所以，这里有个典型的例子，表明在辨喜抵达美国之前，美国已经存在吠檀多主义倾向。实际上，那是所有国家和所有时代的人类灵魂的一种普遍倾向，而不像印度吠檀多主义者认为的那样，被包含在一套学说当中，只属于一个国家。相反，不同民族及其信条和习俗——它们将自己的文明建基于这些信条和习俗——的发展际遇要么促进、要么阻碍这种吠檀多主义倾向。我们或许可以说，这种精神态度潜在于所有内心闪耀着创造火花的人之中，尤其在伟大的艺术家之中，在他们那里，宇宙不仅仅被反映出来（就像在媒介物的冰冷扫视中那样），而且道成肉身。我在贝多芬的例子中已经谈到过这样的关头——与圣母的酒神式合一，圣母指隐秘的存在者，我们的心在每一次跳动中感受着她。另外，19世纪伟大的欧洲诗歌，尤其是华兹华斯和雪莱时代的英国诗歌，充满了这种突如其来的火花。然而，没有西方诗人像惠特曼那样如此强烈或自觉地拥有这些火花，他把所有散落之火聚集到一个火盆中，让他的直觉变成了一种信仰——对他的民族、对世界、对作为整体的人之信仰。

他的信仰没有被拿来和辨喜的信仰两相对照，多么奇怪啊！难道后者不会被那么多出人意料的相似之处打动：惠特曼的情感是如此强烈、显著、持久地存在于他的私我"历经万亿年"的不断"轮回"

---

[1] 海伦·普莱斯（Helen Price）小姐的回忆录（被柏克在《沃特·惠特曼》中引述，见第26—31页）根据亲眼目睹描述了他出神的状态，在此状态中，惠特曼创作了一些诗歌。

之旅中。[1] 他的每一世生活的记录都以得失两栏保存（在这双重自我那里，没有一个神必须在别的神面前贬低自身[2]）——摩耶之网；他将这摩耶之网撕开[3]，透过变宽的网眼，看到上帝的光辉面庞，"众轨道之中你的轨道，你的观看之源，你保管的潜在萌芽，你的核心"[4]！在

---

[1] "真身何以死亡或被埋葬？你的真身将走向来世，带着今生由生到死的积累。"（《从巴门诺克开始》）
"灵魂的旅程，不只是生命，还有死亡，累世之死，我想要歌唱……"（《岸上碎片》）
《自我之歌》从"我俯首下视"开始展开一幅壮丽的全景画："在遥远的底部，原初巨大的'非存在'"，到自我的前行，"年龄之轮"将它摆渡，"从一个海岸到另一个，划啊划，如同兴高采烈的船夫"——带着无论如何都将抵达终点的确信！（"无论我在今天抵达，还是在一万年，或者一千万年以后抵达。"）
在《想想时间》中，他写道：
"某种筹备已久的无形之物已经来临，在你身上形成。
从今以后，你高枕无忧，无论发生什么——
转化与上升的法则不可阻挡。"
《审慎之歌》（收录于《秋之溪水》中）根据印度的业律表明"每一步皆会影响未来的出身"，但可惜的是，它这样介绍"本分"一词："对未来的投资"，"唯一的良好投资是慈善和个人力量"。
也许在这些诗歌中最引人注目的是，诸面孔（收录于《从正午到星光之夜》）让人想起最难堪的面孔，好比某一时刻的"口套"，它们随后会被一点一点地移除，直到荣耀的面孔显现！
"你以为我能满足于这一切，假如我认为它们是自身的终曲？——
我将再度查看几份时间的乐谱。"
最后，当他接近死亡时，他说："现在，经由各个上升的化身，我再次接纳我的诸多转变，而别的化身无疑等待着我。"（《告别》，收录于《别离的歌》）

[2] "我自己……我信奉你，我的灵魂，但我的肉体绝不对你自惭形秽……你也绝不对肉体自惭形秽。"（《自我之歌》）

[3] 他忠实的朋友奥康纳这样描述他："这个人撕掉伪装和幻觉，把神圣的意义还给最普通的事物。"（参照柏克《沃特·惠特曼》，第124—125页。）

[4] 《题诗》。

这首壮丽的《常性之歌》①中，融合是通过矛盾的调和来实现的：拥抱一切宗教，一切信念和不信，甚至拥抱宇宙中一切灵魂的怀疑②（这在印度是罗摩克里希纳派给弟子们的任务）。这便是他自己的启示："全体即真理！"③甚至在某些个人特质上，惠特曼和辨喜难道不也有相似之处吗？例如，堪比上帝的骄傲④。这个伟大的战士、这个

---

① 《候鸟集》。
② "我不鄙视你们祭司，无论何时何地
我的信仰是所有信仰中最大和最小的
囊括古代的崇拜和现代的膜拜
以及古代与现代之间的……
愿和平降临怀疑论者，绝望的阴影……
我可以在你们中间，就像在其他人中间……"
——《自我之歌》
"我相信唯物论是真的，唯心论是真的……"（《随着祖先们》，收录于《候鸟集》）
在同一本诗集中，他和罗摩克里希纳一样抗议在他身上建立一种理论或一个新流派的企图："我责令不要从我这里出现任何理论或流派。我责令你让一切自由，就像我让一切自由。"（《我自己和我所有的一切》）
最后，就像罗摩克里希纳和辨喜那样，他明确拒绝参与政治，并表示反感任何由外在方式进行的社会活动。[参见他与特劳贝尔（H. Traubel）的谈话：《与惠特曼在卡姆登》，第103和216页。]他唯一寻求的改革是一种内部改革："让每一个人，无论来自哪个阶级和哪种处境，都能陶冶和丰富人性！"
③ 见《从正午到星光之夜》：全体即真理。"我看见其实……根本没有谎言……每一事物完全呈现自身以及先于它的东西。"
④ "没有什么，包括上帝，对你而言比你自身更加伟大……
我对每一事物好奇，却不对上帝好奇……
我亦不知有谁能比我自身更加奇妙……
我何必更想去见上帝，而非今朝……
我在男男女女的脸上，在我倒映于玻璃的脸上，看见上帝。"（《自我之歌》）
"如此伟大的，不是尘世，不是美国。
那伟大的，或者要成为伟大的，是我……
整个宇宙理论准确无误地指向一个单一的个体——你。"（《在蓝色的安大略湖畔》）

"安宁之敌"充满斗士精神,不惧危险、不惧死亡,而是呼唤危险和死亡①——献给可怖者的崇拜,这一解释让纳薇迪塔修女(Sister Nivedita)回想起辨喜在他们梦幻般的喜马拉雅朝圣中所说的那些黑暗而高尚的话语。②

同时,我可以明显看出,惠特曼身上有什么是辨喜会厌恶的——《纽约先驱报》和《薄伽梵歌》的可笑混合(这让爱默生善意地发笑);惠特曼形而上的新闻写作,从字典上拾得的小店主的智慧(这蓄须的那喀索斯古怪的造作),对自身和本民族的巨大满足(民主主义的美国腔,及其幼稚的自负和广泛的粗俗,甚至使他寻求聚光灯)。这一切必定会引起那个印度伟人的贵族式轻蔑。辨喜尤其会难以忍受如下妥协式的卖弄风情:把唯心论说成"形而上学"被禁止的欢乐,把招魂术和性交说成性灵,等等……③

---

① "我是安宁之敌,以牙还牙。
我的言辞是危险的武器,充满死亡。
我天生由制造战争的元素组成。"(《桴鼓集》)
② "我特别把你当成是我的,你的那些糟糕的野蛮形式。
(母亲,弯下腰,让你的脸靠近我。)
我不知道这些阴谋、战争和威慑是为了什么。
我不知道成功的果实,但我知道你的行为通过战争和犯罪得以继续。"(《在蓝色的安大略湖畔》)
③ 他最后的诗歌之一《持续性》(收录于诗集《七十生涯》)的灵感(据他自己所说)来自和一个魂灵的对话。他多次谈到自己坚定地相信死者真的会回到活人当中:
"活人用肉眼看着尸体,
但一个不同的活物继续留存,
它没有肉眼,好奇地看着尸体。"(《想想时间》)
"活物、真身现在无疑在我们附近,在我们不知道的空气中。"(《从巴门诺克开始》)
他相信"真身"和"肉身"之间的区别:
"你行将脱落的尸身只是肉身。

然而，这些差异想必不会阻止惠特曼这个强大的爱者被辨喜磁铁般的灵魂所吸引。事实上，这种接触后来发生了，因为我们有证据表明，辨喜在印度阅读了《草叶集》，并称惠特曼为"美国的桑耶辛（弃绝者）"[1]，由此承认了他们的共同出身。我们是否可以认为，辨喜直到离开美国前夕才发现这一点？因为在他居留美国期间，他的弟子并未详细提到这种关系。

无论实情如何，惠特曼的精神就在那里，证明美国已经准备好倾听印度思想。他的精神是美国的先驱；这位卡姆登的老先知庄严地宣布印度的到来：

> 朝着我们，我的城市，
> 那始发者来了，
> 诸语言之巢，诗之遗赠者，古老的民族……
> 梵天之民族来了。[2]

（然而）你的灵身，那是永恒的……定会逃离肉身。"（《给一个将死之人》，收录于《神圣的死亡低语》。）

"我的自我卸下我的肉身，让它焚烧，或者化成灰埋葬。我的真身必定离我而去，前往它界。"（《欢乐之歌》）

[1] 参照弟子们所写的《辨喜的生活》，第三卷，第199页。正是在1897年年末的拉合尔，从美国返回后不久，辨喜在他的一个印度东道主戈斯瓦明（Turtha Ram Goswami，后来以斯瓦米·拉姆提塔之名赴美，但当时是拉合尔某大学的数学教授）的图书馆里发现了一册《草叶集》。他请求带回家阅读或重读（根据书中描述，不可能确定是阅读还是重读，书上还说，"他曾经称惠特曼为'美国的桑耶辛'"。然而，这一论断是在先还是在后，我们无法确定）。

[2] 《百老汇选美》。

惠特曼向这位印度朝圣者（指辨喜）敞开怀抱，并把他托付给美国——"民主制度的中殿"。

> 往昔在你那里安眠……
> 你带来伟大的同伴。
> 僧侣的神圣亚洲今日与你一同启航。[①]

所以，显然，辨喜的印度传记作者们令人遗憾地不小心忘了把惠特曼放在这些人的前列，这些人的思想替新世界向这位陌生的宾客致敬。

然而，我们把惠特曼放在适切的位置——与辨喜肩并肩甚至手牵手——之后，必须当心不要夸大他在美国的影响力。这位"全体"[②]的荷马没有成功地征服全体。这位美国民主制度伟大命运的公布者在误解中离世，几乎不为新世界的民主主义者所注意。这位《神圣的中庸》[③]的歌唱者仅仅得到了一小群精选艺术家和卓越人士的尊敬与热

[①] 《母亲及其平等的孩子》。
[②] "我为一个人的自身歌唱，
一个单一的个别之人，
但是要用民主这个词，
用全体这个词的声音。"
这是《铭言集》一书的开篇。
"我的用词，一个现代用词——全体。
这个词属于从不犹豫的信仰……"（《自我之歌》）
[③] "哦，这些同等主题，哦，神圣的中庸！"（《从巴门诺克开始》）他宣布未来是"神圣中庸的自由"。（《穿过平静岁月》，收录于《从正午到星光之夜》。）
他最后的诗，《别了，我的幻想！》宣告如下：
"我歌唱普通大众，中庸的普世大军。"

爱,也许在英国胜过美国。

然而,几乎所有真正的先驱都是如此。人民忽视他们,这并不有损于他们成为本民族的真正代表:在他们身上,隐藏并压缩在大众那里的深邃能量适时地释放,他们宣布了这些能量,而这些能量早晚要显露。惠特曼的天赋在于揭示了隐藏的灵魂,它在美利坚民族的深海里沉睡,尚未醒来。

第五章　在美国传道

我在上一章简要地解释了美国的全部灵性表现形式（我把有关它们的深度研究委托给将来研究西方新精神的历史学家），它们将会显明这一点：如此这般地发酵并运作了半个世纪的美国思想，比西方任何思想都更加乐意接受辨喜。

他几乎尚未开始传道，那些渴望他的福音的男男女女便蜂拥而来。他们来自美国各地，从沙龙和大学赶来，有真诚的纯基督徒、真诚的自由思想家、不可知论者。打动了辨喜，并且直到今天仍然打动我们的是：这个古老而年轻的地方无处不在的谜，对未来的希望和恐惧，最高尚的力量和最邪恶的力量，对真理的巨大渴望和对谬误的巨大渴望，完全的淡漠和对金钱的肮脏崇拜，孩子般的纯真和集市上的江湖骗术……除了他的急性子容易带来的突发激情，辨喜的伟大足以在赞同和反感之间保持平衡；他始终承认盎格鲁-撒克逊的美国所具有的美德和真正能量。

事实上，在这片热土上，尽管他创建的事业比在欧洲其他地方更加持久，但他从未像后来在英格兰那般，觉得脚下的土地是如此地坚实。不过，在新美国，没有什么伟大的东西是他不予尊重、不试图理解、不作为榜样向他的同胞称赞的，比如经济政策、工业组织、公共教育、博物馆和画廊、科学的进步、卫生机构，以及社会福利工作。比起美国为了照顾弱者而做出的高尚努力，以及为了公共福利而进行的慷慨的公共支出，自己祖国的社会冷漠令他怒发冲冠。虽然他始终乐意鞭笞西方的傲慢，但他更乐意把西方的社会工作当成碾压式的榜样，来羞辱印度的傲慢。

"啊！屠夫！"当他参观完一座人性化地对待罪犯的模范女监时，他如此叫道，因为他想起了印度人对无法自助的穷人和弱者那残忍的冷漠……"这世间没有宗教像印度教那样如此高调地宣扬人的尊严，这世间也没有宗教像印度教那样如此低贱地践踏穷人和卑微者……宗教本身没有毛病，有毛病的是法利赛人和撒都该人……那些伪善者们！"

所以，他从未停止恳求、激励、叮嘱印度的年轻人：

"男孩们，束好你们的腰！主呼召我告诉你们……希望在于你们——在于柔顺、谦卑而忠诚的人……同情受苦之人，并寻求帮助，那么帮助自会到来。游历十二载，我始终心怀这一念头和重担。我挨家挨户拜访所谓的富人和伟人。我以滴血之心横跨半个世界，来到这片陌生的土地寻求帮助……主……将会帮助我。纵然我死于寒冷和饥饿，但是年轻人，我留给你们这同情，这为了穷人、无知者、受压迫者而进行的斗争……去吧……敬拜他，做出伟大的献祭，为了他们而献出整个生命……这三千万人，没有一天不在沉沦……荣耀归于主，我们将会成功。许许多多的人会在斗争中倒下，许许多多的人会准备好迎面顶上……爱和信仰。生不足恋，死不足惧……荣耀归于主——前进吧，主乃是我们的头。不要回望有谁倒下——向前进——向前进……"

这封动人的信受到美国高尚的社会慈善事业之景象的鼓舞,以希望的调子结束,这表明,他虽然鞭笞基督教信仰的伪君子,但他比任何人都要更加深刻地感受到了赋予该信仰以活力的博爱气息:

"我在此,身在马利亚之子的孩子们中间,主耶稣会帮助我。"[①]

他从来不为宗教障碍而烦恼。后来,他道明了这个重要的真理[②]:

"生在教会很好,可死在教会很糟。"

针对那些偏执的基督徒或印度教徒(他们感到自己被呼召去守卫他们的排他性信仰的那扇关闭之门,不让离经叛道者进入)的震惊呼喊,他回答道:

"他们是印度教徒、穆斯林还是基督徒,这有什么关系?爱主之人总能依靠我的帮助。跳进火中吧,孩子们……一切都会到来,只要你们拥有信仰……让我们每一个人为了印度的两亿被践踏之人日夜祈祷,那些人深陷贫穷、神权和暴政,为他们日夜祈祷吧……我不是形而上学家,不是哲学家,也不是圣人。我是穷人,我爱穷人……(在印度)有谁同情那两亿深陷贫穷与无知的人?出路在哪里?……有谁为他们带去光明?让那些人成为你们的神吧……为穷人而哀痛者,我称之为圣人……只要那两亿人活在饥饿和无知中,我就把你们每一个人当作叛徒,你们以牺牲他们为代价接受教育,却对他们不闻不问!……"[③]

所以,他从来没有一天忘记自己传道的初衷,当他从北到南,再

---

① 参见《辨喜的生活》第七十七章"世界宗教议会之前,在美国初期写的信"。他把《效仿基督》翻译成孟加拉文,并作了序。
② 在伦敦(1895年)。
③ 参见《辨喜的生活》第八十三章"写给印度弟子的信"(大约在1894年至1895年)。

从南到北地穿越印度，往返于喜马拉雅山和科摩林角之间时，这个初衷的利爪就紧紧地抓住了他：去拯救他民族的身体和灵魂（身体在先，面包第一），去广泛地呼吁和动员全世界帮助他执行这一任务，直至该任务成为各民族的事业，成为全世界的穷人和受压迫者的目标。要给予、要给予！不要再说，慈悲之手唯独出自上帝。要平等！接受者要同样是给予者，且给予的和接受的要同样多，除非更多。接受生命者要给予生命、给予上帝，因为印度的所有衣衫褴褛、濒临死亡的悲惨之人就是上帝。在折磨这个民族的苦难与暴行的累世压迫下，永恒精神（Eternal Spirit）的美酒发酵着、浓缩着、流淌着。拿起它，喝下吧！他们也可借用圣餐的话说："因为这是我的血。"他们是各民族的基督。

所以，在辨喜眼里，这个任务是双重任务：把西方文明的金钱和商品带到印度，把印度的灵性财富带到西方。一种忠诚的交换，一种兄弟般的互助。

他看中的不仅是西方的物质商品，而且是西方的社会和道德商品。我们刚刚谈到他发出的人道主义精神的呼喊，这种精神是一个富有自尊心的伟大民族感到一定要向她甚至不得不谴责的人所展示的。他心怀赞美和感动地盯着如下景象：世上百万人享有显而易见的民主平等，他们的妻子争相挤着电车。然而，这自欺者赋予了这幅景象过多的意义，因为他没有意识到，机器毫无恻隐之心，碾碎一切跌倒之人。[1]他对印度有种姓者和无种姓者之间残忍的不平等感触更深：

---

[1] 后来，他的眼界得到了开阔。第二次美国之行时，他撕掉了这个面具，于是，社会的邪恶和种族、信仰、肤色的傲慢全都赤裸裸地呈现，让他窒息。他曾于1893年9月19日在世界宗教议会上说过这样美妙的话语，"为美国——自由之国喝彩！

"印度的厄运已经注定,"他写道,"就在他们发明'贱民'一词,并且不再与他人共享的那一天。"

他追随西方的民主制度模式,宣扬"一个教导印度互助与理解的组织"的根本必要性。①

另外,他赞美如此之多的美国女性所具有的高度理智才能,以及她们对自由的高尚利用。他把美国女性的解放和印度女性的隔绝相比,这使他想起一个已逝妹妹的隐痛,进而使他为了她们的解放付出爱的努力。②

种族傲慢无法阻止他历数西方社会的优越性③,因为他希望自己的民族能够受益于此。

然而,他的骄傲使他只在平等回报的基础上接受什么。他敏锐地意识到,他带给西方世界[陷入了自身活动和实践理性(practical reason,他会说是物质理性)的魔鬼之网]精神自由,这种精神自由是上帝给人的钥匙,甚至连最贫穷的印度人也拥有它。他发现,对人的信念在年轻的美国得到了高度发展,而这在他看来仅仅是第一步,

---

它已被给予你,你从未把手伸进邻人的鲜血里……",如今,他发现了美国那贪婪的帝国主义,并为自己被欺骗而愤怒。他对麦克里尔德小姐说(后者对我复述如下):

"所以美国也一样!所以完成这项事业的工具不会是她,而是中国或俄国。"(指东西方双向联合使命的完成)

① 引自信件(1894—1895年)。
② 在第二次美国之行期间,他的演说挣到的一部分钱被送往巴拉纳戈尔的一个印度寡妇基金。不久,他产生了如下念头:把致力于塑造新一代印度知识女性的西方老师送到印度。
③ "在灵性上,美国人远远低于我们。但他们的社会远远高于我们的社会。"(写给马德拉斯弟子的信)

并且需要抨击。他远远不像一些欧洲基督徒那样,希望贬低对人的信念,而是把它当成年幼的妹妹:出身良好,却在全新的太阳下如此目盲,以致莽撞地游走于深渊的边缘。他相信自己被呼召赋予她视力,指引她走向彼岸——生活的露台,在那里,她能够看见上帝。

* * *

因此,在美国,他进行了一系列使徒活动,目标是在这块巨大的灵性休耕地上播撒吠檀多的种子,并用罗摩克里希纳的爱之雨露唤醒它。正是罗摩克里希纳选中了他来承担这个角色。他避免谈及自己的导师,尽管他讲的是导师的道。这种省略归因于热爱带来的审慎,甚至在决定向若干非常亲密的弟子直接谈论罗摩克里希纳时[1],他也禁止他们将这种恩典的触碰公之于世。

他很快甩掉了美国人的演讲组织,及其固定的巡回表演,那些表演由经理们操纵,他们敲锣打鼓——仿佛他是马戏团节目似的,这让他尴尬。[2] 正是在底特律,他待了六周,甩掉了这种捆绑性合约

---

[1] 正是在1895年6月,千岛公园的圣劳伦斯河畔,他似乎第一次在美国向一群选定的听众透露了罗摩克里希纳的存在。1896年2月24日,在纽约,他完成了一系列美妙的演讲——我的师父。甚至到那时,他也拒绝出版他的演讲内容;返回印度之后,人们对他的拒绝表示吃惊,他以强烈的谦卑回应道:"我不允许它出版,因为这对我的师父不公平。我的师父从未谴责任何事或任何人。然而当我谈到他时,我却在批判美国人的拜金主义精神。那一天,我得到一个教训,就是我还不适合谈论他。"(《一个弟子的回忆》,发表在1923年1月至4月的《吠檀多文化》上。)

[2] 我手里有份广告书,上面用大标题向路人宣传他为"讲台上的巨人之一"。他的肖像印在上面,附带四行红字题词,声明他是"拥有神圣权柄的演说家,印度民族的模范代表,完美的英语大师,世界博览会上的轰动人物"。这种宣传成功地列举了他的道德和身体优势,尤其是他的身体优势,即他的相貌、身高、肤色和着装,连同那些见过、听过和接触过他的人的证词。他被描述为相当有威力的大象或专利药品。

令人难以忍受的枷锁。他恳求朋友们取消合同，尽管有相当大的金钱损失。① 也是在底特律，他遇见了她（Miss Greenstidel，格林斯蒂德尔）——后来改名为克里斯汀修女［跟随纳薇迪塔修女（玛格丽特·诺波）］，她在众位西方弟子中最亲近他的思想。

从底特律，他返回纽约，时值1894年初冬。起初，他被一群富人朋友操控了，他们更感兴趣的是作为今日之星的他，而非他的福音。但他无法忍受太多的控制，他想要独处，想要成为自己的主人。他厌倦了这种障碍赛，其中没有什么持久的东西，于是，他决定招收一群弟子，开设免费课程。富人朋友们提出为他"筹措资金"，这让情况变得难以忍受：他们会强迫他仅仅接触一个由"对的人"组成的排他性圈子。他被激怒了，叫喊道：

"湿婆！湿婆！有哪项伟大事业是富人促成的！进行创造的是头脑和心灵，而非钱包……"②

若干相对较穷的忠诚弟子承担了这项工作的经济责任。他们在一个"令人不快"的地方租了几个可怜的房间，没有家具，只能席地而坐，他坐在地板上，十几个学生站着。此外，有必要打开通往楼梯的门，因为人们挤在楼梯和平台上。不久，他就不得不考虑搬到更大的地方。他的第一期课程从1895年2月持续到6月③，讲课过程中，他解释了《奥义书》。每天，他都指导几名选定的弟子修习胜王瑜伽和

---

① 从那时起，他接受这个或那个学会的邀请，独自从一个城镇辗转到另一个城镇，有时一周进行多达十二或十四场演说。一年结束时，他已经拜访了大西洋海岸到密西西比河的所有重要城镇。
② 克里斯汀修女：《未公开的回忆录》。
③ 同时，他正在向布鲁克林的伦理学会进行另一系列有关印度宗教的公开演说。这让他能够支付私课的费用。

智慧瑜伽的双重方法：胜王瑜伽偏重心理—生理方面，旨在通过控制生命能量而达到强烈的专注，方法是让有机体服从心意，把寂静加诸内在倾向的骚动，从而唯闻清晰的存在之音①；智慧瑜伽是纯智性的，类似于科学推论，它寻求精神和宇宙正法（绝对实在）的合一，是科学宗教。

1895 年 6 月之前，他完成了有关胜王瑜伽的名著，并将它献给瓦尔都（S. E. Waldo）小姐（后来的海瑞达斯修女），这本书随后吸引了比如威廉·詹姆斯等美国生理学家的注意，后来激起了托尔斯泰的热情。②在本书第二篇，我将再次谈到这种神秘的方法，以及其他重要的瑜伽。需要担心的是，这本书及其偏重生理学的特征对美国所具有的吸引力，因为美国是在最实用的意义上接受它的——它许诺物质力量。如同一个长着儿童头脑的巨人，美利坚民族只对能够转化为利益的观念感兴趣，这是她的规则。形而上学与宗教被变形为错误地应用的科学，目标是获取力量、财富和健康——此世的王国。没有什么能够比这更深地伤害辨喜了。对于所有具备真灵性的印度大师而言，灵性本身就是目的，他们的唯一目标就是实现灵性；他们无法原谅这样的人：把通过物质手段获取各种力量摆在第一位，把灵性追求摆在第二位。这种排序，在辨喜看来乃是不可饶恕之罪，对此，他的谴责特别激烈。然而，也许更好的做法是所谓的"不要引诱魔鬼"，

---

① 印度从未垄断这种内在训练。西方伟大的基督教神秘主义者也知晓并修习之。辨喜知道这个事实，并且常常拿他们举例。然而，唯独印度让这种修习成为一门准确的科学，用许多个世纪的实验来确定，并向所有人开放，而不分教义。
② 参照拙著《托尔斯泰的生活》最新版，附加章节"亚洲对托尔斯泰的回应"。托尔斯泰首先了解了辨喜的 1896 年纽约版的《胜王瑜伽》，以及辨喜献给罗摩克里希纳的一本著作，在辨喜去世之后的 1905 年于马德拉斯出版。

而是先要引导美国人的理解力走上别的道路。他自己很有可能意识到了这一点，因为在接下来的冬天里，他的课程关注的是别的瑜伽。当时，他仍在实验阶段。这位年轻的大师正在测试自己对另一民族的人所具有的力量，而尚未确定该以何种方式行使这种力量。

正是在紧接下来的阶段（1895年6月至7月），在千岛公园与一群选定的虔诚之士共度盛夏的几周里，辨喜根据克里斯汀修女的证词确定了他的行动计划。[①] 在圣劳伦斯河畔森林附近的一座山丘上，一个慷慨地供奉大师解说吠檀多的庄园里，十二名选定的弟子齐集一堂。他以阅读《约翰福音》开始冥想。几周以来，他不仅解说了印度的圣典，而且（在他看来是更为重要的教育）试图唤醒手下这群人的英雄能量："自由""勇气""正直""自我贬低之罪"等等，乃是他的一些论题。

"个体是我的座右铭，"他写信告诉阿巴雅南达（Abhayananda），"除了训练'个体'，我没有其他抱负。"[②] 他还说：

"如果我一生中成功地帮助哪怕一个人得到自由，我的劳动就没有白费。"

遵循罗摩克里希纳的直觉方法（intuitive method），他从未出离听众，对着大多数演说家和传教士称之为"公众"的模糊整体说话；他似乎在对每一个人单独说话，因为诚如他所言，"单个的人在其内

---

① 关于在千岛公园度过的这个极其重要的时期，克里斯汀修女的《未公开的回忆录》提供了最为重要的信息。
② 1895年秋天。

部包含了整个宇宙"①。宇宙的核心在每一个体那里。尽管他是一个教团的伟大创立者,但他直到最后实质上依然是个桑耶辛,②他希望催生桑耶辛——上帝的自由人。所以,他在美国有意识的、明确的目标是解放某些选定之人,让他们成为自由的播种者。

1895年夏天,若干西方弟子响应了他的呼召,他招收其中几人入门。③然而,后来证明,他们拥有的是完全不同的才干。辨喜似乎

---

① 1890年,刚开始漫游印度时,他在某条小溪边的一棵榕树下进入了出神状态,其间,大宇宙、小宇宙和包含在一个原子中的整个宇宙的同一性已然显现。
② 对于自由的生活,他始终怀有强烈的渴望。"我渴望,哦,我渴望我破烂的衣衫,我剃光的头,我在树下的安眠,我乞来的食物……"(1895年1月)他美妙的桑耶辛之歌始于1895年中期。
③ 克里斯汀修女给我们留下了有关第一批美国弟子之个性的幽默描述,然而其中有些弟子后来证明令人失望。尤其值得注意的是激烈的玛丽-露易丝(Marie-Louise),一位入籍的法国女性,在社会主义者圈子里很红;纠结的莱昂·兰姆斯伯格(Leon Lamsberg),一个出生在俄国的犹太人,非常聪明的纽约记者;史黛拉(Stella),一个老年演员,在胜王瑜伽里寻求青春的源泉;出色的小个子老人怀特(Wight)博士,及其甜美端庄的安提戈涅——露丝·艾丽斯(Ruth Ellis)小姐,两者都渴望灵性。还有他相对亲密的弟子和朋友:布鲁克林的瓦尔都小姐(后来的海瑞达斯修女),她写下了辨喜的第一期演说,从而为我们保存了资料,辨喜给予她讲授胜王瑜伽的理论与修习的殊荣(1896年春);奥尔·布尔(Ole Bull)夫人,一个著名挪威艺术家的妻子,安德森的朋友,安德森是辨喜的工作最慷慨的捐赠者之一;约瑟芬·麦克里尔德(Josephine MacLeod)小姐,我非常感谢她的回忆;纽约的弗朗西斯·莱格特(Francis Leggatt)夫妇;哈佛大学的莱特(Wright)教授,辨喜在美国的神赐之友。
最后是他最贴心的格林斯蒂德尔(Greenstidel,即克里斯汀修女),弥赛亚身边安静的马利亚,她收集并珍藏师父的精神,仿佛它以清晰可闻的独白倾泻而出。
在曼恩河边的格莱纳克,他在克里斯汀面前独白了几日,似乎没有注意到她的存在,他寻找道路,从不同的角度逐个检查他生活中的所有问题。最后,当她轻声表达自己对他做出的矛盾评判之疑惑时,他说:"你难道不懂吗?我正在大声思考。"因为辨喜为了让自己满意而需要将他的内在争论诉诸话语。

并不具备罗摩克里希纳的鹰眼,后者一眼便准确无误地看进路经之人的灵魂深处,看穿他们的过去与未来,他们在他眼里是赤裸的;而这个斯瓦米·辨喜则在守夜时收集谷壳和小麦,并乐于在晨间选出小麦,将谷壳撒到风中。他在众多弟子中精选出一些虔诚的弟子,除了克里斯汀修女,最宝贵的弟子是年轻的英国人古德温(J. J. Goodwin),后者把毕生献给了他:从 1895 年年末开始,他自告奋勇担任辨喜的秘书,被导师称为"我的右手",我们尤其感谢他保存了播撒在美国的种子。

1895 年 8 月至 12 月,辨喜暂时离开美国,去往英国,这件事我们稍后再谈。那年冬天,他返回美国,一直待到 1896 年 4 月中旬。他在纽约通过两个系列的演讲和私人授课继续吠檀多教学,第一个系列的演讲在 1895 年 12 月进行,内容是行动瑜伽(经由工作彰显神之道),这应该是他的杰作;第二个系列的演讲在 1896 年 2 月进行,内容是虔信瑜伽(爱之道)。

他在纽约、波士顿和底特律到处演说,听众包括普通人、哈特福德形而上学协会、布鲁克林伦理学会、哈佛大学哲学系师生。[1]在哈佛大学,他受邀担任东方哲学教授,在哥伦比亚大学,他受邀担任梵文教授。在纽约,在弗朗西斯·莱格特爵士的领导下,他组建吠檀多学会,后来成为美国吠檀多运动的中心。

宽容与宗教普世性是他的格言。新世界的三年之旅,与西方思想和信仰的不断接触,让他怀有的普世宗教理想成熟。然而反过来,他的印度智性受到了震荡。他感到有必要彻底重组印度伟大的宗教和哲

---

[1] 尤其重要的是他在哈佛大学有关"吠檀多哲学"的演讲,以及随后的讨论(1896 年 3 月 25 日)。

学思想,如果印度思想要恢复它的征服力量,去渗透、提升和滋养西方——这一观点他早在1893年就于马德拉斯陈述过。① 印度的观念丛林和交错形式需要理顺,诸伟大体系需要围绕宇宙精神的若干稳定枢轴进行分类。印度形而上学中明显矛盾的概念(不二论的绝对合一,"制限"合一,以及二元论;它们甚至在《奥义书》中也相互抵触)需要调和;需要架设桥梁去连接它们和西方的形而上学观念,方法是建立一个比较的平台,用来提出最古老的喜马拉雅哲学的深刻观念和现代科学所承认的原则之间的所有关联点。他本人希望撰写这"最高遗嘱"、普世福音,他敦促印度弟子们帮助他选择需要的资料来进行这一重建。他主张,这关系到把印度思想转译为欧洲语言,"从哲学、错综复杂的神话和古怪惊人的心理学中产生一种宗教,它应是简单、纯粹、通俗的,同时满足最高尚的心灵之需要"②。

这样一项事业并非没有风险——这会改变这块古老挂毯的真实图案,正统的印度人和欧洲的印度通很可能会这样说(也确实说了)。然而,辨喜不相信他们,相反,他宣称,那些刺绣歪曲了他们的真理,即原初的深刻本质,而经由他的事业,被那些刺绣遮蔽的伟大线条将会显明,他在许多场合表达了这一观点。③

---

① "宣传这一信仰的时候到了……仙人们的印度教必须变得强有力……"在专注于自身这么多世纪之后,它必须走出自身。
② "抽象的不二论必须变得生动——在日常生活中充满诗意;复杂得令人绝望的神话必须产生具体的道德形式,令人迷惑的瑜伽教导必须产生最科学和实用的心理学。"
③ 但我必须补充说明,回到印度之后,他再次感到他的民族的种种神话形式之美之真是如此地强有力,以致不能为了任何先入为主的激进的简单化观念而牺牲它们,也许在美国,在西方精神的直接压力下,他倾向于那种激进的简单化。从那时起,问题在于如何协调一切,而又不放弃什么。

另外，对于像他这样的心灵而言，宗教绝不能被固定在某些文本当中，无论文本以何种形式呈现。宗教要发展；哪怕有一瞬间的停滞，宗教也就死了。他的普世理想始终处于运作当中，该理想需要东方和西方的不断结合来滋养，没有一方固守某个信条或时间点，而是双方都在活动中，都在前进。吠檀多学会的目标之一，是让人与观念不断地交互，以便思想的血液富有规律地循环，浸润整个人类。

第六章　印度与欧洲的相遇

在纽约干燥明亮的天空下,带着令人震惊的氛围,辨喜的行动才能犹如火炬燃烧在一个疯狂活动的世界里,把他烧尽。他在思考、写作和激情演说方面消耗的能量危及他的健康。当他离开被他倾注了启蒙精神的人群[1],他只渴望"一个安静的角落,在那里死去"。他的短暂生命已经受到疾病的消耗,进一步被这种过度紧张带来的痛楚缩短。他没能从中恢复[2],正值那时,他感到了死亡的临近,实际上他说:

"我的日子尽了。"

然而,他的伟大游戏和英勇使命总是召唤他回来。

---

[1] 所有的见证者都证实了他那压倒性的力量消耗,这力量在会议上犹如一股电流传给公众。有些听众感到筋疲力尽,不得不休息几天,仿佛经历了一次紧张的电击。克里斯汀修女说:"他的力量有时压倒一切。"他被称为"闪电演说家"。在美国的最后一场会议期间,他在一周内进行了多达十七次演讲,每天给两个私人班上课,他的演说无一例外都是有备而来的深奥的学术演讲。每一个思想都是激情,每一个语词都是信仰。每一次演说都是一次猛烈的即兴演说。

[2] 糖尿病(他四十岁不到就死于这种疾病)的最初症状出现在青春期,当时他十七八岁。
他在印度还遭受了疟疾的多次猛烈侵袭。他几乎死于某次朝圣途中染上的白喉。在两年的横穿印度之旅中,他滥用自己的体力,半裸身体、食不果腹地进行过度旅行;有几次,他饿得晕倒在地。然后还要加上在美国的过度工作。

有人觉得，欧洲之旅可以让他分心，但无论去往何处，他总是消耗自己。他在英国停留了三次[①]：1895年9月10日至11月末，1896年4月至7月末，1896年10月至12月16日。

英国留给他的印象甚至比美国还要深刻，而且远远更加出乎意料。他在美国诚然没什么可抱怨的，因为除了突发的反感之事和不得不躲避的浮华世界，他找到了最柔软的同情心[②]，最忠实的助手，以及一块仍未开垦的处女地，大声呼唤着被播种。

然而，从他踏上旧世界的那一刻起，他呼吸的是完全不同的理智空气。这里不再有一个年轻的民族用空洞而野性的抱负来高估意志，而正是这一点让美利坚民族投身于能量瑜伽——胜王瑜伽，以便从中找到（甚至在他们扭曲胜王瑜伽的时候）幼稚而又不健康的秘密去征服世界。在这里（英国），千年的思想努力将直接切入印度诸教导中的知识法门，就是智慧瑜伽——在不二论者辨喜看来也是精华所在。所以，在阐述智慧瑜伽时，他可以跳过初级班，因为欧洲能以科学和自信来做出判断。

尽管在美国，辨喜遇见了某些著名知识分子，比如莱特教授，哲学家威廉·詹姆斯[③]，以及伟大的电气技师尼古拉斯·特斯拉（Nicolas

---

[①] 1895年8月，他经过巴黎，之后抵达伦敦。但在第一次，他只是粗略地看了一眼巴黎（参观博物馆、大教堂、拿破仑之墓），留下的主要印象是，这是个具有艺术天赋的民族，天资极高。五年之后，从1900年7月至12月，他更悠闲地游览了法国，我们会在后面回到这个话题。

[②] 最打动他的一次是1894年年底，在结束有关印度女性之观念的一场讲座时，他表达了对母亲的虔诚敬意，随后，波士顿的女士们在圣诞节给他母亲写了一封信。

[③] 为辨喜和威廉·詹姆斯的相会牵线搭桥的是奥尔·布尔夫人。威廉·詹姆斯邀请这位年轻的斯瓦米做客，并密切关注他有关胜王瑜伽的教导。据说詹姆斯修习胜王瑜伽。

Tesla）[1]，他们对他表现出了赞同的兴趣[2]，但总的来说，他们在印度形而上学沉思领域还是新手，有待学习，就像哈佛大学哲学系的学生一样。

然而在欧洲，辨喜需要在印度学大师面前掂量自身，这样的大师诸如麦克斯·缪勒（Max Muller）和保罗·杜森（Paul Deussen）。西

辨喜的弟子倾向于认为师父对威廉·詹姆斯产生了影响。他们引述了美国哲学（实用主义）的一些段落，这些段落承认吠檀多主义中有最合乎逻辑、最激进的一元论体系，承认辨喜是吠檀多传教士的最佳代表。但那并不意味着威廉·詹姆斯自己接受这些学说，他始终是个观察者。尽管对"宗教经验"评价一般（他坦率地承认宗教经验），但他写过有关宗教经验的名著[*]。毫无疑问，辨喜对这本名著的诞生做出了间接的贡献。然而，詹姆斯仅仅把他作为许多例子中的一个，在讲述"神秘主义"的第十章加以引用，然后在讲述印度神秘主义者时提到过他两次（引自《胜王瑜伽》），最后在总结来自所有国家、所有时代的神秘主义证据时提到了他，因而只是向他表达了敬意（《实践的吠檀多》和《真实与表面的人》）。

然而，詹姆斯似乎没有从这个斯瓦米的经验中吸收多少，后者也没有向前者揭示思想的来源：罗摩克里希纳（詹姆斯不经意地从麦克斯·缪勒的著作中引述了他）。詹姆斯的这本著作的重要性在于，它似乎站在十字路口，在那个位置，19世纪末期的科学实证主义（如此天真地确信自身）正在通过对各方强有力的抨击而制造鸿沟，此外还有迈尔斯的潜意识心理活动，正被粗糙地砍倒的相对主义，基督教科学，辨喜的吠檀多主义。西方思想的转折点已经来临，这是发现新大陆的前夜。辨喜在这场伟大的抨击中肯定扮演了自己的角色。但甚至在西方也有人领先于他，我认为，启发威廉·詹姆斯创作这本著作的，是加州的斯达巴克（Starbuck）教授早先的研究（宗教心理学）及其对宗教见证的大量收集，而不是对这位印度斯瓦米的了解。

[*]《宗教经验种种》于1902年6月在纽约初版。那时，詹姆斯在爱丁堡进行了两个系列的演说，分别在1901年和1902年。

① 尤其吸引尼古拉斯·特斯拉的，是辨喜的如下教导：数论的宇宙演化理论，及其与物质和力的现代理论之间的关系。我们会在后面谈到这一点。
② 辨喜还在纽约见到了西方科学的最高代表：威廉·汤姆森（William Thomson，后来的加尔文勋爵）爵士和赫尔姆霍茨（Helmholtz）教授。但他们是来美国参加一次电力大会的欧洲人。

方伟大的哲学与文献科学（philosophical and philological science）以其全部的肚量和一丝不苟的诚实展现在他面前。他被深深打动，并向印度同胞做出了无人能及的充满爱与尊重的描述；他的印度同胞对这种科学一无所知，就像从前的他。

对英格兰的发现在他身上激起了一种截然不同的情感。他原本是作为敌人到来的，却被征服了。回到印度之后，他以极大的忠诚宣称：

"没有人比我怀着对一个民族更大的恨意踏上英国的土地……你们当中没有人……比现在的我更爱英国人民……"

在一封从英格兰寄给美国弟子（1896年10月8日）的信中，他写道：

"我对英国人的想法已被颠覆。"[①]

他发现的是"一个英雄之国，他们是真正的刹帝利！……勇敢而坚定……他们受到的教育是隐藏情感，不露声色。然而，在整个英勇的上层结构下面，有着一个深刻的情感源泉，就在英国人的心里。一旦你知道如何抵达这个源泉，他就会成为你永远的朋友。一旦他往头脑中输入一个观念，这个观念就会扎根；该民族无比实际而又充满能量，这使它生长并立刻结果……他们已经解开顺从的秘密，而不必卑躬屈膝：伟大的自由连同伟大的守法"[②]。

一个值得羡慕的民族！她甚至迫使那些被她压迫的人尊重她。就

[①] 他还有点讽刺地说："我想我甚至开始在高尚而伟大的盎格鲁-印度人内部见到神圣者。我想我在逐渐接近这个国家，那时我将能热爱'魔鬼'本身，如果有魔鬼的话。"（1896年7月6日）

[②] 这一段是根据1896年的一封信和加尔各答的一次著名演说改写的。

连那些身为屈从民族的火热良心、希望折毁她的人——罗伊们（Ram Mohun Roys）、辨喜们、泰戈尔们、甘地们，也不得不承认这胜利者的伟大，承认胜利的合理性，甚或承认与她忠诚合作的效用。无论如何，假使他们不得不更换征服者，他们也不会另行选择。尽管她可怕地滥用优势，但她似乎仍然是整个西方（西方一词包括整个欧洲和美国）为印度思想的自由发展提供最大机会的国家。

辨喜虽然钦佩英国，却从未忘记自己的印度使命。他意欲利用英国的伟大来成全印度的灵性帝国。他后来写道[①]：

"大英帝国及其所有的短处是有史以来最伟大的机器，可供散播思想之用。我打算把自己的思想置于这架机器的中心，由此传遍世界……灵性思想总是来自被压迫者（比如犹太人和希腊人）。"

第一次伦敦之行期间，他写信给马德拉斯的一名弟子：

"在英国，我的工作真的十分灿烂。"

他的成功一直是即刻实现的。英国媒体表达了对他的巨大赞赏。辨喜的精神形象被拿来与最崇高宗教人物的精神形象相比——不仅包括他的印度先驱罗伊和柯莎布，而且包括佛陀和耶稣。[②] 他在贵族圈子里大受欢迎，甚至连教会领袖也表达了对他的认同。

第二次英国之行期间，他正式开设吠檀多教学课程，鉴于对聪明的公众怀有的确信，他从心意的瑜伽——智慧瑜伽开始授课[③]。另外，他在皮卡迪利大街画廊、王子学院和俱乐部里向不同的教育协会提供演讲课程，在安妮·贝赞特家为私人圈子演说。比起美国公众的肤

[①] 写给弗朗西斯·莱格特爵士，1896年7月6日。
[②] 参见《伦敦每日纪事报》，也见于《威斯敏斯特公报》上的采访。
[③] 每周五次课，周五晚上外加一堂讨论课。

浅迷恋,他感受到了英国听众的认真严肃。相对于美国人,英国人更少热情、更多保守,起初会保留忠诚,然而一旦付出忠诚,就会毫无保留。辨喜感到更放松,对他们更信赖。他谈论亲爱的师父罗摩克里希纳——始终谨慎不把师父暴露在亵渎的目光里。他以强烈的谦卑说道:"他的全部出自那独一的源头……他没有一个哪怕再小的属于自己的念头要显露……"他宣称师父为"尘世宗教生活这一面的源泉"。

正是罗摩克里希纳使他接触到了麦克斯·缪勒。这位年迈的印度学学者以常新的好奇心关注印度宗教灵魂的所有悸动,他好比《圣经》里的东方三博士,已经察觉到罗摩克里希纳这颗上升之星。[1] 他渴望向一名直接见证人了解这个新的道成肉身,正是在他的请求下,辨喜写下了有关师父的回忆,后来被麦克斯·缪勒用在描写罗摩克里希纳的著作中。[2] 辨喜同样被这位牛津博学者深深吸引,后者从遥远的观测台宣布伟大的天鹅[3]在孟加拉上空飞过。1896年5月28日,辨喜受邀到缪勒家做客,年轻的印度斯瓦米向年迈的欧洲圣人鞠躬,尊奉他为民族之精神,一位古代仙人的转世,并追忆他最早在吠陀时代的印度的几次出生——"一个日日实现与梵合一的灵魂……"[4]

---

[1] 见《十九世纪》上的一篇文章《罗摩克里希纳,一个真正的圣人》。
[2] 辨喜请萨拉达南达收集有关罗摩克里希纳的资料。
[3] "至尊天鹅"。
[4] 出于热情,他于1896年6月6日立刻为印度期刊《梵论》撰文:"我希望我对自己的祖国怀有这种百分之百的爱!……五十多年里,他生活并行走在印度的思想世界里……(它)渲染了他的整个存在……他已抓住吠檀多旋律的真灵魂……唯有宝石匠才能理解宝石的价值……"

***

英国还将给予他更多，表现为或许是他一生中最美的友情：古德温（J. J. Goodwin），玛格丽特·诺波（Margaret Noble），以及塞维尔（Sevier）夫妇。

我已提过古德温，他于1895年年底在纽约见到辨喜。当时，需要一名优秀的速记员来准确地记录辨喜的讲课，很难找到受过充分训练的速记员。年轻的古德温刚从英国抵达美国，就被聘用。在一周的试用期结束之前，他受到自己正在誊写的内容的开示，于是抛弃一切，把自己献给了师父。他拒绝报酬，日夜工作，无论辨喜身在何处，他都陪伴左右，并温和地照顾他。他立下独身之誓，在完完全全的意义上把生命奉献给了师父，后来在印度英年早逝[①]。无论走到哪里，他都跟随这个已然成为他的家庭、他的国家的人，并热切地忠于师父的信仰。

玛格丽特·诺波也完完全全地献出了自己，未来将始终把她的法号纳薇迪塔修女与她亲爱的师父的名字连在一起……如同圣克莱尔和圣方济各的名字连在一起……（尽管事实上这位跋扈的斯瓦米远远没有圣方济各那样温顺，他让那些献身于他的人经受彻底的考验，才会接受他们。[②]）她是伦敦一所私立学校的年轻女校长，辨喜在她

[①] 1898年6月2日。
[②] 但纳薇迪塔的爱是如此地强烈，以至于她似乎不记得那种几乎让她灰心丧气的严厉。她只记得他的甜蜜。麦克里尔德小姐告诉我们："我对纳薇迪塔说：'他浑身是劲。'她回答：'他只有温柔。'但我说：'我从不觉得。''那是因为没对你显示。'因为他根据每一个人的天性和对待神圣者的方式来对待他们。"

的学校发表演说,立刻迷住了她。①但在很长一段时间里,她努力抗拒这一点。她是这些人当中的一个。每次演说之后,都走到辨喜面前说:

"是的,斯瓦米……但是……"

身为难以征服的英国人之一,她有过挣扎和抗拒,然而一旦被征服,她就会永远忠诚,连辨喜本人都说:

"没有更可信的人了!"

下定决心把自己的命运交到斯瓦米手里那年,她二十八岁。他让她去印度②,致力于印度女性的教育③;他迫使她成为一个印度人,"把她的思想、观念、习惯印度化,甚至让她忘记过去的回忆"。她立下独身之誓,成为印度修道院接受的第一位西方女性。我们后面会再度提到她站在辨喜身边,她保存了他的访谈录④,比任何人更多地致力于在西方普及他的形象。

---

① 她细致地回忆他们的第一次见面:"时间是11月的一个寒冷的周日下午,地点在伦敦西区的一间会客室里……他坐在那里,面朝一半的听众,身后的壁炉里是燃烧的火。黄昏消逝,黑暗降临……他坐在我们中间……仿佛一个从远方给我们捎来消息的人,他有个奇怪的习惯,时不时说'湿婆!湿婆!',表情温柔而高傲……(纳薇迪塔将他的表情比作《西斯廷圣母》上圣婴的表情)……他为我们唱诵梵文诗节",纳薇迪塔听着他的唱诵,想到了美妙的格里高里赞美诗。

② 1898年1月末。

③ 同行的还有亨丽埃塔·缪勒(Henrietta Muller)小姐。

④ 《与斯瓦米·辨喜的漫游记》,纳薇迪塔修女著,加尔各答。
纳薇迪塔献给师父的主要作品是《我眼中的师父:弟子纳薇迪塔追忆斯瓦米·辨喜的生活》,朗文格林公司,伦敦和纽约,1910年。
纳薇迪塔写了许多著作,在西方普及印度的宗教思想、神话、传说和社会生活。若干著作颇有口碑,包括《印度生活之网》、《神圣母亲卡利》、《印度教摇篮故事》(印度神话中的迷人故事,以充满诗意的通俗形式呈现)、《印度-雅利安民族神话》等。

塞维尔夫妇的友情也以同样的爱和绝对的信心为标志，忠诚不渝。塞维尔先生是个四十九岁的老上尉，夫妻俩都全神贯注于宗教问题，并被辨喜的思想、话语和人格打动。麦克里尔德小姐告诉我：

"听完他的一次演说之后，塞维尔先生问我：'你认识这个年轻人吗？他是否表里如一？''是的。''如果那样的话，就必须跟随他找到上帝。'他跑去问妻子：'你允许我成为斯瓦米的弟子吗？'她回答：'好啊。'她问他：'你允许我成为斯瓦米的弟子吗？'他以深情的幽默回答：'我不知道……'"

幸运地成为斯瓦米的弟子之后，他俩成了他的朋友。然而，辨喜比这两个老朋友自己还担心他们的未来，不允许他们把全部奉献给他的工作，而是迫使他们与他分离，好为他们自己打算。他们则把斯瓦米看作自己的孩子，并致力于（我们后面会提到）在喜马拉雅山建立他们梦想中的不二论隐修所，用来冥想非人格的神，因为在辨喜的思想中，特别吸引他们的正是不二论，而不二论对辨喜而言也是根本所在。塞维尔先生于1901年在亲手建立的修道院过世；塞维尔夫人则比先生和师父都要长寿，在十四年里，她作为唯一的欧洲女性一直生活在喜马拉雅山脚下的这个偏僻之所，一年中有好几个月无法进出，她在那里忙着教育孩子们。

"你不觉得烦吗？"麦克里尔德小姐问她。

"那就想想他（辨喜）吧！"她简单地回答。

多么令人钦佩的友情啊！英国给予印度的此种友情不单属辨喜一人。伟大的印度人总是在英国人中找到最勇敢、最忠诚的弟子和帮手，我们都知道皮尔逊之于泰戈尔，安德鲁斯或"米拉班"之于甘地……后来，当独立后的印度清算大英帝国加给她的苦难和恩情时，这些神圣的友情比其他任何东西更让权衡难以做出，它们是如此地深重，与罪恶一样深重。

在英国的土地上（他的道在这里激起了如此深刻的反响），他并不试图像在美国那样找到什么，而在美国，罗摩克里希纳传道会后来建立并壮大。他的一个美国弟子的解释想必是真的：他感到不得不考虑英国和欧洲的崇高智性，它要求印度传教士具备一种灵性素质，而这种灵性素质在巴拉纳戈尔的教友中十分罕见。[1]但也许我们还必须考虑间或袭来的极度疲劳，他厌倦了世界，以及工作的束缚。他渴望休息。邪恶仿佛蛀虫，暗中蚕食他的身体，使他在很长时间里脱离生活。在那些时刻，他拒绝建立任何新的东西，宣称自己不是组织者。他在1896年8月23日写道[2]：

"我已开始这项工作，让别人去完成吧！就像你们看到的，为了让工作继续下去，我不得不暂时接触金钱和财物。[3]现在，我确信我的那部分已经做完，我对吠檀多或者世上任何哲学或工作本身不再抱有兴趣……甚至连它的宗教效用也开始让我腻烦……我要准备离开，再不返回这个地狱——人世间。"

多么可怜的呐喊，但凡了解疾病正在如何吞噬着他的人，都能感受到其沉痛！相反，在别的时候，呐喊变成了天大的欢喜：整个宇宙

---

[1] 然而其中有个名叫萨拉达南达的教友被送到伦敦（1896年4月），后来送到美国，他具有纯粹的哲学头脑，能够和欧洲形而上学家们平起平坐。继他之后，阿喜达南达也在伦敦取得了成功（1896年10月），广受欢迎。
[2] 从卢塞恩寄出。
[3] 凡是涉及金钱，他就和罗摩克里希纳一样有生理上的反感。

在他看来就是一个孩童般的神的快乐玩具,毫无缘由。①然而,无论他是喜是悲,那种超脱是一样的。世界正在离他而去。风筝的线就要断了。②

* * *

充满深情地照顾着他的朋友们再次带他去休假,这回是去瑞士。1896年夏天,他的大部分时间是在瑞士度过的③。享受白雪、河流、群山带来的气息似乎让他想起了喜马拉雅山,十分受益。④正是在阿尔卑斯山脚下,勃朗峰和伟大的圣伯纳德之间的一个村庄里,他第一次构想了这个计划:在喜马拉雅山建立一个修道院,好让他的西方弟子和东方弟子团聚。与他同行的塞维尔夫妇没有让他的构想落空,那成了他们的终生事业。

从阿尔卑斯山返回之后,他收到保罗·杜森教授的信,邀请他去基尔。为了见杜森,他缩短了在瑞士的时间,带着弟子们穿越海德堡、科布伦茨、科隆、柏林,因为他至少想要看一眼德国,她的物质力量,以及她令人印象深刻的伟大文化。我已在《叔本华学会研究

---

① 参照1896年7月6日写给弗朗西斯·莱格特的信,这封信以倾泻而出的狂喜结尾:"我祝福我出生的那一天。他(至爱者)在游戏,我是他的玩伴。宇宙中没有道理或理性!有什么理性能够束缚他呢?这游戏者在整场游戏中用眼泪和欢笑玩耍!多么大的乐趣,多么大的乐趣……一群蹦蹦跳跳的孩子出来,在世界的游戏场上玩耍!有谁可歌颂,有谁可责备呢?……他没有头脑,也没有任何理性。他在用微不足道的头脑和理性愚弄我们,但这次他发现我没在打盹……我已学会不少东西。超出理性、学习和交谈的,是情感,是'爱',是'至爱者'。啊,'缘由',装满这一杯吧,我们要癫狂。"
② 参照我在别处引用过的罗摩克里希纳的寓言。
③ 在日内瓦、蒙特勒、夏兰、夏蒙尼、圣伯纳德、卢塞恩、瑞吉雪山、采尔马特、沙夫豪森。
④ 他宣称在瑞士发现的愉悦生活和风俗习惯类似于印度北部的山地人。

年鉴》①上描述过他如何在基尔拜访叔本华学会的创立者。可想而知，保罗·杜森这样一位充满激情的吠檀多主义者对辨喜的欢迎是热烈的，他们的关系是热烈的；在吠檀多里，杜森不仅看到了"人在寻找真理的过程中凭借才能建立的最崇高的结构之一和最有价值的产物之一"，而且看到了"纯粹道德的最强支撑，生死苦难的最大慰藉"。②

然而，即便杜森察觉到了这位斯瓦米的个人魅力、灵性天赋，以及深刻知识，他在期刊上的文字也未能显示他预见到了这位年轻访客的伟大天命。尤其是，他远远没有想象此人内心深处那悲剧性的沉重，在他强壮而快乐的外表下，是一颗被他不幸的民族占据的心，他的肉身已经打上死亡的印记。他在杜森面前显出轻松和令人愉悦的狂放，在这个为印度事业付出良多的德国学者和圣人面前，他感到快乐。这种感恩始终留在辨喜心里，他对基尔的时光，以及汉堡、阿姆斯特丹和伦敦的时光怀着闪亮的记忆，那时有杜森相伴。③他们的深思保存在《梵论》上的一篇妙文里，辨喜后来以此提醒弟子们，伟大的欧洲人对印度怀有的情义，他说，伟大的欧洲人比印度自己更懂如何爱她、理解她……他尤其感谢其中两个最伟大的欧洲人——麦克斯·缪勒和保罗·杜森。④

他在英国度过了另外两个月，再次拜访麦克斯·缪勒，会见爱德华·卡朋特（Edward Carpenter）、弗雷德里克·迈尔斯（Frederick

---

① 1927年。依据是塞维尔的回忆录和从辨喜的伟大生活中收集的记录。
② 1893年2月25日在孟买对大西洋皇家学会印度分会的演说。他使辨喜想起了这些话。
③ 塞维尔说，杜森在汉堡与辨喜再次会合，他们一起去往荷兰，在阿姆斯特丹停留了三天，然后去往伦敦，在那里，他们在两周时间里天天见面。同时，辨喜再次去牛津拜访麦克斯·缪勒。"这样，三位思想巨人得以彼此交谈。"
④ 可参见附录。

Myers）和威尔伯福斯（Chinese Wilberforce），并开设了讲述吠檀多、印度教的摩耶论和不二论的新课程。① 然而，他在欧洲的停留行将结束，印度在召唤他回去。乡愁向他袭来，这个筋疲力尽的人三周前才以绝望的愤怒拒绝为自己锻造新的锁链②，并宣称只渴望逃离生活与行动地狱般的劳苦，现在他又要充满激情地投身进去，亲手为自己套上挽具、连上磨臼，因为诚如他在临行前对英国朋友说的：

"也许我该脱掉这肉身，把它扔在一边，就像扔掉一件烂袍子。但我绝不能停止帮助人……"

要工作，要在此生服务、在来生服务，要再生、永远再生来服务……哦，辨喜必须"返回这个地狱"！因为他的全部天命和活着的理由就是返回，永无止境地返回，以便和"这个地狱"的火焰做斗争，解救其受害者，因为他的命运就是为了拯救他人而被地狱之火燃烧……

1896年12月16日，他离开英国，途经多弗、加来和蒙塞尼，以短暂的意大利之旅结束他的欧洲之行。他到米兰向达·芬奇《最后的晚餐》致敬，罗马让他特别感动，在他的想象中，罗马的地位堪比德里。他无时无刻不被天主教的礼拜仪式③和印度教的仪式之间的相

---

① 值得注意的是，最后的演讲，最终的话语，献给了吠檀多不二论（1896年12月10日），它是基本思想。

② "我已放弃束缚的锁链，家族的纽带……我不会捡起宗教兄弟关系的黄金锁链。我是自由的，我必须始终是自由的，像空气一样自由。在我看来，我近乎退隐。我已做了我在世间的那一份……"这些话写在1896年8月23日的卢塞恩，当时他被朋友们从行动的旋风中救出，那旋风几乎让他窒息。瑞士的空气尚未来得及让他振作。

③ 一切都使他想起印度：剃发的牧师，十字架的标记，香，音乐。他在圣餐中见到了吠陀"波拉沙达"的变形，波拉沙达即向诸神供奉食物，之后立刻吃掉供品。

似性打动，深感前者的庄严，并在同行的英国人面前捍卫它的象征之美和情绪感染力。他被第一批基督徒的记忆和殉道者的地下墓穴深深打动，并分享了意大利人民对婴儿基督和童贞女母亲的肖像的温柔敬意。[1] 基督和马利亚始终在他心中，这一点可以从我引述的辨喜在印度和美国的许多话语中看出。早在瑞士时，他就曾去到山上的一个小礼堂，借助塞维尔夫人的双手把采摘的鲜花放在圣母马利亚脚下，并说道：

"她也是神圣母亲。"

有个弟子后来想出了一个奇怪的念头——送给他一个圣母像来为他祝福，但他以全然的谦卑拒绝了，并虔诚地触摸圣婴的脚，说：

"我会替他洗脚，不是用我的眼泪，而是用我心灵的鲜血。"

也许真的可以说，没有人像他那样接近基督。[2] 没有人比他更加明确地感到，上帝与凡人之间的伟大中介也被呼召去当东方与西方之间的中介，因为东方如其所是地承认他。他正是从那里来到我们中间的。

---

[1] 他在罗马过圣诞节。平安夜，他在天坛圣母堂观摩了孩子们对圣婴的简单崇拜。

[2] 比起克里希纳的历史存在，辨喜并不对基督的历史存在更加确信。他于12月31日在船上做的一个奇怪的梦无疑会让反对崇拜历史基督的现代人感兴趣：一个老人出现在他面前，"仔细看看这个地方"，老人说，"这是基督教开始之地。我是苦修派教徒之一，住在这里。我们所传的真理和观念被呈现为耶稣的教导。但耶稣其人从未出生。当这个地方得到挖掘，各种证明这一事实的证据将被昭告天下。" 当时（是午夜），辨喜醒来，他问船员到了哪里，船员告诉他，船离克里特岛五十英里。在那以前，他从未怀疑过耶稣的历史事实性。然而出于极度的虔诚，就像罗摩克里希纳一样，上帝的历史真实性不在他的考虑范围内。上帝作为一个民族的灵魂产物比起作为圣母子宫的产物更加真实。更为确定的是，耶稣是神圣者撒下的火种。

在从欧洲返回印度的船上，辨喜长久地沉思东西方两个世界之间的这一神圣纽带。它不是唯一的纽带，另一条纽带在伟大无私的文人学者笔下出现，他们于黑暗中独自摸索，发现了通往最古老的知识、最纯粹的印度精神的道路。这个斯瓦米，从他炽热的话语造成的初次冲击中生出突如其来的灵性之火，在新旧世界心怀善意的人群中燃烧！那些把自己奉献给他的纯洁灵魂展现出丰盛的信心和丰富的心灵（他会认为新西方——世界的征服者也是如此，它以理性之剑和力量之拳全副武装）。他带着高尚的朋友们——爱的奴隶——守夜（其中有两个朋友，即老塞维尔夫妇，和他在同一条船的同一边，他们抛下欧洲和整个过去来追随他……）。

实际上，当他总结四年漫长的朝圣之旅，以及他正为印度人民带来的财富时，他知道灵性财富，即灵魂的财富，会让印度受益匪浅。然而，难道消除印度的苦难不是更重要、更迫切吗？他去寻求紧急帮助（从西方的巨富之地拾得一把玉米），以拯救无数濒临死亡的印度人，他去筹钱，以重建他的民族的身体健康和道德健康——这有没有实现？没有。在这个方面，他的西方之旅失败了。[①] 他的工作必须在新的基础上重新开始。印度要通过印度重生，健康要来自内部。

不过，为了助他完成即将毫不犹豫地承担的至难任务，西方之旅给了这个业已打上死亡印记的（诚如他自己意识到的）年轻英雄他所缺乏的东西——权柄。

[①] 两年后的1899年，他仍然感到一阵阵的绝望，因为他的全部成功、全部荣耀并没有为他带来三十亿卢比，那是他的印度物质复兴之梦所需要的。但他这时已认识到，我们并非生来就该成功："没有休息。我将死于劳作。生活是一场战斗。让我为战斗而生，为战斗而死！"

第七章　返回印度

辨喜在世界宗教议会上取得成功的消息慢慢才传回印度，然而消息一经获悉，就引爆了喜悦和民族自豪感。消息传遍印度全境。巴拉纳戈尔的教友们六个月后才听闻此讯，根本不知道芝加哥的胜利英雄就是他们的兄弟。辨喜写信告诉了他们，在喜悦中，他们回想起罗摩克里希纳的预言："纳伦将从根本上撼动世界。"王侯、梵学家和民众喜气洋洋。印度为她的胜利斗士庆贺。在马德拉斯和孟加拉，热情达到巅峰，人们任凭想象熊熊燃烧。1894年9月5日，也就是芝加哥宗教议会的后一年，加尔各答市政府召开了一次会议，所有阶级、印度教的所有教派参会，大家齐聚一堂，庆祝辨喜的胜利，并感谢美国人民。一封长长的信，附有著名人士的签名，被寄往美国。几个政治党派试图从辨喜的工作中牟利，但辨喜在得到提醒之后断然拒绝。他拒绝参与任何不公正的活动。①

"我不关心什么成功……我必须让我的活动保持纯洁性，否则我

---

① "别把政治意义错误地附加在我的任何作品或言论上。真是胡说八道！"（1894年9月）"我和政治胡言没有关系。我不相信政治。神和真理是世上唯一的政府，其他一切都是枯枝败叶。"（1895年9月9日）他的前辈柯莎布同样在政治和自己的工作之间划清界限。"他欣然参加任何没有政治特征的公共活动，但他的目标是改善印度人民的命运。"（1884年，《印度爱国者》在他去世时发表的文章。）

不会参与。"

然而,他从未与马德拉斯的年轻弟子们断绝联系,而是时常写信激励他们;他想让他们成为神的义勇军,保持谦卑和忠诚,至死不渝……

"我们是谦卑的,弟兄们,我们是小人物,但至上者的工具从来都是如此。"

他从西方来信,预先确定了他们的作战计划:"以提升印度民众为唯一责任",为此要"集中分散的个人力量,培养服从之德,学会为了他人而共同努力"。他从远处留心他们的进展,给他们寄钱建立吠檀多论坛,即马德拉斯的《梵论》;人不在场,大旗不倒。尽管疲倦日深,但越是临近回国,他寄往印度的书信就越像动人的号召:

"有大事要做……不要害怕,孩子们!要有勇气!……我将回到印度,尝试启动要做的事。努力吧,勇敢的心,主在你们身后……"

他宣布了他的意图:在马德拉斯和加尔各答建立两个总部,之后在孟买和阿拉哈巴德再建两个。他要围绕着一个核心组织,把教友们、弟子们,以及西方斗士们团结起来,形成一个互助和博爱的传道会,该传道会将通过服务去征服印度和世界。

因此,他希望看到他的义勇军在他抵达时准备好接受命令。然而,他从未期待印度人民日夜等待他们的英雄——这位征服西方者的船靠岸。在重要城镇,社会各界组成委员会来迎接他。凯旋门被竖起,街道和房屋被装饰。人们是如此地喜悦,以致许多人等不及他回来,就纷纷涌向印度南部,涌向他在斯里兰卡的上岸码头,以便能在第一时间欢迎他。

当他于 1897 年 1 月 15 日抵达时,挤满科伦坡码头的人群发出巨大的欢呼。一大群人奔向他,去触摸他的脚。人们形成一个队伍,手举旗帜,唱诵圣歌。鲜花铺满他要走过的路。人们洒下玫瑰水与恒河圣水,在屋前燃香。成百上千的观光者,无论贫穷富贵,都为他献上供品。

辨喜再次从南到北穿越印度[①],就像以前做乞丐时那样。但今天,这是一次胜利之行,有狂喜的人们护送。王侯们拜倒在他面前,或拉着他的马车。[②] 这奇特的队伍放着火炮,骑着大象和骆驼,歌唱着犹大·马加比的胜利[③]。

他不是从胜利中逃跑的人,亦如他不是从战斗中逃跑的人。他深知,被荣耀的不是他自己,而是他的事业,他公开强调对一个桑耶辛的这种全民欢迎之非凡性,这个桑耶辛没有财产、没有名字、没有家,除了神一无所有。他集中自己的力量,以便高举神圣的重担。身为一个需要照管自己的病人,他的能量消耗超乎常人。通过一系列辉煌的演说——最美丽、最英勇的印度从未听过的演说——他沿途向风中播撒种子,让整个印度兴奋。我必须在此打住,因为这标志着他的工作之顶峰。从世界另一边的圣战战场返回之后,他带来全部的经验。与西方的长久接触让他更加深刻地感受到了印度的个性,这反过来又使他尊重西方强烈而多元的个性。这两种个性在他看来都是必要的,因为它们是互补的,等待着将它们联合的话语——共同的福音;而即将

---

① 途经科伦坡、康提、阿努拉德普勒、贾夫纳、印度南部、潘姆班、兰纳德、马都拉、特里其诺坡利(在那里,成百上千人躺在铁路上,以便拦下他乘坐的火车)、马德拉斯,并从那里坐船到加尔各答。

② 兰纳德王侯。

③ 亨德尔作曲。

开辟联合之路的，是他。

***

他在科伦坡边走边发表演说（印度，神圣的土地；吠檀多哲学），其中一场演说在阿努拉德普勒的无花果树荫下举行（尽管一群狂热的佛教徒去那里闹事），他颂扬"普世宗教"，向拉梅斯瓦拉姆人民传扬这个伟大的词，非常接近基督的教导："要在穷人、病人和弱者当中崇拜湿婆！"[①] 结果，虔诚的王侯因感动而布施。

让他付出最大努力的，是马德拉斯。马德拉斯已经极度兴奋地盼了他几周。她为他树起十七道凯旋门，以印度斯坦的所有语言献给他二十份致辞[②]，并在他到来期间中止了整个公共生活，以举行持续九天的喧闹庆祝……

他以《致印度》回报人们的疯狂期望，犹如吹响海螺，唤醒这片罗摩、湿婆、克里希纳的土地，召唤英勇的灵魂——不朽的阿特曼去战斗。他是将军，正在阐述他的"作战计划"[③]，呼吁他的人民全部起来：

"我的印度，起来！你的生命力何在？在你不朽的灵魂里……"

"每一个国家，如同每一个人，在一生中皆有一个主题，这个主题是核心、是主音，别的音全都围绕着它形成和声……如果有哪个国家试图丢弃其民族生命力，丢弃其多少世纪以来已然形成的方向，那

---

① 第二天，他布施了成千上万人，并树起一个胜利纪念碑。
② 除了这些印度致辞（其中一份来自辨喜的赞助者凯特里王公），还有来自英国和美国的致辞，由威廉·詹姆斯和哈佛与剑桥的大学权威签署，其中布鲁克林协会写道："致我们雅利安大家庭的印度兄弟。"
③ 《我的作战计划》——他在马德拉斯第一场演讲的题目。

么这个国家就完了……在有的国家，力量是其生命力，比如英国。在有的国家，艺术生活是其生命力，等等。在印度，宗教生活是核心，是国民生活这场音乐的主音……因此，如果你丢弃自己的宗教，并捡起政治或社会……结果将是灭亡……社会改革……和政治必须被宣扬……借助你的宗教的这种生命力……每一个人必须做出自己的选择，每一个国家亦是如此。我们多年前便已做出我们的选择……就是信仰一个不朽的灵魂……我向任何放弃之人挑战……你怎能改变你的本性？"①

不要抱怨！你的选择是更好的选择。利用你手中的力量！这力量是如此地巨大，以至于只要你了解它，并配得上它，你就被召唤去变革世界。印度是灵性的恒河。盎格鲁-撒克逊民族的物质征服远远不能拦截这条灵性恒河的水流，而是帮助了它。英格兰的力量已经联合举世之国，她已开辟跨海航路，由此，印度的精神波浪可以扩散，直至浸润世界尽头。（辨喜可能会补充说，罗马帝国是因着基督的胜利而建立的……）

那么，印度精神是什么？世界正在等待的这种新信仰、这个新词语是什么……

"今天，世人——也许更多的是低阶级而非高阶级、未受教育者而非受教育者、弱者而非强者——想从我们这里得到的另一伟大观念，是一个永恒的崇高观念：整个宇宙的灵性合一……那独一、无限的实在，存在于你我之中、全体之中，存在于自我之中、灵魂之中。无限的大一乃是一切道德规范的永久支撑，你我不仅是兄弟……而

---

① 选自马德拉斯演讲：《我的作战计划》。引号中的段落是直接引用，其余段落是对他的话语的概括和浓缩。

且，你我无有分别……今天，欧洲和我们这个被践踏的民族同样需要它；这个伟大的原则目前甚至正在无意识地形成最新的社会和政治抱负的基础，而这些抱负正在英国、德国、法国和美国出现。"①

此外，这是古老的吠陀信仰、伟大的吠檀多主义之根基，是印度古代精神最深刻而纯粹的表达……

"有人抱怨我宣扬太多吠檀多（绝对一元论），太少二元论。啊，我知道在二元论的……宗教里，有着无上的庄严，广阔的爱海，无限的欢喜和祝福。我全都知道。然而，这不是我们哭泣、甚至在欢乐中哭泣的时候，我们已经哭够了。这也不是我们变得柔软的时候，这种柔软长久以来把我们弄成了一团团棉花……我们的国家今天需要的，是无可抵挡的钢铁般的肌肉和神经、庞大的意志，它们……将以任何方式达到目的，即便需要潜入海底，与死亡面对面。那是我们所缺乏的，只能通过理解并实现吠檀多的理想——全体合一的理想去创造、确立和巩固。信仰，信仰，信仰我们自己……如果你们信仰三亿三千万虚构之神，信仰外邦人引入你们中间的所有神，却对自己没有信仰，那么你们不会得救。信仰自己，并立足于这种信仰……为什么我们三亿三千万人在过去的一千年里，被那么多外邦人轮番统治？……因为他们对自己有信仰，而我们没有……我在报纸上读到，当我们的穷人同胞被英国人谋杀或虐待时，举国怒吼；我边读边哭啊，接着我想，谁该为这一切负责……不是英国人……而是我们自己，该为我们全部的……**堕落**负责。我们的贵族祖先把国家的普通大众踩在脚底下，直到他们变得无能为力，直到在这种折磨之中，穷人

---

① 《吠檀多应用于印度生活》，演讲摘录。

几乎忘了自己是人。多少世纪以来,他们被迫只做砍柴工和汲水工,所以……他们被弄得相信自己天生就是奴隶,天生就是砍柴工和汲水工。[1]

"那么,去感受吧,愿做革新者、爱国者的同胞们!你们感受得到吗?你们有没有感受到,诸神与圣人的无数子孙几近沦为牲畜?你们有没有感受到,无知早已像黑云笼罩了这片土地?这有没有让你们心神不宁、不得安睡?……这有没有让你们几近发狂?你们有没有被这毁灭的痛苦侵袭,有没有忘记有关自己的名字、声誉、妻子、孩子、财产甚至身体的一切!……此乃成为爱国者的第一步!……多少世纪以来,民众一直在被灌输堕落理论。他们被告知自己什么也不是,被告知自己不是人。多少世纪以来,他们就这样被恐吓,几乎沦为动物。他们绝对不被允许听到阿特曼。让他们听听阿特曼——甚至连卑微者中的最卑微者也有内在的阿特曼,它不生不死,刀不能劈、火不能焚、风不能干、无始无终、永恒、纯洁、全能、全在……[2]

"啊,让每一个男人、女人、孩子,不论种姓与出身、虚弱与刚强,听到并且了解:在强者和弱者、高贵者和低贱者背后,在每一个人背后,是那无限的灵魂,它确保人人具备无限的可能性和无限的能力去实现伟大与良善。让我们向每一个人宣告……醒来,别再沉睡,直到实现目标。醒来!从让人虚弱的催眠中醒来。无物真正虚弱!灵魂是无限、全能、全知的。站起来,稳稳立住,宣扬你内部的神,而不是否定他!……

"我们需要的,是成就人的宗教……我们需要的,是成就人的教

---

[1] 《吠檀多应用于印度生活》摘录。
[2] 《我的作战计划》摘录。

育。我们需要的，是成就人的理论。这是真理的检验标准：任何使你在身体上、智性上和灵性上虚弱的东西，都要斥之为毒药，在它里面没有生命，它不可能为真。真理使人强大。真理是纯洁，真理是广博……真理必须使人强大，必须启蒙人，必须鼓舞人……放弃那些使人虚弱的模糊思想吧，要坚强……最伟大的真理就是世上最简单的东西，就像你自身的存在一样简单……①

"因此……我的计划是在印度创建机构，用来训练我们的年轻人在国内外宣扬经典上的真理。啊，这是我们所缺乏的：坚定、强健而笃信的年轻人，忠于民族的脊梁。有一百个这样的年轻人，世界将被彻底革新。意志强过任何东西。一切必须在意志面前低头，因为意志来自神……纯洁而坚定的意志是全能的……②

"如果说，婆罗门基于遗传比贱民更倾向于学习，那么，别再把钱花在婆罗门的教育上，而要全部投入贱民的教育。把钱给弱者，因为他们需要全部的才能。如果婆罗门天生聪明，那么他就能自我教育，而无须帮助……这是我所理解的正义和理性。③

"在未来五十年里……要让一切虚妄之神从我们脑袋里消失。我们自己的民族是唯一的觉醒之神，到处都是他的手、他的脚、他的耳朵，他无所不包。其余的神都在沉睡。我们怎能追逐虚妄之神，而不崇拜那围绕着我们的神——维拉特（Virat，宇宙大我）……在所有崇拜中，第一崇拜指向维拉特——我们周围的一切……人和动物全都是

---

① 《吠檀多应用于印度生活》摘录。
② 《我的作战计划》摘录。
③ 同②。

我们的神，而我们必须崇拜的首要之神，就是自己的同胞……"①

* * *

让我们想象这些话语雷鸣般的回响。读者几乎要和印度民众及辨喜本人一道呼喊：

"湿婆……湿婆！"

这场风暴经过，在印度平原上落下豪雨和火焰，以及对灵魂力量的诉求、对潜伏在人及其无限可能性之中的神的诉求！我仿佛看见这位魔术师伫立，举起手臂，犹如伦勃朗画笔下立在拉撒路坟头的耶稣：能量从他命令死者起来的姿势中流出，让拉撒路重生……

那么，死者有没有重生？因他的话语而兴奋的印度有没有回应这位信使的希望？她喧嚣的热情有没有转化为行动？当时，热情之火几乎全部化作灰烟。两年之后，辨喜痛苦地宣告，他的军队所需的年轻人尚未在印度出现。不可能立刻改变一个耽于梦境的民族之习惯，该民族被偏见奴役，承受不起哪怕最轻微的努力。然而，这位大师的狠狠鞭笞让印度第一次在沉睡中翻身，也是第一次，英雄的号角刺进了她的迷梦，印度的急行军意识到了她的神。她从未遗忘。从那以后，这沉睡的巨人开始苏醒。如果说接下来的一代在辨喜死后三年见到了孟加拉起义——提拉克和甘地的伟大运动之序幕，如果说印度今天明显参与了民众有组织的集体行动，那么这归功于来自马德拉斯的福音所引发的最初震动，归功于一声强大的呼喊：

"拉撒路，起来！"

---

① 《印度的未来》摘录。

这个充满力量的福音具有双重意义：国家意义和普世意义。尽管对于伟大的吠檀多僧侣辨喜而言，占主导地位的是它的普世意义，但让印度恢复活力的，则是它的国家意义，因为印度回应了在那个历史关头席卷全世界的狂热要求——民族主义的迫切要求，其巨大效果我们今天已经见证。所以，当时这个福音正处于充满危险的开端，有理由担心，它的高尚灵性会被扭曲为对民族或国家纯粹动物性的傲慢，及其所有愚蠢的暴行。我们了解这种危险，我们已经见过太多此种理想——无论当初多么纯洁——被利用，为最肮脏的民族激情服务！然而，有没有别的办法可以在混乱的印度民众中间引发一种全人类的联合感，而无须让他们首先在自己国家的范围内感受到这种联合？一者引发另一者。还是我应该偏爱另一种方式[①]，一种更费劲但更直接的方式，因为我深知，那些经历过国家阶段的人当中的大多数仍然停留在那里，他们已在途中耗尽信仰和爱的力量……但那不是辨喜的意图，他和甘地一样，只想着唤醒印度来为全人类服务。然而，辨喜比甘地更加谨慎，他会否认甘地铤而走险的努力——让宗教精神支配政治行动，因为正如我们从他寄自美国的信中看到的，每一次，他都在自己和政治之间挂上一把亮闪闪的宝剑……"禁止接触。""我和政治这种东西无关。"辨喜这样的人始终不得不考虑自己的性情和兴致：这个骄傲的印度人如此频繁地冒犯盎格鲁-撒克逊征服者的勒索或愚蠢侮辱，并做出激烈反应，这会使他不顾信仰的谴责，不由自主地卷入民族主义的危险激情。实际上，这种内在斗争一直持续到1898年10月初爆发的危机，当时，他在克什米尔独自躲进一座卡利神庙（印度遭

[①] 此处指民族主义的方式。——译者注

受的苦难和蹂躏让他悲伤不已①），然后失魂落魄地走出，对纳薇迪塔说：

"我的整颗爱国心没了……我一直是错的……神圣母亲（卡利）对我说：'什么，就连不信者也能进入我的神庙，玷污我的神像吗！那对你意味着什么？是你保护我？还是我保护你？'所以我不再有爱国心。我只是个小孩！"

然而，经过他的马德拉斯讲道瀑布般的轰鸣，人们无法听到卡利的轻蔑话语和平静声音，它们可以遏制人的傲慢。结果，兴奋和狂怒的激流把人们卷走。

---

① 由于战争，满目疮痍。他心想："怎能允许这样的事情发生？如果我在场，我会献出生命去保护我的神圣母亲。"几天前，他的民族骄傲被英国的一次权力滥用唤醒。

第八章　建立罗摩克里希纳传道会

　　一个真正的领袖不会遗漏哪怕最小的细节。辨喜知道，如果要领导印度各族实现同一种理想，那么单单点燃他们的激情是不够的，而是必须把他们编入一个灵性部队；被拣选的少数人必须作为"新人"的样式呈现在他们面前，因为新人的存在本身就是有待实现的秩序之保证。

　　这就是为什么辨喜一从马德拉斯和加尔各答的欢庆中脱身①，就立刻把注意力转向了阿鲁姆巴扎（Alumbazar）的修道院。②

　　在把同修（gurubhais）③的思想层次提升至与他平起平坐方面，他遇到了困难！身为一只候鸟，他已飞遍全世界，俯瞰过广阔的地平线，而他们则虔诚地待在家里，保持着离群索居的方式。尽管他们热爱这个伟大的兄弟，但快要认不得他了。他们无法理解为社会和国家

---

① 在加尔各答，人们对他的欢迎不亚于马德拉斯，凯旋门被树起，热情的弟子在欢庆的队伍中间拉着解下套具的马车，人们载歌载舞，为他准备了豪华的住处。1897年2月28日，整座城市在五千观众面前向这位胜利者献上欢迎致辞，接着，辨喜发表了爱国演说：以《奥义书》之名颂扬力量，拒绝一切使人虚弱的学说和修习。
② 罗摩克里希纳的修士们已于1892年从巴拉纳戈尔搬到达克希什瓦附近的阿鲁姆巴扎，罗摩克里希纳的圣所。几名修士来科伦坡见辨喜，大弟子萨达南达横穿整个印度，第一个来见他。
③ 他的修士兄弟。

服务的新理想，这新理想刺激着他们。让他们牺牲传统偏见、宗教个人主义、自由而平静的冥想生活，将是痛苦的；实际上，他们很容易找到神圣的理由来支持他们虔诚的自我本位，甚至诉诸师父罗摩克里希纳的超凡出尘。然而，辨喜宣称自己才真正葆有罗摩克里希纳最深刻的思想。在马德拉斯和加尔各答的响亮布道中[①]，他时常以罗摩克里希纳之名说话："我的师父、我的理想、我的英雄、我此世的神。"他宣称自己发出的是这只至尊天鹅的声音，竟至于拒绝所有首创精神和新思想的功劳，断言自己只是忠诚的管家，确切地执行着师父的命令：

"假如有什么东西是由我，由我的想法、话语或行动达成的，假如出自我口的某个字眼帮助了世上的某个人，我也不会自以为是；那是他的……凡虚弱的尽归于我，凡充满活力、赋予力量、纯洁、神圣的尽归于他，归于他的灵感和话语，以及他本人。"

这两个罗摩克里希纳——其中一个张开翅膀庇护待在鸽笼里的弟子，另一个用同样的翅膀以伟大弟子的形式庇护整个世界——注定要发生分歧。然而，哪方胜利是毫无疑问的、意料之中的结论，不仅归因于这个年轻征服者优势巨大、才华横溢、在印度声望卓著，而且归因于教友们和罗摩克里希纳对他的爱。他是师父所"膏"的。

所以，他们听从辨喜的命令，尽管并不总是由衷地赞同。他迫使教友们接纳欧洲弟子进入共同体，并承担服务和社会救助的任务。他严禁他们为了自身的得救考虑。他宣称，他是来建立一个新的桑耶辛

[①] 关于"印度圣人"（马德拉斯）和"吠檀多的所有面相"（加尔各答）的演讲。

修会，一旦需要，桑耶辛们将为了拯救他人下地狱。① 他受够了独身祈祷者枯燥乏味的神！要让他们崇拜活生生的神、正在来临的神——维拉特，他居于全体活生生的灵魂之中。要让沉睡在每一个人内心的"婆罗门的雄狮"在他们的召唤中醒来。②

这位年轻大师的命令是如此地迫切，以致卓越的弟兄（其中有几个比他年长）也许在真正相信他之前就听从了他的命令。③ 第一个离开修道院的弟兄也是最想离开的那个，因为他在十二年里从来没有离开过一天，他就是罗摩克里希纳南达（Ramakrishnananda）。他去往马德拉斯，并在那里建立了一个中心，用来在印度南部传播吠檀多主义。接着是萨拉达南达（Saradananda）和阿喜达南达。随后是受服务精神影响最深的阿坎达南达（即甘加达尔），他去往饥荒肆虐的穆尔昔达巴德，致力于救济灾民。④

代表伟大的印度共同体的各条服务道路（Sevashramas），起初是无计划地尝试开辟的。

然而，辨喜狂热地渴望一劳永逸地确立命令和计划。没有一天可以失去。回到印度的最初几个月，他为了发动民众而进行的体力消耗超乎常人，这引发了一场严重的疾病。那一年春天，他被迫两次退隐山林休养，第一次在大吉岭休养数周，第二次在阿尔莫拉休养了两个

---

① 他补充了如下论证："光想着自己的解脱配不上做化身的弟子"（化身指神圣的道成肉身，就像他们眼里的罗摩克里希纳），因为自己的解脱唯独通过那个事实得到保证。（这样的论证尽管对弱者或许有效，但削弱了我们眼里的虔诚行动的代价。）
② 辨喜在四名年轻弟子的入门仪式上的讲话。
③ 我们会在后面的一幕"可怜兮兮"的场景中看到他们从未停止提出的异议。
④ 正是他在1894年被辨喜所说的话深深感动，以致早已开始了服务工作：去往凯特里着手民众的教育。

半月（从5月6日到7月末）。

休养期间，他有足够的能量来建立新的修会——罗摩克里希纳传道会。至今，传道会仍在继续他的工作。

* * *

1897年5月1日，罗摩克里希纳的全体出家弟子和俗家弟子被召集到加尔各答的一个弟子巴拉拉姆（Balaram）家中。辨喜以师父的身份讲话。他说，如果没有严格的组织，就无法确立任何持久的东西。在像印度这样一个国家，根据共和体制建立这样一个组织是不明智的，那种体制要求每一个人发出平等的声音，并依据大多数人的表决来做出决议。要等到成员们学会让个人利益和个人偏见服从公共福祉，建立共和体制的时机才会成熟。他们当前需要的是一个独裁者。另外，他自己和他们一样，只是师父的仆人。

在他的发动下，如下决议获得通过[①]：

1. 以"**罗摩克里希纳传道会**"之名建立一个协会。

2. 协会的**目标**：宣扬罗摩克里希纳为了人类之善，通过自己的生活实践传扬并教导的真理；帮助他人在生活实践中为了自己现世的、智性的和灵性的进步而努力。

3. 协会的**职责**：以适切的精神指导由罗摩克里希纳发起的如下运动——"在不同宗教的追随者中间建立伙伴关系，因为不同的宗教只是同一个永恒宗教的不同形式"。

4. 协会的**活动方法**：（1）"训练人，让他们有能力教导一种促进民众物质和精神福祉的知识或科学"；（2）"鼓励和促进艺术与工业"；

---

① 我觉得在此进行总结即可。我用粗体字标记出了对西方人而言最有趣的内容。

(3）向大众引介和传播罗摩克里希纳在生活中阐明的吠檀多观念和其他宗教观念。

5. 协会的两条行动支线：第一条在印度，即在印度不同地方建立修道院和隐修所，用来教育桑耶辛和俗家道友（居士）"**乐意献身于教导他人**"；第二条在国外，即把修会成员送到外国，去创办灵性中心，并"**在外国的中心和印度的中心之间建立密切关系、互助精神和同情心**"。

6. "**传道会的目标和理想纯属灵性的、人道主义的，与政治无关**"。

辨喜创建的修会之社会性、人道主义性和"泛人类"使徒性是显而易见的。它不像大多数宗教团体那样，把信仰加之于理性、加之于充满压力和需求的现代生活，它要和科学并肩站在前沿；它要和进步、物质、灵性协作，并促进艺术和工业。但它的真正目标，乃是民众之利益。它规定，信仰的本质是在各个宗教之间建立兄弟关系，因为各个宗教的和谐构成永恒宗教。这一切得到了罗摩克里希纳的庇护，其伟大心灵用爱接纳全人类。

"至尊天鹅"起飞了，翅膀的第一次扇动波及全球。如果读者意欲本着这位创建者的精神去观察这次全速飞行的梦想，那么可以参见辨喜和查克拉瓦提（Sarat Chandra Chakravarti）之间富有远见的谈话。[①]

让我们回到当前的话题，接下来的事情是领导的选举。总会长辨喜让婆罗门南达担任加尔各答中心的会长，尤迦南达担任副会长，他

---

① 1898年11月，在贝鲁尔。

们将于每个周日在巴拉拉姆家聚会。① 就这样,辨喜毫不迟疑地开始了公共服务和吠檀多教学的双重任务。②

* * *

修士们尽管听从他,却发现难以追随他,他们中间偶尔发生相当热烈的争论,但这些争论总是友好的。辨喜的激情与幽默并不总是尽在掌控,以致双方都被这种潜在"疾病"弄得兴奋过头;有时,与他相左之人为他的利爪所伤。然而,他们都从好的方面来看,因为这只是"王者的游戏"。③ 双方都确信他们的相互忠诚。

有时,他们仍然渴望冥想生活,渴望罗摩克里希纳——出神之王。如果把罗摩克里希纳传道会再度变成一个神庙教派,专注于冥想而非行动,那么他们会感到很甜蜜。然而,辨喜粗暴地粉碎了他们的美梦。

"你们想要把室利·罗摩克里希纳封闭在你们自己的圈子里

---

① 这种状况持续了两年。1898年4月,修会的中心修道院开始在加尔各答附近的贝鲁尔修建。揭幕仪式在同年的12月9日进行,正式投入使用是在1899年1月2日。协会分为两个孪生机构,两者之间的差别相当大。第一个机构,即罗摩克里希纳修道院(Ramakrishna Math),是个纯粹的修道院,有其修会和静修所;它的法律地位在1899年得到认可;它立誓坚持并传播普世宗教。第二个机构是罗摩克里希纳传道会(Ramakrishna Mission),它对所有公共事业工作,无论是慈善还是布施,执行管辖权;它向世俗之人和宗教人士开放,接受修道院院长和行政人员的管理。1909年4月,辨喜去世之后,它在法律上注册。这两个组织既联结又分离。在本书后面,我们会用专门的章节介绍罗摩克里希纳修道院和传道会,以及它们直到今天的发展。

② 他亲自给教友们上课,并着手有关吠檀多的讨论会。在这里,又一次,尽管他在学问上依赖于古代学说,但他显示了他的思想之开阔;他把雅利安人和"外邦人"之间的区分说成无知。他想要看到麦克斯·缪勒式的古代《吠陀》注释者的转世。

③ 暗示了拉封丹(La Fontaine)的寓言之一。

吗？……室利·罗摩克里希纳比他的弟子们所理解的要伟大得多。[1]他是无限的灵性观念之化身，能以无限的方式发展。他仁慈的双眼只需一瞥，就能在一瞬间创造无数个辨喜。我要把他的观念散播到全世界……"

谈到无比亲爱的罗摩克里希纳，他字字珠玑。他无意为一个新神设立祭坛[2]，而是要把罗摩克里希纳的思想（首要的是要在行动中表达）分给全人类。"宗教如果是真宗教，就必须是实用的。"[3]另外，在他眼里，"宗教"的最佳形式是"在所有人，尤其是在穷人当中见到湿婆"。他希望每一个人在财力允许的条件下，每一天把一个饥饿的拿拉央那、一个跛足的拿拉央那、一个目盲的拿拉央那，或者六个、十二个，带进自己家里喂饱，并像在神庙崇拜湿婆或毗湿奴那样崇拜他或他们。[4]

此外，他谨慎地不让感情用事以这种或那种形式潜入进来，因为他厌恶一切形式的感情用事。倾向于感情用事的头脑太容易在孟加拉膨胀，而结果总是窒息活力。辨喜在这一点上坚定不移，更加苦涩的原因是，他不得不在自己和他人身上排除这种感情用事，才能开始他

---

[1] 辨喜不允许教友们宣称这种假虔诚的自我中心和安逸的沉思以罗摩克里希纳为榜样，他是对的。我们必须记住，罗摩克里希纳本人常常反抗自己的出神倾向，那妨碍他充分帮助他人。他的祷告之一是："让我一次次地轮回，甚至以狗身生活，如果我能对哪怕一个人有益！……"
[2] "我不是为了在世上创立一个新宗派而生，宗派已经太多。"这是罗摩克里希纳的原话。
[3] 这是他于1897年10月至11月在旁遮普的演讲主题。
[4] 拉合尔的公共演说。在欧洲人看来，这无疑属于慈善——"来，拿着这个走吧"，这是一种完完全全的误解，对给予者和接受者都有害处。辨喜拒绝这样，他声称"接受者大过给予者"，因为眼前的接受者就是神本身。

的工作（接下来的场景为这一事实提供了可怜巴巴的证据）。

有一天，一个同修打趣地指责他在罗摩克里希纳的狂喜教导中引入了西方的组织、行动和服务观念，而这些观念是罗摩克里希纳没有认可的。辨喜起初以相当粗糙的幽默讽刺他的这位反对者，并借此对其他听众说（因为他觉得他们同情这位说话者）："你们知道什么？你们这些无知者……你们的学习到此为止了，好比普拉拉达看见孟加拉语第一个字母 Ka 就想起了克里希纳，这让他无法继续学习，因为他热泪盈眶……你们这些感情用事的傻瓜！你们对宗教知道什么？你们只擅长合掌祷告：'哦，主啊！你的鼻子是多么美丽！你的眼睛是多么甜蜜！'以及种种胡言乱语……你们觉得自己的拯救已被确保，觉得室利·罗摩克里希纳将在你们生命的最后一刻到来，拉着你们的手飞往最高一重天……照你们看来，学习、向公众传道、从事人道主义工作都是摩耶！你们对人说：'要先寻求和找到神，在世上做善事是自以为是！'……仿佛神是这么容易到手的东西似的！仿佛神傻到让自己成为蠢人手里的玩物似的！"

然后，他突然宣称：

"你们认为你们比我更理解室利·罗摩克里希纳！你们认为智慧是干巴巴的知识，需要通过离弃之路获得，需要排除心灵最柔软的官能！你们的虔信是感情用事的胡闹，让你们变得虚弱。你们想要宣扬你们所理解的罗摩克里希纳，这太渺小了！……收手吧！谁关心你们的罗摩克里希纳！谁关心你们的虔信和解脱！谁关心经典说了什么！我将兴高采烈地奔赴一千个地狱，如果能让深陷答磨的同胞们起来，用自己的双脚站立，成为被行动瑜伽精神所激励的人……我不是罗摩克里希纳或谁的追随者，我独独追随这样的人：服务和帮助他人，而不关心自己的虔信或解脱!"

有个目击者说,当时他满面通红、两眼发光、喉咙哽咽、身体颤抖。突然,他逃回自己的房间。其他人完全不知所措,陷入了沉默。几分钟后,一两个人去他的房间看他。辨喜在深度冥想之中。他们沉默地等待……一个小时候之后,辨喜出离冥想。他的模样仍然带着风暴过后的痕迹,但已恢复平静。他柔声说道:

"当一个人获得虔信,他的心灵和神经就会变得如此柔软、纤细,甚至无法承受一朵花的碰触!你知不知道,我现在甚至没法读小说了!我没法思考或谈论室利·罗摩克里希纳,而不被淹没。所以,我总是努力把内部奔涌的虔信压下。我努力用智慧的铁链约束自己,因为我欠祖国的工作尚未完成,我给世界的信息尚未完全传达。所以,一旦我发现虔信之情试图涌出,把我卷走,我就狠狠地敲打它,并让严肃的智慧上扬,从而让自己稳固、坚定。哦,我有工作要做!我是罗摩克里希纳的奴隶,他把工作留给我做,不做完就不让我休息!……哦,他对我的爱!……"[①]

他再度情不自禁。尤迦南达马上试着分散他的思想,因为他们担心他再度爆发。

从那天起,对于辨喜的方法,从未有过抗议。他们能反对他什么呢,既然他自己全都想到了。他们已经深刻理解了他那伟大而痛苦的灵魂。

每一项使命都充满激情,因为其完成是以接受该使命的他为代价的,是以他的本性、他的休息、他的健康、(常常是)他最深的渴望为

---

① 《辨喜的生活》第三卷,第 159—161 页。

代价的。辨喜也分有同胞们的天性,连同他们对神的幻想,以及作为游方僧逃离生活与世界的需要——要么为了冥想和学习,要么被爱的狂喜驱动着走向独立灵魂的飞翔,永不停歇的飞翔,从而绝不断开与大一的联结。那些留心他的人常常听到他心灵深处疲倦而遗憾的叹息。①

然而,他没有选择自己的生活方式。毋宁说,是他的使命选择了他……"我不得休息。罗摩克里希纳离世前三四天,他的卡利占据了我的灵魂和身体。这迫使我工作、工作,绝不允许我忙于自己的个人需求。"②

这使他为了别人的善而忘了自己,忘了自己的渴望、福祉甚至

---

① "我是为学者生活而生的,退隐、宁静、钻研书本。然而,神圣母亲另有打算。但是,这种倾向仍在那里……"(1897年6月3日,阿尔莫拉。)

他有时见到强烈的宗教异象,"那时,工作在他看来不只是幻觉"。(1898年10月)有一天,他相当生气地与修士维拉吉南达(Virajnanda)争吵,为的是让对方出离冥想,并强迫对方从事有益的活动:

"你怎么能冥想好几个小时呢?你能集中心意五分钟,甚至一分钟就够了。其余时间,你必须花在为了普遍的善而学习和工作上。"

维拉吉南达不同意,沉默着走开了。辨喜对另一名修士说,他太了解了:"对云游时光的记忆是他整个生命中最甜美、最快乐的记忆,他愿意放弃所有,去重新获得那种摆脱一切公共生活之牵绊的默默无闻。"(1901年1月13日)

② 临死之前,辨喜对弟子查克拉瓦提提起这一神秘的传递,于罗摩克里希纳去世前三四天发生在他体内。

"罗摩克里希纳让我独自过去,坐在他面前,他凝视我的双眼,进入了三摩地。然后,我察觉到一股强大的精微力量之流,类似于一阵电击。我的身体被刺穿。我还失去了意识,不知有多久……苏醒过来时,我看到师父在哭。他以无限的温柔对我说:'哦,我的纳伦,我只是个可怜的托钵僧。我已给你全部。凭借这个礼物,你会在世上做伟大的事,直到做完那些事,才允许你回来……'在我看来,正是这种力量将我带入骚动,并使我工作、工作……"

健康。①

他不得不向他的使徒军团反复灌输同一个信仰，而这只有通过激起他们的行动能量才是可能的。他不得不应付一个"消化不良"的民族，该民族的人陶醉于自己的多愁善感。② 这就是为什么他有时非常严厉，以便让他们坚强起来。他希望"在一切行动领域实现精神的严格提升，激起英雄气概"。这要通过身体的、灵性的工作，科学研究，以及服务于人来达到。如果说他过于重视吠檀多的教导，那是因为他在吠檀多里看到了一种不折不扣的雄起：

"以吠檀多旋律之响亮音符实现国家复兴。"

他不仅扰动他人的心，而且扰动自己的心，然而他非常清楚，心乃是神圣者的一个源头。身为人们的领袖，他不想让心窒息，而是要把它放到适切的位置。凡是心感到优越，就降低它；凡是心感到低贱，就提升它。③ 鉴于他要为服务于人而工作，他渴望内在力量的精

---

① "即使我不得不为了造福我的祖国而下地狱，我也会认为这是巨大的荣誉。"（1897年10月）

"桑耶辛要立下两誓：（1）实现真理；（2）帮助世人。首要的是，当弃绝有关天堂的所有念头！"（说给纳薇迪塔，1899年7月。）

在印度思想中，天堂低于与梵合一。天堂生活有期限。

② "一个消化不良的民族，沉溺于哗众取宠，在科尔和卡拉塔尔（Khol and Karatal）的和声中唱着科尔坦（Kirtans）和其他多愁善感类型的歌……我想激发能量，甚至借助军乐，我想废除所有激起感伤的东西……"（与萨拉特钱德拉的对话，1901年。）

③ 在旁遮普这个好战民族之邦，他鼓舞虔信，但在孟加拉，他谴责虔信。在拉合尔，他竟至于渴望载歌载舞的队伍，而那是他在加尔各答所嘲笑的。因为"这片五河之地（旁遮普）在灵性上是干枯的"，它需要灌溉。（1897年11月）

确平衡,[1]因为服务于人是最紧迫的,民众的无知、苦难和悲惨没法等待。

诚然,平衡从来不是稳定的。在那些激烈的人中,平衡尤其难以达到,要保持平衡就更难,那些人可以直接从提升的狂热切换到欲望的死灰;而在辨喜这样一个人那里,达到和保持平衡则是项更加艰难的任务,二十个对立的魔鬼、信仰、科学、艺术,以及对胜利与行动的全部激情将他分裂。这一点是惊人的:直到最后,他狂热的双手仍然保持着两极之间的平衡,这两极分别是——对(不二论的)绝对者热烈的爱,以及受苦之人不可抗拒的呼求。对我们而言,他如此富有魅力的原因就在于,在那些因无法达到平衡而不得不做出选择的时刻,是后者胜利了:他为怜悯[2]牺牲了一切,套用伟大的欧洲兄弟贝多芬的说法,为了"可怜的受苦之人"。

吉里什(Girish)的美妙事件就是个动人的例子。

历史会记得,罗摩克里希纳的这位朋友——著名的孟加拉语剧作家、作家和喜剧演员,在古典时代过着双重意义上的"放荡者"生活,直到那一刻,宽容而顽皮的恒河渔夫将他钓起,从此以后,他就成了最热切、最忠诚的皈依者;他在虔信瑜伽的持续激情中度日。但他始终保持自由言论,罗摩克里希纳的弟子们全都因为师父的缘故而

---

[1] 第二次西方之行前夕,在向修士们追溯他的宗教生活理想时,他说:"你们必须试着在生活中把无限的理想主义和无限的实用性结合起来。你们必须准备好在这一刻进入深度冥想,在下一刻起来去耕种那些田地。你们必须准备好在这一刻解释圣典中的错综复杂之处,在下一刻去市场上卖田里的农产品。"修道院的目标是人定的。"真男儿既孔武有力,又有温柔之心。"(1899年6月)

[2] 在贝鲁尔,他曾对修士们说(1899年):"如果你们的头脑和心灵在打架,要顺从心灵!"

非常尊重他。

有一天，当辨喜正在与同修们讨论最抽象的哲学时，他走了进来。辨喜打住，以一种开玩笑的深情语调对他说：

"哦，吉里什，你不关心这些东西，而是整天跟你的'克里希纳和毗湿奴'在一起。"

吉里什回答：

"哦，纳伦，我来问你一件事。你已读透《吠陀》和吠檀多，但在那里，有没有为哀恸者、饥饿者、重罪者……以及我们每天见到的那么多邪恶和痛苦规定疗法？那边那座房子里的母亲曾每天喂饱五十人，而在前三天，她甚至没钱为自己和孩子们做饭！某某家庭的太太被流氓侵犯，折磨致死。某某年轻寡妇死于堕胎，因为她想隐藏羞耻！……我来问你，纳伦，你在《吠陀》中有没有觅得什么办法来预防这些恶事？……"

随着吉里什继续以激烈的讽刺心情说话，描述着社会的阴暗面，辨喜一言不发地坐着，被深深打动。想到世人的痛苦和不幸，他的眼泪流了下来，为了隐藏感情，他走出了房间。吉里什对弟子们说：

"你们有没有亲眼见到，你们的古鲁拥有一颗多么伟大的心灵？我是如此地尊重他，不是因为他是个学者和理智巨人，而是因为这种宽宏大量让他走出去，为那些不幸之人流泪。你们听好了，他一听到不幸，《吠陀》和吠檀多知识全部从他眼里消失，前一刻还在夸耀的学识全被扔到一边，他的整个存在都被填满，流出仁慈的牛奶。你们的斯瓦米吉既是智者和梵学家，也是神和人的爱者。"

辨喜回到房间，对萨达南达说，他的心因同胞的贫穷与不幸而痛苦，并敦促他做点什么，至少开办一个小小的救济中心。他转向吉里什说道：

"啊，吉里什！我感到，即使我不得不经历一千次轮回去解除世人的痛苦，甚至去移除哪怕任何人最小的痛苦，我也会欣然从之！……"[1]

* * *

他的同情心焕发的慷慨激情说服了教友和弟子，他们全都献身于他所指明的各种形式的服务。

1897年夏天，阿喜达南达在辨喜指派给他的两名弟子的帮助下，于四五个月里在孟加拉穆尔昔达巴德地区喂养并照顾几百个得了疟疾的穷人；他把弃儿集中起来，建立孤儿院，首先在莫胡拉，随后在其他地方。凭着圣方济各式的耐心和爱，阿喜达南达献身于这些穷人孩子的教育，而不分种姓或信念。1899年，他传授他们织布、裁缝、细木工制品、养蚕的手艺，并教他们读书、写字、算术和英语。

也是在1897年，特里加努提塔（Triganutita）在迪纳杰普尔开办了一个饥饿救济中心。两个月内，他救济了八十四个村庄。其他中心在达克希什瓦和加尔各答建立起来。

接下来的一年，即1898年4月至5月，整个罗摩克里希纳传道会被动员起来，对抗加尔各答暴发的瘟疫。辨喜抱病从喜马拉雅山匆匆赶回，投入救济工作的指挥。他们缺少资金，能够支配的资金已经用于买地筹建新的修道院。辨喜没有片刻犹豫：

"卖掉它，如果需要的话，"他命令道，"我们是桑耶辛，我们应该始终准备好睡在树下，吃每天乞来的食物。"

他们租了一大块地，在上面搭建卫生帐篷。辨喜挨个走进帐篷，

---

[1] 《辨喜的生活》第三卷，第165页。

鼓舞工作人员。这项工作的管理托付给了刚从欧洲抵达的纳薇迪塔修女，以及斯瓦米·萨达南达和斯瓦米·希瓦南达，连同其他几个帮手。他们指导加尔各答四个主要贫民区的消毒和清洁。辨喜召集弟子们开会（1899年4月），提醒他们灾难时期肩负的责任。他们组织成小分队，检查穷人的屋子，分发卫生小册子，并示范如何清除污物。每个周日，他们到罗摩克里希纳传道会开会，向纳薇迪塔修女报告。

传道会也让这一点成为一个神圣的习俗：把罗摩克里希纳的纪念日变成穷人的节日，在那天，修会的所有中心为几千人提供食物。

由此，各阶级之间的一种新的团结和兄弟团契精神在印度形成。

平行于社会互助工作的，是教育和吠檀多传道，因为套用辨喜本人的话，他想让印度人拥有"穆斯林的体格和吠檀多的心灵"。1897年间，在马德拉斯及其附近演说的罗摩克里希纳南达在该邦的不同地区开办了十一个班，一边继续教学工作，一边照顾饥饿者。这一年的年中，辨喜派希瓦南达去锡兰宣讲《吠陀》。教育家们被一种神圣的激情俘虏。辨喜欣然听闻前来拜访的女子学校校长说：

"我把这些年轻女孩当作神（薄伽梵）来崇拜。我不知道其他什么崇拜。"

罗摩克里希纳传道会创立不到三个月，辨喜就被迫停下自己的活动，在阿尔莫拉经历了数周的治疗。不过，他得以写下：

"这场运动已经开始，永远不会停止。（1897年7月9日）

"我心里只有一个强烈的念头——开动这架提升印度民众的机器，并且我已成功地做了一定的工作。我满心欢喜地看到，弟兄们如何在饥荒、疾病和痛苦中间工作——在草席边照顾得了霍乱的贱民、喂养饥饿的首陀罗，主帮助我和他们所有人……至爱者与我同在。当我身在美国和英国时，当我在印度默默无闻地从一个地方辗转另一个地方时，他都与我同在……我感到我的任务已经完成，至多还能再活三四年。① 我对自己的拯救已经不怀任何希求。我从未渴望尘世享乐。我必须见到我的机器强健地运转，然后确知至少在印度，我已经为了人类之善放入一根杠杆，没有力量可以将它抽回，而我将得安眠，不用继续操心。愿我一次次地轮回，承受无数痛苦，为了能够崇拜唯一存在之神，也是我唯一信仰之神——所有灵魂组成的全体……"②

病痛暂时缓解期间，他加倍地工作。1897年，从8月到12月，他犹如一阵旋风刮遍印度北部，从旁遮普直到克什米尔，在所到之处播下他的种子。他与王公讨论在克什米尔筹建一个重要的吠檀多修道院的可能性。他向拉合尔四个学院的学生传道，敦促他们要有力量，并将信仰人作为信仰神的预备；他在他们中间成立了一个协会，该协会独立于所有宗派，指向人的救济、卫生和教育。

无论去往何处，他都孜孜不倦地致力于在印度重建个体性，通过帮助每一个人意识到居于自身内部的神。他不断地让信仰经受行动的检验。他试图纠正社会不公，通过宣扬种姓和次种姓之间的通婚，通过改善无种姓之人的条件，通过改变未婚女性和印度寡妇的命运，通过反对宗派主义和徒劳无益的形式主义——这两者被他称为"不可接触者"。

同时，他致力于重建印度人的智性（与重建个体性的任务是互补的），通过普及真正的梵文知识，通过寻求把西方科学整合进梵文

---

① 确切地说，还有五年。他于1902年7月去世。
② 参照《辨喜的生活》第三卷。引文是极好的信仰告白，在最后查看辨喜的思想时，我会再次谈到这一内容。

知识当中，通过复兴印度的大学，让它们造就人，而非造就文凭和官员。

他从未想过印度自治，反对英国统治，赢得政治独立。他依赖英国的合作，就像依赖大学的合作。事实上，英国有助于他的工作：来自伦敦和纽约的盎格鲁-撒克逊弟子未经国家认可，为斯瓦米带来了他们的个人奉献和充足资金，用于买地修建贝鲁尔的大修道院。①

1898年，他主要致力于罗摩克里希纳修道院新工作的安排，以及创办期刊和评论杂志，它们后来成为修会的理智喉舌和教育印度人的工具。②

然而，1898年最重要的事情是，辨喜使西方弟子们得到了成长。

他们响应他的号召来到印度：玛格丽特·诺波小姐于2月末抵达，与缪勒小姐一起建立了致力于印度女性教育的模范机构；奥

---

① 隔着恒河，与加尔各答附近巴拉纳戈尔的老建筑相对的十五英亩。购买行为发生在1898年年初的几个月，修建始于4月，设计师后来成了斯瓦米·维吉那南达。
② 当时已有的《印度觉醒》（*Prabuddha Bharata*）因其年轻编辑去世而暂停。它由塞维尔接管，从马德拉斯转移到阿尔莫拉，编辑是个已经隐退的卓越人物，他对公众福祉的热情把他拉向志趣相投的辨喜，在几天的准备之后，辨喜让他入门，进入修会，改名为斯瓦米·斯瓦卢帕南达。在印度宗教文献方面，他是诺波小姐（纳薇迪塔）的老师。他后来成为不二论静修所的所长。
1899年年初，在斯瓦米·特里古玛提塔（Trigumatita）的指挥下，另一评论月刊*Udbodhan*创刊。它的指导原则是：绝不攻击任何人的信仰；用最简单的形式呈现《吠陀》学说，让所有人都能理解；针对卫生和教育的明确问题找到解决空间；改善民族的身体与灵性健康，传播道德纯洁、互相帮助和普遍和谐的理念。
1898年8月，辨喜为杂志的创刊写了一首美妙的诗——《觉醒的印度》，它是一份真正的宣言，宣告了积极的能量和信仰的实现。

尔·布尔夫人和约瑟芬·麦克里尔德小姐于1月抵达[①]。3月,诺波小姐立下守贞之誓,改名纳薇迪塔(意思是圣化者)。辨喜激动地向加尔各答公众介绍她是英格兰给印度的礼物[②],以便更好地清除她自己的国家留下的所有记忆、偏见和习俗[③]。他带着她和一群弟子用几个月时间环游了历史悠久的印度。[④]

[①] 准许我写下其回忆的麦克里尔德小姐认识辨喜已有七年,曾有几个月,他客居她家。然而,尽管她忠诚地跟随辨喜,但从未放弃自己的独立性,而辨喜也没有要求她那样。他总是给予那些并非自愿立誓的人充分的自由,因而她始终是辨喜的朋友和自由的帮手,而不像纳薇迪塔那样,是入门弟子。她告诉我,来到印度与斯瓦米重新会合之前,她征求他的同意,而他回答(根据我所记得的):
"如果你想要见到贫穷、堕落、肮脏、衣衫褴褛的人谈论神,那就来吧!但是,如果你想要的是别的,那就不要来!因为我们无法再多承受哪怕一个批评。"
她严格地遵守保留意见的规则,这是因为辨喜对他堕落的民族怀有强烈的爱,他以受伤的骄傲恨这个民族的耻辱。然而有一次,她讥笑他们在喜马拉雅山见到的一个婆罗门的怪诞样子,当时,辨喜"像头狮子朝她转过脸来",用犀利的眼神看着她叫道:
"住口!你是谁啊?你做过什么?"
她一言不发,仓皇失措。后来,她了解到,这贫穷的婆罗门是下面这些人中的一个:通过乞讨筹钱,让辨喜的西方之行成为可能。她意识到,一个人的真我不在于他的外表,而在于他的行为。

[②] "我怎样才能最好地帮你?"她到印度之后问他。"爱印度。"

[③] 这并不表明沙文主义的邪恶精神或对西方的敌意。1900年,当他让斯瓦米·图利亚南达在加利福尼亚立足时,对他说:"从今天开始,甚至要抹去你对印度的记忆。"为了在一个民族深入地工作,以便造福于它,有必要完全融入这个民族——这是辨喜加诸弟子的原则。

[④] 在《与斯瓦米·辨喜云游记》中,她描述了这次旅行,以及与辨喜的对话。我也感谢麦克里尔德小姐(她也是其中之一)回忆的许多珍贵细节,尤其是关于辨喜让纳薇迪塔服从的道德原则。他丝毫不尊重她本能的民族忠诚、习惯或作为西方人的好恶;他时常羞辱她骄傲而刻板的英国人特质。也许他想以这种方式保护自己和她免于她对他的热烈倾慕;尽管纳薇迪塔对他的感情始终是绝对纯洁的,但他或许看到了一种危险。他无情地冷落她,并对她所做的一切挑刺。他伤害她。她

然而，奇怪的是，在把同伴的灵魂投入印度民族的宗教深渊时，他自己迷失在了这个深渊里，直到看似被淹没。人们看到，这个伟大的不二论者，这个热烈崇拜无形无相的绝对者的人，经历了一个充满激情的阶段——对传说中的诸神、对至上伴侣湿婆和神母的激情。毫无疑问，在这一方面，他只是在步师父罗摩克里希纳的后尘，在罗摩克里希纳心里，既装着无形之神，又装着有形之神，多年里，他持续地体验到因热烈献身于美丽女神而来的喜乐。然而，在辨喜的例子中，引人注目的一点是，他达到这种状态是在掌握了绝对者之后，而非之前，他对诸神的热情带有他本性中的全部悲剧性的激烈，以致他赋予了诸神——尤其是卡利，一种特殊的魅力，完全不同于欢喜而温柔的罗摩克里希纳赋予诸神的魅力。

他们在阿尔莫拉停留了一段时间，塞维尔夫妇差不多在那儿立足，并准备筹建不二论静修所。然后，在1898年7月底，辨喜和纳薇迪塔乘坐三艘平底船穿越斯利那加河谷，在参观克什米尔之后，便开始前往阿马尔纳特的山洞，它位于喜马拉雅山西部的一个冰河山谷中。他们跟随一个两三千人的朝圣队伍，在每一个驿站扎起帐篷。纳薇迪塔注意到她的师父突然变了，他成了这几千人中的一个，小心翼翼地遵循习俗所要求的最谦卑的修习。为了到达目的地，他们需要在好几天里沿着危险的道路攀爬石坡，穿过数英里的冰河，浸在神圣的水流中，尽管十分寒冷。8月2日，在一年一度的节日里，他们来到巨大的山洞，大得足以容纳一座大教堂，在它的后面，有一根冰

受不了，哭着回到同伴们身边。最终，他们向辨喜抗议他的过分严苛，从那以后，辨喜的态度软了下来，纳薇迪塔的心情也变得明朗。她反而能够更加深刻地感受到师父的信心之价值，以及服从他的思想规则之快乐。

柱（林伽）——伟大的湿婆神本身——拔地而起。每一个人都必须裸身进入，全身涂满圣灰。辨喜跟在别人身后，激动得发抖，几乎在昏厥中走进山洞；在漆黑的洞中，他拜倒在雪白的冰林伽面前，被成百上千的歌喉环绕，产生了一个异象……湿婆向他现身……他不愿说出他的所见所闻……然而，他的紧张神经所承受的异象冲击是如此地强烈，以致他几乎死掉。当他从山洞中走出，他的左眼里有个血块，心脏扩大，而且再也没有恢复常态。之后的几个星期，除了湿婆，他什么也不说，他在每一个地方见到湿婆；他被湿婆充满；连积雪的喜马拉雅山都是坐在宝座上的湿婆……

一个月后，他被神圣母亲卡利占据了。神圣的母爱是全在的，他甚至对着一个四岁的小女孩崇拜神圣母亲。但神圣母亲并不总是以如此平静的相出现在他面前，强烈而集中的冥想使他进入了这个象征的黑暗面。他在一次恐怖的异象中见到卡利——强大的毁灭者，潜伏在生活的面纱背后，这可怖者，被死人的骨灰，以及从他们脚边升起的所有面庞隐藏。他在一个发烧的夜晚醒来，在黑暗中摸索铅笔和纸，写下了著名的诗——《神圣母亲卡利》，仿佛在摸索光明，然后筋疲力尽地倒回床上：

> 星星掩去光芒，
> 只剩层云叠嶂，
> 黑暗颤动轰鸣。
> 在咆哮疾驰的风中，
> 有百万狂徒的灵魂，
> 刚刚得脱羁縻之所，

将树连根拔起,
一扫而光。

海洋也来参战,
抛起如山巨浪,
直指幽黑苍穹。
光芒惨白闪烁,
映出无数死亡阴影,
透着黑暗污浊,
散着瘟疫悲伤,
跃着狂狷之舞……

来,神圣母亲,来!
只因你的名字是恐怖,
你的呼吸中当有死亡,
你踟蹰独行的每一步
都彻底踏破一个世界。
此尔之时也,毁灭者!
来,神圣母亲,来!
谁敢直面爱之痛苦,
同时拥抱死之形式!
踩着毁灭的节奏,

神圣母亲其来也。①

他对纳薇迪塔说：

"要学会认出，神圣母亲在恶、恐怖、悲伤和毁灭中，亦如在甜蜜和欢乐中。哦，神圣母亲，傻瓜为你的脖子套上花环，接着又开始陷入恐怖，称你为'仁慈者'……要冥想死亡。要崇拜恐怖者。只有通过崇拜恐怖者，才能克服恐怖者本身，得到不朽！……在痛苦中，也能有喜乐……神圣母亲本身就是梵，甚至连她的诅咒也是祝福。心灵必须变成火葬场，将傲慢、自私、欲望统统烧成灰烬。然后，只有然后，神圣母亲才会到来！……"纳薇迪塔在这场风暴中摇晃、惶惑，看着她的西方信仰的良好秩序与慰藉消失在这印度异象者引发的宇宙飓风中。她写道：

"随着他说出那些话语，潜藏在献给善神、上帝、神圣者的崇拜——却对地震或火山爆发中的神毫无感情——中的利己主义让我这个听众不知所措。你知道，那样一种崇拜实际上就像这个印度人所称的，仅仅是'小店主'的崇拜；于是，你认识到如下教导的无限大胆与真实不虚：神通过恶显现，亦如神通过善显现。你明白，那种对待思想和意志的真实态度（不会被个体自我阻碍）实际上是一种决心，套用斯瓦米·辨喜的激烈话语，就是'去寻求死亡而非生命，去奔赴刀尖，永远与恐怖者合一'！"②

从这场爆发中，我们再次看到了英雄的意志，它乃是辨喜行动的灵魂。终极真理渴望人们认识它的真面目，拒绝被软化——信仰不期

---

① 《辨喜全集》第四卷，第319页。
② 纳薇迪塔的《我眼中的师父》。

待人们回报它的无偿给予,并嘲笑"给予以便得到"的交易及其对天堂的全部承诺,因为它的不灭能量犹如铁锤敲在铁砧上。①

我们伟大的基督教禁欲主义者知晓并且仍然体验着这种刚健的愉悦,甚至连帕斯卡尔也品尝过它。然而,热情的辨喜没有被它导向对行动的脱离,而是受到它的鼓舞,以十倍的热情意志坚定地积极投身于战斗。

他接纳世上一切苦难。纳薇迪塔写道:"你会感到,仿佛世上没人遭受的打击不让我们的师父心有所动;仿佛痛苦、甚至死亡的痛苦都不能引发任何东西,除了爱和祝福。"②

他说:"我已亲吻死神的脸。"

---

① 甚至连温柔的罗摩克里希纳也深知神圣母亲的恐怖面,但他更爱她的微笑。
大众梵社(Sadharan Brahmosamj)的创立者和领导者之一萨斯特里(Sivanath Sastri)说:"有一天,我在那里,有几个人开始争论神的属性,以及这些属性是否或多或少符合理性。罗摩克里希纳制止了他们,他说:'够了,够了。争论神的属性是否合理有什么用处呢?……你们说神是善的,那你们能够通过这种推理让我确信他的善吗?看看刚刚夺去几千人性命的洪水。你们何以证明,一个仁慈的神安排了这场洪水?你们可能会回答,这场洪水冲走了不净,浇灌了土地……但是,一个善神难道不能那样做,又不淹死几千个无辜的男人、女人和孩子吗?'其中一个争论者立刻说道:'那么,我们应该相信神是残忍的吗?''哦,傻瓜!'罗摩克里希纳叫道,'谁说的?你们要么掌谦卑地说,哦,神啊,我们太软弱无力,而不能理解你的本性和行动。给我们启示吧!……不要争论,而要去爱!……'"(萨斯特里的《回忆罗摩克里希纳》)
罗摩克里希纳和辨喜都知道神的恐怖,但他们的态度不同。罗摩克里希纳低头亲吻践踏他的心的神圣者之足,而辨喜昂起头颅,看着死亡,以严肃的行动享受这一切——他冲向"刀尖"。
② 很有可能在不久前,他忠诚的朋友古德温和年迈的老师帕瓦瑞·巴巴(Pavhari Baba, 1898年6月)的去世所导致的精神动荡,为恐怖女神的这种内在闯入做了铺垫。

好几个月，他的心都被占据。他只闻神圣母亲的声音，这对他的健康造成了可怕的影响。当他回来，教友们被他的变化吓坏了。他仍陷于如此强烈的专注中，以致在他耳边重复一个问题十遍，他都没有任何反应。他认识到，这是由"一种极度的苦行"导致的。

"……湿婆本身进入了我的头脑，不会离开！"

欧洲的理性主义者会觉得对人格神的这种着迷令人反感。针对他们，回想辨喜在前一年对伙伴们做出的解释或许是有益的：

"所有灵魂——不单单是人的灵魂——组成的全体就是人格神。没有什么可以抗拒全体的意志。这是我们所知的律法。当我们说湿婆、卡利等，指的就是全体。"[①]

不过，这个伟大的印度人以火的形象投射出来的强有力的易感性在欧洲人看来停留于推论阶段。他对不二论的深刻信仰没有一刻动摇过。沿着与罗摩克里希纳相反的道路，他达到了同样的普遍理解之高度——同一个思想瞭望台，在那里，人同时是圆周和圆心：全体灵魂和每一个体灵魂，连同包含它们并被永恒之音重新吸收的"唵"（AUM）[②]，是一个不断重复的双重运动的起点和终点。他的兄弟教友从那时开始模糊地感受到他和罗摩克里希纳的一致性，普莱玛南达曾经问他：

"你和罗摩克里希纳有什么不同吗？"

[①] 第二次欧洲之行期间，坐在船上看着西西里海岸时所说。（参见《我眼中的师父》中的"与纳薇迪塔的谈话"部分。）

[②] 或者写成 OM。根据印度教的古老信念和辨喜本人的定义，唵是"所有声音的核心与梵的象征……宇宙源于这个声音"。他说："音梵（Nada-Brahman）是梵的声音"，"是宇宙中最精微的"。（参见《虔信瑜伽》第七章"曼陀罗'唵'：语词和智慧"，出自《辨喜全集》第三卷，第 56—58 页。）

※ ※ ※

他回到修道院,回到贝鲁尔的新修会,并于1898年12月9日为它举行祝圣仪式。在加尔各答,不久前的11月12日,神圣母亲的节日,纳薇迪塔的女子学校开办起来。尽管身体抱恙,气喘病让他呼吸困难,有时让他脸色发青,仿佛淹死之人,但他仍在萨拉达南达的帮助下推动修道会的组织工作。斯瓦米·辨喜工作着。修道院教授梵文、东西方哲学、体力劳动和冥想等,他亲自上阵。形而上学课讲完之后,他耕作花园,挖了一口井,揉面做面包。① 他是一曲生动的工作颂歌。

……"只有伟大的修士(在最广泛的意义上,指立誓为绝对者服务的人)才能成为伟大的工作者,因为他没有执着……没有比佛陀和耶稣更伟大的工作者了……没有工作是世俗的,所有工作都是崇拜……"

再者,工作形式不分贵贱,一切有益的工作都是高贵的……

"如果我的同修告诉我,我的余生要在清洁修会的下水道中度过,我一定会那样做。唯有懂得服从公共之善的人,才是伟大的领导者……"

第一职责是"弃绝"。

"如果没有弃绝,就没有宗教(他可能会说'没有深刻的精神基础')可以长存……"

《吠陀》上说,已经"弃绝"之人,即"桑耶辛","是《吠陀》首先拥护的","因为他脱离宗派、教派和先知"。他始终想着神,神

---

① 他十分看重身体锻炼:"我想要的是宗教军团中的工兵。所以,小伙子们,着手训练肌肉的任务吧。对于苦行者,禁欲即可,而对于工作者,强壮的身体、钢铁的肌肉和神经是必需的。"

居于他心中。让他唯独信仰吧!

"世界历史是少数信仰自身之人的历史,那种信仰召唤出内部的神圣者,你无所不能。唯有当你没有足够努力地展现出无限的力量,你才会失败。只要一个人或一个国家失去对自身的信仰,死亡就会来临。首先信仰你自己,然后信仰神。少数强者就能推动世界……"

然后要勇敢,勇敢是最高美德。要始终敢于谈论整个真理,"向所有人,不含糊其词、不恐惧、不妥协"。不要操心富人和伟人,桑耶辛和富人没有关系。重视富人并黏着他们讨要什么,这是妓女的行为。桑耶辛的职责是与穷人为伍,要充满爱地照顾穷人,并以全部的力量快乐地服务穷人。

"如果你寻求自己的拯救,那么你会下地狱。你必须寻求的,是他人的拯救……纵使你不得不在为他人工作中下地狱,也胜过依靠寻求自己的拯救上天堂……室利·罗摩克里希纳把自己的生命给了世人,我也会献出我的生命,你们每一个人都要这样做。这些工作和以后的工作全都只是开始。相信我,从我们洒下的生命热血中,将会出现英勇的工作者和神的斗士,他们将会彻底变革整个世界。"

他的言辞是伟大的音乐,以贝多芬的风格奏响,激起亨德尔进行曲般的律动。时隔三十年,我依然无法碰触他散落在扉页上的话语,而不浑身颤抖,如遭电击。想来,这些滚烫的话语当初从这位英雄的唇间吐出时,必定造成了多大的冲击呵!

他感到自己死期不远,然而——

"……生命是场战斗,就让我死于战斗吧。两年的身体病痛已经花掉了我二十年的寿数。但灵魂不变,始终就在这里。这不变的傻瓜,认定一个念头:阿特曼……"

第九章　第二次西方之行

　　他开启第二次西方之行，为的是检查已经创立的工作，并鼓舞士气。这次，他带着最博学的同修之一图利亚南达同行①，后者出自高贵的种姓，过着高尚的生活，并精通梵文。

　　"上次，他们见到的是一名斗士，"他说，"这次，我想让他们看看婆罗门。"

　　他以完全不同于回国时的状态启程②：在他憔悴的身体里，燃烧着一团能量之火，催生行动与战斗；他是如此地厌恶这衰弱民族的懒惰，以致在遥望科西嘉岛的船上，他开始颂扬"战神"（拿破仑）。③

---

① 纳薇迪塔与他们同行。
② 1899年6月2日，他从加尔各答出发，途经马德拉斯、科伦坡、亚丁、那不勒斯、马赛。7月21日，他抵达伦敦。8月16日，他离开格拉斯哥，去往纽约。他在美国一直待到1900年7月20日，主要留在加州。从8月1日到10月24日，他在法国，去了巴黎和布列塔尼。然后从维也纳、巴尔干地区、君士坦丁堡、希腊、埃及返回印度，在1900年12月初到达印度。
③ 他还想起了罗伯斯庇尔的力量。他满脑子想着欧洲的英雄历史。在直布罗陀，他的想象力使他在海岸上见到摩尔人的奔马，以及阿拉伯入侵者的登陆。

对懦弱灵魂的蔑视竟至于使他宁可欣赏犯罪所包含的活力,[①] 而且随着时间的推移,他的如下信念越来越深:东方和西方必须相互支持。在印度和欧洲,他看到的是"两个充满青春活力的有机体……两种伟大的实验,全都尚未完成"。它们应该互相帮助,同时必须尊重对方的自由发展。他不允许自己批判它们的弱点,因为两者都在还不知感恩的年纪。它们应该携手成长。[②]

在结束一年半的首次西方之行并返回印度之时,他几乎完全脱离了生活,全部的狂热从他体内消失——被他当时揭开西方帝国主义的面纱所见到的残酷面孔驱除,那双眼睛里满是贪婪的敌意。他意识到,第一次西方之行,他被美国和欧洲的力量、组织与表面上的民主迷住了;现在,他已然发现利润、贪婪、财富的精神,及其庞大的联合体和为了攫取最高地位的残忍斗争。他诚然能对一个庄严的强大联

[①] 当人们谈到在印度很少见到犯罪时,他叫道:"愿神宁可让它发生在我的国家!因为犯罪实际上是死之美德。"他补充道:"随着年龄的增长,一切在我看来似乎更多地在于刚强,这是我的新福音。"他竟至于说:"甚至像个人那样去作恶也好。如果必须的话,就去做个大恶人!"
不用说,我们必须把这些话理解为言语霹雳之一(是在船上对不太可能误解的可靠朋友说的),它们被这个刹帝利和灵性斗士用来斥责东方的软骨病。它们的真义很有可能相当于这句古老的格言,"Ignavia est jacere",即无所事事乃可耻之罪。

[②] 参照纳薇迪塔记录的访谈。最清晰地浮现出来的是他的"普世"意识。他对民主化的美国寄予希望,对意大利——马齐尼之母的艺术文化和自由充满热情。他说中国是世界的宝库。他把波斯的巴布教派殉道者看作兄弟。他以同样的爱接纳印度教徒、伊斯兰教徒和佛教徒的印度。莫卧儿帝国让他激动:每当讲起阿克巴,他就热泪盈眶。他理解成吉思汗及其亚洲统一之梦的伟大,并为之辩护。他热烈地赞颂佛陀,"我是佛陀仆人的仆人……"。
他对人类统一体的直觉并不止步于有关种族和民族的武断分界线。这使得他说,他在西方见过几类最好的印度教徒,在印度见过最好的基督徒。

合体表达敬意……"但在一帮豺狼中间,能有什么美妙的联合体呢?"

"西方生活,"一位见证者说,"在他看来是地狱……"物质的辉煌再也不能欺骗他。他看到了隐藏的悲剧,能量的强行消耗之下的疲惫,以及轻佻的面具之下的深重悲伤。他对纳薇迪塔说:

"西方的社会生活就像一阵笑声,底下是一阵哀号。它以呜咽告终。轻佻有趣全都在表面,其实内里充满强烈的悲伤……而在这里(印度),表面虽是阴郁悲伤,底下却是恬淡欢乐。"[1]

他的这一预言性的洞察是怎么来的?他的目光在何时何地剥去了树皮,暴露了西方的腐烂树心(尽管表面光鲜灿烂),预见了痛苦与憎恨的恶时辰正在来临,以及战争与革命的岁月?[2] 没人知道。有关他的行程的记载是断断续续的。这次没有古德温相伴。除了一两封私人信件——最美妙的是他从阿拉米达写给麦克里尔德小姐的信,我们不得不遗憾地说,我们只知道他的活动以及使命的成功履行,对别的一无所知。

途中,他只在伦敦停留,之后就去了美国,而且几乎待了一年。在美国,他发现阿喜达南达的吠檀多工作正在全力进行中。他让图利亚南达在剑桥安顿下来,自己决定去加州,因为那里气候宜人,实际

---

[1] 《我眼中的师父》第三版,第145页。
[2] 克里斯汀修女在《未公开的回忆录》中向我们披露,甚至在1895年首次西方之行期间,辨喜就明白了西方的悲剧:"西方在一座火山边缘。如果火不被一场灵性洪水浇灭,就会喷发。"

克里斯汀修女还给了我们另一个有关他的预见性直觉的显著例子:"三十二年前(1896年),他对我说:'开辟另一个时代的另一场剧变要么来自俄国,要么来自中国。我没法看清是哪个国家,但不是这个就是那个。'"

还有:"世界正处于吠舍(商人,第三种姓)主导下的第三纪元。第四纪元将由首陀罗(劳工阶级)主导。"

上，他恢复了几个月的健康。在加州，他进行了多场演说。[①]在圣弗朗西斯科、奥克兰和阿拉米达，他建立新的吠檀多中心。他接受了一份礼物——圣克拉拉地区一片五百英亩的森林地产，并在那里建了一个静修所，让图利亚南达训练一群优秀的弟子过修士生活。纳薇迪塔前来与他会合，也在纽约讲学，内容是印度女性的观念和印度的古老艺术。罗摩克里希纳的这群人数不多却很精良的弟子相当活跃，他们的工作十分成功，理想得到了传播。

然而，他们的领袖日薄西山。阴影正从这棵橡树周围升起……它们是阴影，还是另一种反光？无论如何，它们不再是我们的阳光……

"为我祷告吧，愿我的劳作永得停歇，愿我的整个灵魂融入神圣母亲……我很好，在精神上很好。比起身体的休息，我更能感受到灵魂的安歇。战斗有输有赢！我已打点妥当，等着伟大的摆渡者。湿婆，哦，湿婆，把我的船划到对岸！……我只是那个男孩，在达克希什瓦的榕树下好奇而痴迷地倾听罗摩克里希纳的字字真言。那才是我的真实本性，而工作、活动、行善等等，都是添头……现在，我再次听到他的声音，这熟悉的往日声音让我的灵魂激动得发抖。束缚正在解除，爱正在熄灭，工作正在丧失滋味；生命的诱惑力正在消失。现在，唯有师父的声音在召唤……'让死者埋葬死者，你跟我来'……'我来了，亲爱的主，我来了！'……涅槃就在眼前……一个平静的海洋，没有涟漪、没有微风……我很高兴来到世上，很高兴经历这

[①] 尤其是，在帕萨迪纳市讲"使者基督"，在洛杉矶讲"应用心理学"，在圣弗朗西斯科讲"普世宗教之理想"和《薄伽梵歌》，在加州其他城镇讲"佛陀、耶稣和克里希纳给予世界的启示"，"印度艺术与科学"，圣灵的"力量"，等等。不幸的是，许多演讲已经遗失。他没有找到另一个古德温般的记录员来记下它们。

些,很高兴犯过大错,很高兴获得平静。我没有束缚地离开,不带任何束缚……过去的我已然消失,永远消失。那向导、那古鲁、那领袖……逝去了……"

在加州的宜人气候和灿烂阳光里,在它的热带植被中,辨喜的活跃意志松弛下来,疲劳仿佛沉入梦中,身体与灵魂任意飘浮……

"我的手脚不敢发出一点声响,生怕破坏了美妙的寂静——寂静得让你觉得这是一种幻觉。我的工作背后是雄心,我的爱背后是个体性,我的纯洁背后是恐惧,我的指引背后是对力量的渴望!现在,它们已然消失,我飘浮着……我来了,母亲,我投入你温暖的怀抱,随你让我飘向何方,我投入这奇妙的寂静,投入这仙境。我来了,作为观看者而非行动者。哦!多么平静!我的思想仿佛来自心灵深处非常遥远的地方。它们仿佛遥远而微弱的低语,平静降临一切——甜蜜的、甜蜜的平静,仿佛入睡前的片刻,一切就像影子,没有恐惧、没有爱、没有情感……我来了,主!世界既不美也不丑,而像感觉,不会激起任何情绪。哦!多么幸福!一切皆是善美,因为它们全在失去形状,首先是我的身体……唯有'唵'存在……"[①]

由于初始动力,箭还在飞,但正飞向尽头,而它知道自己会在尽头落下……"入睡前的片刻"——落下——是多么甜蜜,那时,一直驱赶着他的命运的暴虐动力耗尽,箭在空中,既脱离弓又脱离靶子……

辨喜这支箭即将完成其轨迹。1900年7月20日,他穿越大西洋,来到巴黎,受邀参加世界博览会期间召开的有关宗教历史的会议。那

[①] 1900年4月18日,在阿拉米达写给麦克里尔德小姐的信,见《辨喜的生活》第三卷,第392—393页。

不是芝加哥的世界宗教议会，天主教势力不会允许。那纯粹是一场史学的、科学的会议。辨喜的生命已经解脱，能从会议中得到滋养的是他的理智兴趣，而非他的真正激情或整个存在。他被会议委员会责令证明一个问题：吠陀宗教是否源于自然崇拜。他与奥佩尔（Oppert）辩论；他谈论《吠陀》——印度教与佛教的共同基础；他支持《薄伽梵歌》和克里希纳对佛教的优先权，否定希腊对印度戏剧、文字和科学的影响这一论题。

但在会议的大部分时间里，他都在倾听与会者谈论法国文化。他对巴黎在理智和社会方面的重要性印象深刻。在一篇写给印度的文章中，[1]他说"巴黎是欧洲文化的中心和源头"，就是在巴黎，西方的伦理和社会形成了，巴黎的大学是其他大学的典范。"巴黎是自由的家园，她向欧洲输入了新的生命"。

他还在拉尼永度过了一段时间，有奥尔·布尔夫人和纳薇迪塔修女相伴。[2] 在圣米迦勒节，他参观了圣米歇尔山。他越来越确信印度教和罗马天主教的相似性。[3] 另外，他发现了亚洲血脉，它甚至以不同的程度与欧洲民族混合。他远远没有感到，在欧亚之间存在着一种根本的自然差异，而是相信欧亚之间的深度接触将不可避免地导向欧洲的新生，因为欧洲将借助东方更新它极其重要的灵性观念库存。

遗憾的是，只有亚森特神父（Father Hyacinthe）和朱勒布瓦

---

[1] 《东方与西方》。
[2] 纳薇迪塔随后短期离开，为了印度女性事业而去英国演说。辨喜在她启程时为她祝福，对她说了这句话："如果是我造就了你，那就被摧毁吧！如果是神圣母亲造就了你，那就活着！"
[3] 他想说，"基督教对印度精神而言并非异质"。

（Jules Bois）充当西方精神生活的这个敏锐旁观者在巴黎的向导，帮助他研究法国精神。[1]

10月24日，他再次离开，取道维也纳和君士坦丁堡，去往东方。[2] 但继巴黎之后，没有别的城市让他感兴趣。途经澳大利亚时，他做出了引人注目的评论："如果说土耳其是病人，那么澳大利亚则是欧洲的病妇。"欧洲既排斥又厌烦他。他嗅到战争的恶臭从四面八方散发开来。他说："欧洲是个庞大的军营……"

为了见到苏菲派修士，他在博斯普鲁斯海边短暂停留，然后，出于对雅典和伊洛西斯的记忆，他去了希腊，最后，他来到开罗博物馆，但他越来越脱离外部事物，沉浸在冥想中。纳薇迪塔说，在西方的最后一个月，有时觉得，他完全不关心周围的一切。他的灵魂向着更宽广的地平线飞翔。在埃及，他说他似乎在翻过生命的最后几页。

突然，他听到了回国的紧急召唤。他一天也没耽搁，乘第一艘轮船独自返回印度。[3] 他将自己的肉身带回了火葬的柴堆旁。

---

[1] 但他在巴黎见到了帕特里克·盖迪斯（Patrick Geddes）及其伟大的同胞——生物学家玻色（Jagadis Chunder Bose），他仰慕玻色的才华，并为他辩护。他还见到了奇妙的海勒姆·马克西姆（Hiram Maxim），他的名字被一台毁灭引擎纪念，但他值得更好的结果，而非这种残忍的声名，他自己也对此表示抗议；他是个伟大的鉴赏家和中印爱好者。

[2] 麦克里尔德小姐，亚森特神父（希望为了基督徒和伊斯兰教徒在东方建立友好关系而奋斗），罗伊森夫人（Madame Loyson），朱勒布瓦及其夫人。陪伴他的是凯尔夫（Calve），对于一个正在大步离开人世与生活的桑耶辛而言，凯尔夫是个奇怪的护送者。他的超脱本身也许使他更加宽容，或者更加淡漠。

[3] 1900年12月初。

第十章　离别

　　他忠实的老朋友刚刚先他一步离去：塞维尔先生于 10 月 28 日在亲手建起的喜马拉雅山静修所里去世。辨喜抵达印度之后听到这个噩耗，然而他在归国途中已经有所预感。他没有在贝鲁尔停下休息，而是直接发电报到玛雅瓦提，说正在赶往静修所。在一年中的那个时候，进入喜马拉雅山又困难又危险，尤其是对于辨喜这种健康状况的人。需要花四天时间在大雪中行走，而且那年冬天特别寒冷。他没等找小工和必要的脚夫，就偕同两个修士出发了，途中，静修所派来的一名护送者与他们会合。纷飞的大雪和云雾让他几乎难以行走，他感到呼吸困难，同伴们很担忧，费尽千辛万苦把他带到玛雅瓦提的女修道院。1901 年 1 月 3 日，他到达静修所，再次见到塞维尔夫人时，百感交集。修建工作已经完成，他凝视着坐落于雪山上的美丽静修所，却只能停留两周，哮喘使他呼吸困难，哪怕一点体力支出也让他筋疲力尽。"我的身体不中用了。"他说。1 月 13 日，他庆祝了自己的三十八岁生日。然而，他的精神始终非常顽强。[1] 他的愿望——唯独冥想绝对者，将这个不二论静修所圣化。在这里，他发现有个大厅

---

[1] 在玛雅瓦提，他于呼吸困难发作间歇写作，为《印度觉醒》写了三篇论文（其中一篇关于神智学，神智学从来不是他的盟友）。

专门用来膜拜罗摩克里希纳。尽管作为罗摩克里希纳的热忱弟子,他从未像在生命中的最后几年这样完完全全地崇敬师父,然而,他被这种膜拜激怒了——这样一个地方的这样一种亵渎!他激烈地提醒追随者们,在献给至上灵性一元论的圣所里,不应该有软弱的二元论宗教的立足之地。①

驱使他到来的那种狂热,同样驱使他离开。没有什么能够挽留他。1月18日,他离开玛雅瓦提,骑马花了四天在雪中走下很滑的山坡,于1月24日回到贝鲁尔的修道院。②

除了跟随母亲到一些圣地进行最后一次朝圣——孟加拉东部、阿萨姆邦、达卡和西隆③,并从西隆筋疲力尽地返回,他只离开过贝鲁尔一次,于1902年年初到贝拿勒斯短暂停留。他伟大的生命旅程行将结束……

"这有什么关系,"他骄傲地说,"我已做够一千五百年的事!"

---

① 回到贝鲁尔之后,他再次几近绝望地重申对于发现"安置在静修所里的那位老人家……"的不满。当然,一个脱离二元论的中心是有可能存在的。他提醒他们,那种崇拜违背了罗摩克里希纳本人的思想。正是出于罗摩克里希纳的教导和希望,辨喜才成了一名不二论者。罗摩克里希纳是百分之百的不二论者,他宣扬不二论。"你们为何不遵循不二论?"

② 当然,这位刹帝利丝毫没有丧失他的战斗精神。在回来的火车上,一名英国陆军上校对于隔间有个印度人表示强烈的厌恶,并试图把他撵出去。辨喜的愤怒爆发了,上校自己不得不放弃座位,去了别处。

③ 1901年3月,他在达卡做了几次演讲。在阿萨姆邦首府西隆,他碰到了几个心胸开阔的英国人,其中有首席专员亨利·科顿(Henry Cotton)爵士,印度事业的保护者。这最后一次穿越狂热的宗教保守主义国家之旅突显了他自己的宗教观念之刚健的自由。他提醒那些印度教的顽固者,见到神的真正道路是见到人内部的神,依赖过去是没用的,无论过去有多么辉煌,我们需要做得更好,甚至成为更加伟大的见者。他不敬那些自认为是化身的开悟者,建议他们多吃点,长点肌肉。

＊＊＊

　　在贝鲁尔修道院，他住在二楼一个通风的大房间里，有三扇门和四扇窗。①

　　"在我的面前，宽阔的大河（恒河）在明亮的阳光下起舞，偶尔，一艘货船的船桨溅起的水花打破寂静……满眼都是翠绿、金黄，青草宛如天鹅绒……"②

　　如同方济会修士，他过着乡村生活，一种神圣的田园诗般的生活。他在花园和牛棚劳作。就像《沙恭达罗》的苦行者，他的身边环绕着最爱的动物们：狗儿巴嘎，鹿儿汉斯，小山羊马特鲁（戴着小铃铛项圈，让他如孩童般追逐嬉戏），一头羚羊，一只鹳，鸭，鹅，母牛和绵羊。③他走来走去，似在狂喜之中，以美妙深沉的嗓音唱诵或念诵某些令他陶醉的语句，不顾时间的流逝。

　　然而，他也知道如何担任伟大的院长，用坚决的手段领导修道院，尽管疾病缠身。直到去世之前，他几乎每天教授吠檀多课程，教导新手冥想方法；他以某种精神鼓舞劳动者，让他们对自己抱有刚健的信心；他严格注意纪律和洁净，制定每周时间表，并注意所有日常

---

① 从他去世那天起，房间就保持原样：一张铁床，他很少躺在上面，而是更喜欢地板；一张写字台；一条用于冥想的地毯；一面大镜子……另外添了他和罗摩克里希纳真人大小的肖像。
② 1900年12月19日的信件。
③ "暴雨没日没夜地下。河水上涨……我去帮忙挖条深点的下水道，用来排水，刚刚回来……我的大鹳鸟非常快乐。我温顺的羚羊逃了出来……一只鸭子不幸昨天死了……一只鹅正在掉毛……"
　动物们很喜欢他。小山羊马特鲁前世做过他的父亲或母亲（他自称），睡在他屋里。给汉斯挤奶前，他总是征求它的同意。巴嘎参加印度教的仪式，当铜锣和海螺响起，宣告结束时，它去恒河里沐浴。

活动的规律性；没有任何疏忽能够逃脱这位大师的眼睛。[1] 他在周围保持着一种英雄的氛围，一个灵魂的"燃烧的灌木丛"，在那中间，神始终在场。有一次，他看到教友们模仿他去院子中间的一棵树下崇拜，便对他们说：

"你们要去哪里寻找梵呢？……他内在于众生之中。这里就是可见之梵！那些忽略可见之梵的人是多么可耻，梵就在你们面前，就像手中果实一样有形可触。你们难道不明白吗？这里、这里、这里就是梵！……"

他的言辞是如此地强大有力，以致每一个人都感到震惊，原地发呆足有一刻钟。辨喜最后不得不对他们说：

"好了，崇拜去吧！"[2]

然而，他的病情日趋加重。糖尿病引发了水肿：他双脚浮肿，身体某些部位变得高度敏感。他几乎不睡。医生打算停止所有的努力，让他遵循最痛苦的食疗；尽管连水也不能喝，但他以坚忍的耐心遵从医嘱。在二十一天时间里，甚至漱口时，他都没有吞下一滴水。他宣布：

"身体只是精神的面具。凡是精神的命令，身体就必须遵守。现

---

[1] 钟定时敲响。早上四点起床，半小时后，修士们必须到祈祷室冥想。但他总是比他们先到。他三点起床，去崇拜室，在那里朝北坐下，双手在胸前合十，一动不动地冥想两个多小时。直到他先站起来，说着"湿婆，湿婆……"，大家才站起身来。他以平静的欣喜四处走动，把这种氛围传达给周围所有人……有一天，当他出其不意地走进祈祷室，发现只有两名修士时，他让整个修道院，甚至包括最优秀的修士，在当天接下来的时间里悔过禁食，并强迫他们自己乞食。他以同样的方式监督修会的出版物，不让他所称的"蠢话"——夸大其词的情感主义或严格的宗派主义的文章通过审查，他发现这两者是世上最难原谅的。

[2] 1901年末。

在，我甚至不会想到水，我一点也不想念水……我发现自己无所不能。"

领袖的疾病没有终止修道院的工作或节日。辨喜希望修道院的节日是固守仪式的、豪华的，因为他的自由思想（一旦涉及社会改革，就不顾流言蜚语）对于美妙仪式的传奇诗歌葆有一种温柔的尊重（这些诗歌在单纯信徒的心里仍是活生生的信仰之流）①，无论他与顽固者们不人道的正统有着多么严重的冲突。②

于是，在1901年10月，伟大的杜尔迦节（Durga Puja，用来崇拜神圣母亲③，是孟加拉的国家节日，相当于西方的圣诞节，人们彼此和好、交换礼物，大肆庆祝芬芳的秋天带来的喜悦），贝鲁尔修道院在三天时间里为成百上千的穷人布施食物。1902年2月，罗摩克里希纳的节日，三万多人汇聚到贝鲁尔来朝圣。然而，辨喜发着高烧，双腿浮肿，没法出门。他望着窗外的舞蹈（Samkirtans），试图安慰照顾他的流泪的弟子们；他带着回忆，又一次过着从前在达克希什瓦的师父身边度过的日子。

仍有一种巨大的欢乐伴随着他。卓越的访客天心（Okakura）来

---

① 麦克里尔德小姐告诉我："辨喜本人不关心仪式习俗，并在社会生活中拒绝被它们捆绑。但他认可仪式主义，甚至包括任何印度教徒的用餐仪式：把一部分献给神，在纪念逝者的节日里，在餐桌上为他们保留席位，给他们吃肉。他说，他意识到这种仪式主义对于软弱之人是必要的，因为如果没有规定的重复行为，那么此人就无法保留对宗教经验的记忆和逼真印象。他说：'如果没有仪式，这里（他摸了摸额头）就只剩理智和干巴巴的思想。'"

② 修道院建立早期，附近村庄的正统派很震惊，并诽谤贝鲁尔的修士们。辨喜听闻此事，说："很好。这是自然律。这是所有宗教创始人面临的状况。没有迫害，高级观念就无法深入大众之心。"

③ 但动物牺牲被废除。

看他。① 天心带着某尼姑庵住持 Oda 同行，来邀请辨喜参加下一届世界宗教议会，世界宗教议会的每一届在不同的地方召开。辨喜和天心惺惺相惜。

"我们是两兄弟，从地球的不同角落来相会。"辨喜说。②

天心请求辨喜陪他前往菩提伽耶，尽管疾病缠身，辨喜仍然接受了他的请求，用几周时间最后一次去往贝拿勒斯。③

* * *

弟子们忠实地收集了他生命最后几年的谈话、计划和愿望。他始终全神贯注于印度的复兴，而他最倾心的两项计划就是：在加尔各答创办一所吠陀学院，让卓越的教授们传授古代雅利安文化和梵文学术；创办一所女修道院，类似于恒河边的贝鲁尔修道院，由"神圣母亲"（罗摩克里希纳的遗孀）来引领。

然而，他真正的灵性见证要从这里寻得：有一天，他在对一些桑

---

① 1901 年末。
② 由麦克里尔德小姐告知，辨喜向她吐露了这次会面的感受。
③ 在 1902 年 1 月和 2 月。辨喜的最后一个生日，他们同游菩提伽耶。在贝拿勒斯，天心向他告别。尽管这两个人彼此相爱，并承认彼此的任务之伟大，但也承认彼此的差别。天心有他自己的王国，即艺术王国。在贝拿勒斯，辨喜发现了一个年轻人的协会，是在他的鼓舞下成立的，用来帮助、布施和照料生病的朝圣者。他对这些孩子非常自豪，为他们写了《罗摩克里希纳服务之家诉请》。
凯泽林伯爵（Count Keyserling）参观了贝拿勒斯的罗摩克里希纳传道会所在地，留下了深刻印象。"我从未到过氛围更加愉悦的医院。得救的确定性抚慰了所有痛苦。对邻人的爱有着强烈的特质，鼓舞了男性护理人员。这些人是罗摩克里希纳的真正追随者……"（《一位哲学家的旅行日记》英译版第一卷，第 248 页。）凯泽林忘了他们受到的鼓舞来自他完全没有提及的辨喜，但他对罗摩克里希纳报以理解的赞同，尽管只是简略提及。

塔尔[①]工人讲话时，从丰富的内心吐露出美妙的秘密。他们是贫穷的百姓，受雇在修道院周围挖地，辨喜很爱他们。他融入一群工人，对他们说话，使得他们开口，流着泪讲述自己单纯的不幸。一天，他宴请他们，在宴席上说：

"你们是拿拉央那，今天，我款待了拿拉央那本尊。"

然后，他转向弟子们，对他们说：

"看看，这些没有受过教育的穷人拥有多么单纯的心灵！你们能否至少在某种程度上减轻他们的不幸？否则，我们穿着道袍（桑耶辛的赭色袍子）又有何用？……有时我心想：'建修道院等等有何益处！何不卖掉，把钱分给穷人——这些贫穷的拿拉央那。我们这些睡在树下的人要操心什么家呢？啊！我们的同胞食不果腹、衣不蔽体，我们怎能安心把饭放进嘴里！'……神圣母亲啊，他们难道不能获得任何补偿吗？你们知道，我远赴西方宣教的目的之一，是去看看能否找到什么办法来供养我的同胞。看着他们如此贫穷和困苦，我有时心想，让我们扔掉用来崇拜的繁文缛节——在圣像面前吹海螺啊，敲钟啊，挥舞灯火啊……让我们扔掉学问的傲慢，免除圣典的研习，放弃个人的解脱，而是从一个村庄辗转另一个村庄，致力于服务穷人。让我们凭借我们的角色、灵性和苦行生活，去劝说富人对平民尽责，去筹钱

[①] 法国读者可在 Feuilles de I'Inde（Chtra Publications, edited by G. A. Hogman, Boulogne-sur-Seine, 1928.）第一册中读到有关"桑塔尔人，一个印度本土部落"的一系列有趣研究，由马江达（Santosh C. Majumdar）供稿。据说，桑塔尔人最初从东北部进入印度，定居在占巴（帕戈尔布尔），然后迁移到贝鲁尔生活至今，距离加尔各答二百五十公里。类似于 Hos 和 Mundars，这些古老的猎人和森林住民依赖农耕谋生，他们信奉一种动物宗教，并保存了他们的古老习俗和一种自然的崇高，吸引了许多加尔各答派画家的关注。

并想办法为穷困潦倒者服务！啊！我们国家没人为低贱者、贫穷者和不幸者着想！那些用劳动生产食物的国家脊梁，那些罢工一天就能让城市哀声遍野的人们——吾国有谁同情他们，有谁分享他们的喜悦，分担他们的悲伤！看哪，正是因为印度教徒缺乏同情，无数的贱民正在马德拉斯的统领下成为基督徒！不要认为仅仅是饥饿之苦驱使他们接受基督教，那是因为他们没有得到你们的同情。你们不断地告诉他们：'不要接触我！不要接触这个那个！'这个国家到底有没有任何同胞之情或正法意识？现在只剩下'不可接触主义'！让我们剔除所有这些剥削习俗！我多么希望拆除'不可接触主义'的藩篱，把他们全部联合起来——'来吧，所有被践踏的穷人！以罗摩克里希纳之名，我们联合起来！'除非他们得到提升，否则，我们伟大的母亲（印度）绝不能醒来！如果我们不能为他们的吃穿提供方便，我们又有何用！啊！他们不懂这世上的道路，所以没法通过日夜劳作勉强维生。集合你们所有的力量，去移除遮蔽他们双眼的面纱吧。我清清楚楚地看到，同一个梵、同一个萨克缇在他们身上，就如在我身上！只是显现程度有别，仅此而已。若非国家血液均匀地流遍整个机体，你们能见到人类历史上哪个国家崛起！须知，只要一肢瘫痪，整个机体就无法从事重要劳动……"

有个弟子不想承担在印度建立统一与和谐的艰难任务，辨喜怒斥道：

"如果你觉得有什么任务太难，就不要来这里。主的恩典让一切变得简单。你的职责是服务贫穷者与困苦者，而不分种姓或信条。行动结果与你何干！你的职责是继续工作，一切早晚会各就其位、各行其道……你们都是聪明的年轻人，都宣称是我的弟子——告诉我你们做过什么？你们难道不能为了他人献出一世生命？把研读吠檀多、修习冥想之类留到来世！让这一世的身体为他人服务，那样，我才知道你们没有白白地跟着我！"

稍后，他说：

"经过这么多的苦行，我已然知晓，最高真理是：'神在每一存在者当中！神的种种形式，它们就是全部。没有别的神可寻觅！唯独服务众生之人在崇拜神！'"

到此，伟大的思想现其本质。就像落日，它穿透云层，消失在灿烂的光辉中：人人平等，同一个神的所有子女，全都拥有同一个神。没有别的神。想要服务于神的，就必须服务于人，首先是服务于最卑微、最贫穷、最低贱的人。要冲破藩篱。要回击不人道的"不可接触性"，尽管它在印度极其明显，但它不是这个国家所特有的（伪善的欧洲同样有它逃避接触的贱民）。伸出双手，唱响《欢乐颂》吧，弟兄们！……

辨喜的弟子们听从召唤。罗摩克里希纳传道会始终不懈地帮助穷人和无种姓者，尤其留心弥留之际的斯瓦米托付给它照顾的桑塔尔人。

这呼喊者呼喊着：

"来吧，全体穷人和被剥夺者！来吧，被践踏者！我们是一体的！"一个后继者从他手中接过火炬，已经发动圣战，把不可接触者的权利和尊严还给他们。这个后继者就是甘地。

弥留之际，骄傲的辨喜意识到了骄傲之虚妄，发现了渺小之物才是真正伟大："谦卑的英雄生活。"①

---

① 我给一堆想法加上了这个标题。

"随着年龄增长,"他对纳薇迪塔说,"我发现,我越来越在渺小之物中寻找伟大……任何人居于高位都会变得伟大,甚至连懦夫也会在脚灯的照射下变得勇敢。世人将会明白!……我越来越觉得,真正的伟大是如同蚂蚁一般,默默地从事自己的本分,每一分每一秒都坚定不移。"

随着死亡的临近,他直面死亡,无有恐怖,他不忘所有的弟子,甚至那些远隔重洋的弟子。他的平静迷惑了他们,让他们以为他可以再活三四年,而他自己知道,他已身在离别前夜。然而,他对于不得不把工作交给他人没有遗憾。他说:

"要是师父始终留在弟子身边,就容易毁了弟子!"

他感到有必要离开他们,让他们自行成长。因而,他拒绝对当时的问题发表任何见解:

"我再不能插手外部事务,"他说,"我行将就木。"

就在那一天,1902年7月4日,星期五,他比过去几年的任何时候都要更加活泼快乐。他起得很早,去了祈祷室,一反常态,不是打开门窗,而是关好窗子,插好门闩。从上午八点到十一点,他独自在里面冥想。当他从祈祷室出来,走进院子时,他变了模样,大声自言自语,唱着献给卡利的美妙颂歌。他坐在弟子中间,胃口很好地把饭吃完,紧接着为见习修士们上了三小时的梵文课,充满活力和幽默。然后,他和普莱玛南达沿着贝鲁尔路走了超过两英里,说起创办吠陀学院的计划,还说起吠陀研习:

"那将消除迷信。"他说。

夜幕降临。他和修士们进行了最后一次充满深情的谈话,谈到国家的起落。

"印度是不朽的，"他说，"如果她坚持寻找神。但如果她喜欢上政治和社会冲突，那么她将灭亡。"[1]

傍晚七点钟……修道院的钟声响起，是时候进行阿拉提（崇拜）了……他走进房间，眺望恒河。然后，他送走身边的见习修士，要求别来打扰他冥想。四十五分钟后，他叫修士们进来打开所有的窗子，他静静地躺在地板上，向左侧身，一动不动，看上去正在冥想。一个小时之后，他转过身来，深深地呼出一口气——沉默了几秒，双眼凝视正前方——接着是第二声深深的叹息……永久的沉默降临。

见习修士说："他的鼻孔里、嘴边和眼睛里有点血。"

似乎他在自发的昆达里尼萨克缇[2]——最终的巨大狂喜中离世，罗摩克里希纳向他承诺过，等他完成任务，就能得到这种狂喜。[3]

他享年三十九岁。[4]

第二天，就像罗摩克里希纳一样，他被桑耶辛兄弟们在胜利的高喊中抬到了火葬柴堆上。

恍如他当年在兰纳德胜利前进时那样，犹大·马加比的合唱曲在我脑海中响起，迎接这名伟大的运动员在最后一场比赛结束后凯旋。

---

[1] 由麦克里尔德小姐向我复述。
[2] 有关那天的谈论之一是流动的 Souchouma，它上升，穿过身体的六朵"莲花"。
[3] 我已尝试在我的讲述中结合不同目击者的报道，这些报道只有细节上的差异。医生们来为他看病，其中一个在他的生命体征完全消失之前两小时就已赶到，他们说他的死是因为心脏衰竭和中风。但修士们坚定地相信，他的死是自愿行为。这两种解释并不冲突。纳薇迪塔修女第二天才赶到。
[4] 他曾说，"我活不过四十岁"。

中篇　辨喜的普世福音

"我是穿过所有不同观念的那根线,每一观念都是一颗珍珠。"克里希纳说。

——辨喜:《摩耶与上帝观的发展》

第一章　摩耶与自由征程

我们当前的目的不是讨论我所刻画的两个印度伟人的思想。跟罗摩克里希纳一样，辨喜的观念素材不是他个人的所有物，而是印度教深处固有的思想。简朴谦逊的罗摩克里希纳没有宣称自己建立了一个形而上学流派。尽管辨喜更偏智性化，因而更加自觉地意识到了自己的学说，但他知道并且坚持，他的学说没有新东西，相反，他会倾向于依据崇高的灵性传承力量来为自己的学说辩护。

"我是商羯罗！"他说。

师徒二人都会取笑我们这个时代非常普遍的一种幻觉，它让人自以为是某种思想形式的发明者或所有人。我们知道，人类思想在一个狭窄的圈子里运作，尽管轮番出现和隐去，但它们始终就在那里。再者，那些在我们看来最新的思想实际上往往是最古老的，只是它们被世人遗忘得更久而已。

所以，我不打算承担这一庞大而徒劳的任务：讨论罗摩克里希纳及其伟大弟子辨喜所属的印度教。因为如果我意欲探查问题的核心，那么我将无法把自己局限于印度教的范围内。他们的经验和神秘观念的本质部分，以及他们的形而上学建构（经验和神秘观念同时是形而上学建构的基础），远非印度所倾向于认为的那样独特，而是为印度和西方的两个（希腊的和基督教的）伟大的宗教形而上学体系所共有。第一，神圣的无限者，即绝对的神，既是内在的，又是超越的，既随着自然理性的持续洪流倾泻而出，又集中在最微小的粒子当中；第二，神圣的启示既遍及宇宙，又刻在每一个灵魂的核心；第三，与无限者重新合一的伟大道路，尤其是否定法之路；第四，认识大一的觉悟灵魂被"奉为神"——这四条全部在亚历山大里亚的普罗提诺（Plotinus）和基督教神秘主义的早期大师那里得到了富有条理的美妙解释，可与印度的不朽建构相媲美。另一方面，印度的神秘主义者可以从中借鉴。

不过显然，在本书的范围内，我无法鸟瞰神圣无限者的概念以及与绝对者合一的伟大科学所经历的历史变化，因为那些思想属于人类的过去、现在和未来，它们的特点是普世性和永恒性。我甚至无法开始讨论它们的价值问题（人类的所有灵性思想无一例外都是疑难问题），或者与之相连的科学大问题——"内省"。要探讨这些问题，需要另写一本书。我只在本书附录部分向读者提供两份相当长的笔记：第一份笔记讨论神秘主义的"内省"，以及现代精神病理学家在欣赏它时所犯的奇怪错误，因为他们忽略了它完全科学的要素，以及用来证明它的正确认识与理解的大量证据；第二份笔记致力于展现公元 1 世纪的希腊—基督教神秘主义（普罗提诺、亚略巴古的丢尼修），及其和印度神秘主义的关系。[1] 在此，我将仅仅总结在那些现代岁月里，经由辨喜解释过的吠檀多思想。

---

[1] 参见《东方的启示》（*Messages from the East*）一书中罗摩克里希纳的弟子对师父临终前的回忆。辨喜早在 1891 年云游之初就感受到了印度和西方迫切需要相互学习与借鉴。

伟大的学说在多个世纪里周期性地出现,染上它所属的时代之色彩,并打上它所贯穿的个体灵魂之印记。由此,它以新的面貌重现,影响某个时代的人。每一种观念都停留在初级阶段,如同电流消失在空气中,直到发现强大人格的电容器。观念必须像诸神一样化身——"道成肉身"。

正是不朽观念的可朽肉身给了它属于某个时代或某个世纪的短暂面貌,借此,它被传达给我们。

我将试图表明,辨喜的思想和我们自己的思想,连同我们的社会需求、痛苦、渴望和疑惑,有着多么紧密的联系,它敦促我们勇往直前,如同一只盲目的鼹鼠,凭着对道路的直觉走向光明。当然,我希望能让读者感受到这位兄长对我的吸引力。这个恒河之子,在全体现代人中达到了各种思想力量之间的最高平衡,属于第一批让我们内部永远对抗的两股势力(理性与信仰)签署和平协议的人。

* * *

如果说有一种情操在我看来是绝对必要的(我代表无数欧洲人说话),那就是自由。没有自由,就没有价值可言……"精神的本质乃是自由。"①

然而,最有资格估量自由之独特价值的人,就是最充分地认识到枷锁之苦的人,要么是那些身在破碎处境中的人,要么是那些为自己的本性所折磨的人。七岁之前,我突然感到,宇宙看上去就像个巨大的捕鼠夹,而我被夹在里面。从那一刻开始,我的全部努力都指向逃离——直到青年时期的某一天,在缓慢而持续的压力下,其中一根栓

---

① "精神的本质是自由。"(黑格尔)

子突然松开,我跳了出来,得到了自由。①

这些影响我一生的灵性体验奇特地引领我走近后来得以了解的印度精神。数千年里,印度觉得自己被缠在一个巨网中,数千年里,印度始终在寻找办法逃离。这种从封闭的罗网中逃离的持续努力传达出一种对自由的激情,这种激情对印度所有天才而言都是历久弥新的、分外炽热的、不屈不挠的(因为它始终岌岌可危),无论这些天才是神的化身,明智的哲学家,还是诗人;但像辨喜这样拥有如此显著人格的范例,据我所知是凤毛麟角。

犹如野鸟翅膀般的搏击带领他飞过整个思想的天空,从一端飞到另一端,从束缚的深渊飞到自由的港湾,就像帕斯卡尔一样。让我们来倾听他提起再生之链时的悲鸣。

"为什么!我们的生命记忆如同千百万年的监禁,意欲唤醒诸世生活的回忆!直至今日,恶已足够……"②

但随后,他又赞美存在之光辉:

"永远不要忘记人性之荣光!我们乃是过去和将来最伟大的神。基督们和佛陀们只不过是无限的'我是'之洋上的波浪。"③

这两段话并不矛盾。对辨喜而言,这两种状况在人那里并存。"这个宇宙是什么?……它生于自由,居于自由。"④可是,伴随着每一项活动,每一个存在者让奴役之链更深地抠进血肉。然而,这两种情

---

① 我在一份尚未出版的个人回忆录中的一章——"内在之旅"中谈论过这些经验,到目前为止,我只给我的印度朋友们看过这些内容。
② 1899年,第二次西方之行的途中。
③ 1895年,美国千岛公园的一次访谈。
④ 1896年,伦敦的几场关于摩耶的演讲。

感的不和谐之音交融为和声——一种和谐的不和谐之音，就像在赫拉克利特（Heraclitus）那里一样；它是佛陀至高无上的平静主调的对立面。佛教对世人说：

"一切有为法，如梦幻泡影。"

而吠檀多不二论者说：

"幻中有真！"[1]

世上无物需要否定，因为摩耶有其自身的真实性（reality）。我们缠缚于现象之网中。也许像佛陀那样全然否定地说——"它们不存在"，从而剪碎罗网，这是一种更高、更彻底的智慧。然而，鉴于苦乐之深（如果没有苦乐，生活将是真正贫乏的），这样说更加人性化、更加可贵——"它们存在，它们是个罗网"，并让眼睛离开那面用来捕捉云雀的镜子，以便发现，这一切都是太阳的游戏。太阳——梵的游戏就是摩耶；而女猎手——原质就是罗网。[2]

在进一步展开论述之前，我们先来清除"摩耶"一词所固有的含混性（甚至对西方最博学之士而言也是如此），并看看智性化的吠檀多主义在今天如何设想摩耶，因为摩耶在我们中间制造了一种虚构的障碍。把摩耶当成完完全全的虚幻（illusion），即纯粹的幻觉（hallucination）、无火之烟，这是错误的；正是这种错误的看法让我们保持如下贬损性的意见：东方无法直面生活现实，它只从

---

[1] 辨喜与纳薇迪塔在伦敦的谈话（1900年）。

[2] 在第一场有关"摩耶与虚幻"的演讲中，辨喜追溯"摩耶"一词在印度的原义——表示一种魔法般的幻觉，一层遮蔽真实的雾；他引用了一本《奥义书》（《白骡奥义书》）中的话："要知道原质是摩耶，而摩耶的主宰是主本身。"（《辨喜全集》第二卷，第88—89页。）

生活中看到梦幻泡影，这使它飘浮于生活之上，半醒半睡，仰面躺着，一动不动，眼睛盯着蓝色的深邃天空，犹如一群蜘蛛在秋风里飘游。

然而，当我证明辨喜的原质观念并非迥异于现代科学的自然观念时，我相信自己是忠于他所代表的现代吠檀多主义之真义的。[①]

真正的吠檀多精神并不从一个预定的观念体系出发。对于需要观察的事实以及用来协调事实的各种假设，它始终怀有绝对的自由和无敌的勇气。它从未被祭司阶级束缚，每一个人都可以完全自由、从心所欲地寻求对世间万象的灵性解释。正如辨喜提醒听众的，曾有一度，信徒、无神论者和彻头彻尾的唯物论者在同一座庙里肩并肩地宣扬各自的学说；稍后，我会表明辨喜如何公开表示尊重西方科学伟大的唯物论者。他说："自由是灵性进步的唯一条件。"比起印度，欧洲更懂如何在政治领域比较有效地获得（或者要求）自由[②]，但在灵性领域，欧洲对自由的获得，甚至对自由的想象都是少之又少。我们所谓的"自由思想家"之间和不同宗教信仰之间的彼此误解与不宽容，不会让我们感到吃惊，因为欧洲民众的标准态度也许可以总结为"我是真理"；而伟大的吠檀多主义者辨喜想必宁愿把惠特曼的"全体是真理"当成格言。[③]他不拒绝任何解释，而是尝试从中提炼永恒实在的微粒，因而，在与现代科学面对面时，他视之为

---

① 1896年，辨喜在伦敦用如下四场演讲致力于对摩耶的特殊研究：（1）《摩耶和虚幻》；（2）《摩耶和神的观念》；（3）《摩耶和自由》；（4）《绝对者与显现（指现象世界）》。他在访谈以及其他哲学与宗教专著中频繁地回到摩耶的话题。
② 当时，欧洲正以同样的力量来碾碎自由。仍然坚持"议会制"规矩的资产阶级民主制度在这个方面并不支持共产主义的或法西斯的独裁者。
③ 见收录于《草叶集》的《从正午到星光之夜》。

宗教真义最纯粹的显现，因为现代科学试图通过深切而真诚的努力去理解真理之本质。

摩耶的观念应从这一立场来看。辨喜说，"摩耶不是个用来解释世界的理论，而纯粹是个事实陈述"[①]，能被所有观察者观察到。"它是我们所是，是我们所见"。那么，让我们来尝试说明之。我们被安置在一个世界里，这个世界只能通过感官和心意的可疑媒介来触及，只在与它们的关系中存在。如果它们改变，那么世界也将改变。我们给予世界的"存在"并没有不变、不移、绝对的实在性。世界是实在和表象、必然和虚幻的一种不可思议的混合，没有一者，就没有另一者。这种矛盾根本不是柏拉图式的！它在每一刻扼住我们的咽喉，贯穿我们整个充满激情与行动的生命——所有时代的所有头脑清醒之人都察觉到了这一点。它是我们的知识所面临的境况。尽管我们不断被召唤去解答难以解答的问题，答案之于我们的生存就像爱或食物那样必要，但我们无法脱离自然本身加诸我们肺部的大气层。在我们的渴望，和圈住这些渴望的那堵墙之间；在两种没有共同基准的状况之间；在两种矛盾的现实（死亡这一不可改变的、真正的事实和同样真实、直接、不可否认的生命意识）之间；在某些智性规律与道德规律不可撤销的运作，和精神与心灵的所有观念的永恒流动之间；在时空

[①] 如果允许我批判，那么确切地说，就像大多数吠檀多哲学家赞同的，那是个观察到的事实，没有得到充分的解释，如果不是实际上没有解释的话。［例如，参见加尔各答梵文大学哲学博士和教授玛亨德拉纳·瑟尔可（Mahendranath Sirker）有关吠檀多主义的最新阐述：《吠檀多主义比较研究》，加尔各答、孟买和马德拉斯：牛津大学出版社，1928年。］

中，同一条路左右两边的善恶、真假的不断变化[1]；自时间伊始，人类思想的拉奥孔（Laocoon）就发现自己被一条巨蟒缠着，他越是松开自己，就缠得更紧——这些全都是永恒的矛盾，而这一切就是真实的世界。真实的世界就是摩耶。

那要如何定义摩耶呢？只能通过科学近年来已使之流行起来的一个词——相对性。在辨喜的时代，这个词几乎尚未出现，它的光芒尚且不足以照亮科学思想的黑暗天空，辨喜只是不经意地用过它。[2]但显然，"相对性"一词可以准确地说明他的观念之含义；再者，我刚刚以笔记的形式写下的那段话在这一论题上没有留下怀疑的空间。不同的只是表达方式而已。吠檀多不二论（就是非人格的、绝对的一元论）——辨喜是其最伟大的现代代表——宣称摩耶既不能定义为非存在，也不能定义为存在。它是绝对的存在和绝对的非存在之间的中间形式。因而，它是相对的东西。吠檀多主义者辨喜说：它不是存在，因为它是绝对者的运动；它也不是非存在，因为这种运动存在，我们无法否认。对于那种在西方十分常见的人——这样的人满足于可以从中渔利的游戏，摩耶是存在的全部，是限定他们的眼界的旋转巨轮。然而，对于拥有伟大心灵的人，唯一配得上存在之名的是绝对者；他们被迫紧紧抓住绝对者，从而逃脱那个巨轮。人类哭喊了几千年，看着岁月的沙子从

---

[1] "善与恶不是两种预定的、分离的存在……今天看上去善的现象，可能明天看上去就是恶的……烧伤孩子的火，可以为饥饿者煮饭……所以，唯一终止恶的方法是同样终止善……为了终止死亡，也不得不终止生命……（对立的两极）的任何一极只是同一事物的不同显现……吠檀多说，终有一日，我们将会回首，并嘲笑让我们惧怕放弃个体性的那些理想。"《摩耶和虚幻》的演讲，《辨喜全集》第二卷，第97—98页。）

[2] 关于摩耶的第四场演讲。

指缝流走，带走他们构建的一切：爱、抱负、工作和生命本身。

"这个世界的轮中之轮是可怕的装置；如果我们把手放在上面，一旦被卷进去，就会消失……我们全都被这台强大而复杂的世界机器拖着走。"①

那么，我们如何才能找到自由之路？

像辨喜那样被抛进英雄模子里的人，不可能预先举起双手，向绝望投降；更不可能像一些不可知论者那样闭上双眼，嘴里念叨着"我知道什么呢"，并大口吞下那些转瞬即逝、犹如冥河上的鬼魂一般掠过我们身体的欢愉……有什么可以慰藉灵魂这一饥饿者的哭喊？当然，肉欲的碎片无法填满鸿沟！享受者的全部欢愉都不能阻止他像坎波桑托的奥卡尼亚骏马②一样奔回死亡的怀抱，发出腐败尸体的恶臭。他必须走出墓地，摆脱环绕的墓碑，远离火葬场。他必须赢得自由，否则就死！最好为自由而死，如果需要的话！③

"战死沙场，胜过苟且偷生！"

这号声来自古印度④，被辨喜再度吹响，它是格言、（在辨喜看来）

---

① 《行动瑜伽》第八章。
② 在比萨的坎波桑托，对奥卡尼亚的著名壁画的幻觉。
③ 这引出精神病理学家的错误：把一种"飞跃"的特征归于真正的内省，而误解了内省的"战斗"特征。伟大的神秘主义者，比如鲁伊斯布洛克（Ruysbroeck）、爱克哈特（Eckhart）、让·德拉·克鲁瓦（Jean de la Croix）和辨喜，不会逃避。他们直面现实，战斗至死。
④ 辨喜将这一说法归于佛陀。为自由斗争的观念在纯基督教思想中得到强调。亚略巴古的丢尼修（Denis the Areopagite）竟至于把耶稣基督作为首席斗士，以及"第一个运动员"："正是作为上帝的基督发动了这场战斗，而这更加神圣……他一心一意地与他们并肩作战，代表他们的自由而战……入门者将会像上帝的儿女那样加入竞技，欢乐地……沿着第一批运动员的神圣台阶行进……"(Concerning the Ecclesiastical Hierarchy, Chapter II, Part II; "Contemplation", 6.)

是铭刻在所有宗教之起点的命令,正是从它这里,宗教开始了漫长的征程。然而,它也是伟大的科学精神的格言。"我将为自己开辟道路。我将认识真理,或在途中献身。"[1] 无论是科学还是宗教,原初的冲动是一样的,要达到的目标也是一样的——自由。相信自然规律的学者试图独自去发现它们,为的是掌握它们,以便利用它们为知识所释放的那种自由精神服务,难道不是这样吗?世上所有宗教一直以来在寻求的又是什么?它们将这种不是人人都能得到的至高无上的自由投射为神,投射为一个更高级、更伟大、更强大、不受束缚的存在者(无论被想象成何种形式);而要赢得自由,就要冥想征服者——神、诸神、绝对者或偶像,这些全都是人类竖立的力量代表,为的是实现人类的宏大抱负。在我们匆匆而过的生命中,找不到任何慰藉,那些抱负是生命的面包,是生命存在的理由。

"所以,一切都在朝着自由前进。我们都在朝着自由前进。"[2]

辨喜回想起《奥义书》的神秘回答:

"问题是:'这个宇宙是什么?它从哪里来?到哪里去?'回答是:'它源于自由,居于自由,融于自由。'"

辨喜接着说,你不能放弃自由的观念。如果没有自由,你的存在就会迷失。它不是科学或宗教、理性或无理性、善或恶、爱或恨的问题——众生无一例外听到召唤自己走向自由的声音。众生跟随这个声音,就像孩子跟随魔笛手。世人的凶残斗争源于如下事实:所有人都在互斗,要看看谁能最接近魔笛手,并达到应许的目标。然而,无数人盲目地斗争,而不理解自由之声的真义。那些理解的人不仅领悟了

---

[1] 演讲《摩耶与自由》。
[2] 同[1]。

自由的真义，而且领悟了战场的和谐，在这里，战友们像机器一样旋转，众生——圣人与罪人、好人与坏人（这样称呼的依据是他们被绊倒还是勇往直前，但所有人目标一致）、敌人与盟友——全都奋力奔向同一目标：自由。①

因而，不可能为他们开辟一条未知之路。心烦意乱的人们必须了解，存在着一千条或多或少可靠、或多或少平坦的道路，全都通往自由；必须帮助他们摆脱泥淖或荆棘，并向他们指明众多道路中的那些最直接、最高贵的道路：伟大的瑜伽之路——行动（行动瑜伽）、爱（虔信瑜伽）和知识（智慧瑜伽）。

---

① 就像不二论表明的，这一客体就是主体本身——每一个人的真实本性和本质。它就是"自我"。

第二章　伟大的道路：瑜伽

"瑜伽"①一词在西方已被许多江湖骗子贬损了用法。基于过去许多世纪的精神-生理学天才们的实验，瑜伽的灵性方法确保那些理解之人获得一种灵性掌控，此种灵性掌控不可避免地公开展现在一种强大的行动力当中（健全而圆满的灵魂是阿基米德的杠杆：给我一个支点，我就能撬起地球）。所以，无数容易受骗之人抱着偏狭的实用主义冲过去②，以一种粗糙的唯灵论抓住真真假假的方法，几乎无异于商品交易；对他们而言，信仰是交换媒介，可以用来换取这个世界的货物：金钱、权力、健康、美貌、活力……（只需翻开报纸看看庸医和假托钵僧的宣称便知。）拥有真诚信仰的印度人无不对这种卑鄙的利用感到厌恶，而在他们当中，没有人比辨喜更加强有力地表达了这一点。在所有公正信徒的眼里，把证明是解脱之路的法门用于低级的东西，把对永恒灵魂的呼求和获得方法变成追求肉欲、傲慢和权力

---

① 辨喜从相当于英文单词 yoke（意思是"轭"，指联结）的梵文词根中推导出"瑜伽"一词。它意味着与神联结，以及联结的方法。（参见《辨喜全集》第五卷，"演讲与谈话记录"，第 219 页。）

② 在这里，我原先写的是（我请求美国朋友们原谅，因为在他们中间，我见到了最自由的心灵和最纯净的个性）："在这些容易受骗者当中，美国的盎格鲁—撒克逊人首当其冲。"但今天，我不那么肯定了。在这件事上，就像在其他许多事上一样，美国超过了旧世界。然而，旧世界如今正有望赶上美国，而且涉及铺张之举，最老的并不总是落在最后。

欲的手段，这是堕落灵魂的标志。

真正的吠檀多瑜伽，就像辨喜在其专著中描述的[①]，是一种灵性规训，好比我们的西方哲学家在"谈谈方法"[②]中所寻求的，为的是走直路去获得真理。跟在西方一样，这条直路是一条实验和理性之路。[③]

然而，主要的差别在于，对东方哲学家而言，首先，精神并不局限于智性；其次，思想就是行动，唯有行动才能让思想具备价值。总是被欧洲普通人视为盲目信徒的印度人，在其信仰中带着盘问，与门徒圣多玛的盘问一样具有怀疑精神：他必须亲手摸到，抽象的证据是不够的，他指责满足于抽象证据的西方人是空想家，而这是对的……"如果神存在，那么必有可能抵达他……宗教既非言语也非教义。宗教是觉悟（实现）。它不是聆听和接受，而是作为和成为。它始于对宗教觉悟技能的运用。"[④]

[①] 据我所知，目前健在的最伟大的瑜伽士阿罗频多（Aurobindo Ghose）给出的定义略微不同于辨喜的定义，尽管在《综合瑜伽》（载于《雅利安》，1914年8月15日）的第一篇文章中，阿罗频多引用辨喜作为权威。阿罗频多并不仅仅局限于严格意义上的吠陀瑜伽或吠檀多瑜伽，二者始终建基于知识（有关精神、心灵或意志的知识）。他增加了密教瑜伽，但首先清理并净化了它们的来源。这引入了不同于阿波罗式要素的狄奥尼索斯式要素。原质与普鲁沙（有意识的灵魂）相对，后者执行观察、理解和控制。阿罗频多的独创性在于，他达成了生命的不同力量的综合。
[②] 暗示笛卡儿的名著《谈谈方法》，它是现代西方哲学之基石。
[③] "这些瑜伽中没有一种放弃理性，没有一种要你受骗，或者把你的理性交到任何类型的神职人员手里……每一种瑜伽都要你坚持理性，并紧紧抓住理性。"（《普世宗教之理想》）
[④] 参见辨喜的《宗教研究》和《我的师父》。这种观念在印度很普遍，辨喜用尽各种形式来解释它，尤其见他于1893年9月在芝加哥世界宗教议会上有关印度教的伟大演说，和1897年10月在旁遮普的系列演讲。他的主题之一是："宗教——为了配得上这个名字——必须是行动"。这解释了巨大的灵性宽容，它让罗摩克里希纳的追随者们接纳各种相异甚至相反的宗教形式，因为"宗教专注于觉悟，而非任何教义断言"，自然而然，当适用于多样的人性之多样的需求时，同样的"真理"会相应地发生变化。

你可能已在上一章注意到，对"真理"的寻求和对"自由"的寻求相结合，这两个词实际上同义。对西方人①而言，有两个不同的世界——沉思与行动，纯粹理性与实践理性（我们都熟悉欧洲民族中最哲学化的德国人在两个世界之间挖出的带有铁丝网防御工事的战壕）；然而对印度人而言，这两个世界是同一个世界，知识意味着行动的意志与力量——"知行合一"，因而"真知即拯救"。

但在真知发挥效力（否则总有这样的危险：真知有可能仅仅堕落为一种思辨练习）之前，必须准备好让它影响全人类，并把它分为三大类：行动知识，情感知识，反思知识。相应地，真正的科学采取三种形式——行动（Karma）、爱（Bhakti）和知识（Jnana）②，而入口，也就是这三种形式的驱动力，则是有关内在力量的科学（这些内在力量被自觉地掌控），即胜王瑜伽的科学。③

---

① 我总是把西方的天主教神秘主义除外，它与印度教神秘主义久远而深刻的亲缘关系，我在本书中常会涉及。对于伟大的基督徒而言，对至上真理的彻底忠诚实现真正的自由，因为真正的自由"预设对外部事物的某种不动心、不局限、不依附状态，这建立在与神圆满联结和忠于神的基础上"。[参见17世纪法国神秘主义神学家贝律尔（Berulle）的弟子塞格诺（Seguenot）的著作 *Conduite d'Oraison*，1643年，亨利·布莱蒙德（Henri Bremond）在 *Metaphysique des Saints* 第一卷第138页对该著作进行了分析。]

② 先于辨喜和罗摩克里希纳，柯莎布·钱德·森（Keshab Chundar Sen，他在许多方向上开辟了新的道路）已经采纳了如下体系：让不同的灵魂道路适应不同弟子的性情。大约在1875年，当他展开新的灵性文化时，他向三类弟子分别推荐胜王瑜伽、虔信瑜伽和智慧瑜伽。他把不同的虔诚形式归于神的不同名字或属性，并以同样的方式创作祈祷文来赞美独一的善不同的圆满形式。（参见马祖姆达的《辨喜，麦克斯·缪勒的引导者》。）

③ 在瑜伽的所有形式中，胜王瑜伽最多地被堕落的盎格鲁-撒克逊实用主义所滥用、剥削和曲解，该实用主义认为胜王瑜伽本身就是目的，而实际上，胜王瑜伽应该是一种明智而实用的专注方法，用来掌控心意，并让整个心理—生理有机体成为一种灵活而容易驾驭的工具，以便能够沿着真理之路或自由之路走得更远。我需

诚如主张贵族统治的凯泽林伯爵所认同和解释的,印度的信念是:行动(行动瑜伽)乃是三种形式中"最低的"[①]。但我认为,对于罗摩克里希纳的自由之心而言,不存在"高级道路"和"低级道路"。引领人走向神的一切都出自神。我肯定,在辨喜这个谦卑者与贫穷者的热忱兄弟看来,他们赤裸的双脚所踏出的道路是神圣的:

"'只有愚人说,行动不同于哲学,博学者并不这么认为。'……我们的行动瑜伽、智慧瑜伽和虔信瑜伽中的任何一种都能作为直接而独立的方法,让人得解脱(自由、拯救)。"[②]

印度的这些伟大的宗教思想家是多么独立,多么远离我们西方的学者和信徒的等级傲慢!身为贵族、学者和先知的辨喜毫不犹豫地写道:"尽管某人并未掌握任何哲学体系,尽管他并不信仰任何神,也从未信仰过,尽管他在一生中从未做过哪怕一次祷告,但如果善行的力量使他足以为了他人而欣然放弃自己的生命和一切,那么他就抵达了虔诚者通过祷告、哲学家通过知识所抵达之处"——认识平静(Nivritti),即完完全全的自制。[③] 在此,印度智慧和加利利的纯洁福

要提醒读者,伟大的基督教神秘主义也有其胜王瑜伽,在过去为一系列大师所实证和掌握。

阿罗频多在复兴胜王瑜伽时将它定义为:"整个胜王瑜伽依赖于如下觉知和体验:我们内部的要素、组合、功能、力量,可以分离或分解,可以重新组合并发挥前所未有的作用,或者可以通过确定的内在过程而转化并融入一种新的综合。"

[①] 当然,"最高的"是哲学化的(参见《一位哲学家的旅行日记》英译本,1925,第284—285页)。但阿罗频多认为,虔信瑜伽是"最高的"(《薄伽梵歌论》)。

[②] 《行动瑜伽》第六章。

[③] 同[②]。

音① 毫不费力地在所有伟大灵魂的相似性中找到了共同基础。

一、行动瑜伽

在辨喜的四福音——四瑜伽中，我在行动的福音（行动瑜伽）里找到了最深刻、最动人的格调。

---

① 让我们在此说明这两个宗教思想体系之间的关系。威廉·詹姆斯（William James）以可嘉的热情研究过"宗教经验"，但（他自己承认）他个人根本不适合担当此任（他写道，"我的性情几乎使我不可能获得任何神秘经验，我只能给出别人的证据"），他倾向于把一种"偶发性"例外的特征归于西方神秘主义，与东方"有条理地培养的神秘主义"相反；结果，他认为西方神秘主义与西方普通人的日常生活异质。事实上，就像大多数新教徒那样，他对西方天主教日常的"有条不紊的神秘主义"知之甚少。印度人通过瑜伽寻求的"与神联结"，是真基督徒的自然状态，深深影响着他的信仰之实质。在基督教中，"与神联结"甚至更为内在和自然，因为根据基督教的信仰，灵魂的中心即为上帝，"神子"被编织进了基督教信仰的结构当中，由此，基督徒只需在祷告中"追随"基督，并找到与神的团契。
我宁愿认为，两者之间的差别在于，神在西方比在印度起到了更加积极的作用，而在印度，人的灵魂必须做出全部的努力。在西方，通过"寻常而普遍的恩典"，"神秘主义的经历"向所有人敞开，就像 Bremond 正确地表明的那样；在整个历史中，基督教神秘主义的要务一直是向世人敞开"与神的神秘联结"这扇大门。从这个角度来看，17 世纪的法国惊人地民主。（我再度向读者提及 H. Bremond 的 *Metaphysique des Saints*，尤其是两幅奇怪的肖像：一个是方济会的"泛神秘主义者"Paul de Lagny，另一个是"Vigneron de Montmorency"Jean Aumont，他那强健的高卢常识让他厌恶如下观念："神秘主义"并不适合每一个人。）我们的主只把那些过于懒惰而没有勇气弯腰喝水的人排除在神秘主义之外。伟大的慈幼会教徒 Jean Pierre Camus 完成了一个艰巨的任务：把亚略巴古的丢尼修的神秘主义烈酒稀释成一种无害的淡酒，带给所有好人略微稀释的真理。这种神秘主义的民主化是我们古典时代的一个显著现象。人类灵魂中的伟大转变总是源于深处。宗教和形而上学领先于文学思想和政治思想一个世纪或若干世纪，但后两者却对灵性事物无知，自我奉承为真理的发明者或发现者，而真理在它们出现之前已经构成了思想的部分基础。

下面有几段引文,与我前面引用的有关世界巨轮的内容联系在一起,人类被捆绑在这个巨轮上碾碎。

"……这个世界的轮中之轮是可怕的装置;如果我们把手放在上面,一旦被卷进去,就会消失……我们全都被这台强大而复杂的世界机器拖着走。只有两个办法可以摆脱它,一是放弃对这台机器的所有关切,袖手旁观……这说起来容易,但做起来几乎不可能。我不知道两千万人里有没有一个能够做到……

"如果我们放弃对这个感官小世界的执着,那么我们将立刻获得自由。摆脱束缚的唯一办法是超越规则的限制,超越因果关系。然而,放弃对世界的执着是最困难的事,只有凤毛麟角的人做到了……

"另一个办法不是消极的,而是积极的……就是投身于世界,学会行动的秘密……不是脱离世界机器之轮,而是置身于它的内部,学会行动的秘密,这就是行动瑜伽之道……通过适切的世间行动,也有可能摆脱……

"每一个人都必须在世间行动……依其本性倾泻而下的水流落进一个洼地,形成一个漩涡,旋转一会儿之后,这股水流再次呈现为自由流动的形式,继续奔流。每一个人的一生就像这股水流。它变成漩涡,卷入时空和因果关系的世界,旋转一会儿,喊着'我的父亲、我的兄弟、我的名字、我的名声'等,最后从漩涡里出来,重获原本的自由。整个世界就是如此。无论我们是否知道……我们都在行动,以便从世界的迷梦中醒来。人在世上的经历是为了让他能够走出漩涡……

"我们看到,整个宇宙都在行动。为了什么?……为了自由;从原子到最高存在者,都在为了同一个目标而行动,心意、身体和灵魂都要自由。万物始终在试图获得自由,脱离束缚。太阳、月亮、地球、行星,全都在试图脱离束缚。自然的离心力和向心力实际上表现了我们的宇宙之特征……我们从行动瑜伽学会行动的秘密,行动的组织力量……行动是不可避免的……只是,我们应当为了实现最高目标而行动……"

那么,最高目标是什么?它是否在于道德责任或社会责任?它是不是行动的激情,将永不满足的浮士德(Faust)耗尽,以至于他睁着几乎瞎掉的眼睛奋力摸到坟墓的门槛,根据自己的思维方式重塑世界(仿佛那是为了普遍的善)?[1]

不!看着浮士德倒下,辨喜想必会以靡菲斯特(Mephistopheles)的口吻回答:

"他坚持用爱追逐幽灵。直到那痛苦而空虚的最后一刻,这个不幸的人从未动摇!……[2]

"行动瑜伽说:'不懈地行动,但要放弃对行动的全部执着'……保持心意自由。[3] 不要把自私的触角——'我和我的'-伸进去。"

---

[1] 甚至连浮士德在生命的尽头也招来自由的幽灵,那是他不断追求的。"只有每天争取自由的人,才配得上自由……"

[2] 重读歌德所写的这一幕时,我发现了类似于印度教的摩耶的内容(靡菲斯特看着浮士德的尸体说):"结束!多么愚蠢的字眼!……他只配从未活过;然而,只要活着,人就要努力和行动……站在他的立场上,我宁愿永远毁灭……"

[3] 这是《薄伽梵歌》的经典教义:"愚人行动,但执着于行动;智者同样行动,但超越一切执着,仅仅为了世人之善而行动……把一切行动交给我,让精神回归自身,摆脱所有盼望和私利动机,无所顾忌地奋斗……"

对照基督教神秘主义的教导:"不要为了某个有用的目的、为了现世的利益、为了地狱、为了天堂、为了恩典,或者为了被神眷顾……而行动,要仅仅为了神的荣耀而行动。"(*Conduite d'oraison*,塞格诺著,1634年。)

甚至必须摆脱对职责（Duty，法）的整个信念！……辨喜保持对职责的巨大讽刺，说它是小店主最后的物神，既破旧又令人厌倦。

"行动瑜伽教导我们，常人的职责观念段位较低，然而，所有人都不得不履行职责。[①]可以看到，这种奇怪的职责意识频频导致巨大的不幸。职责成为我们的一种疾病……它是人类生活的祸根……看看那些履行职责的可怜奴隶！职责让他们没有时间祈祷，没有时间沐浴。职责永远压在他们头上。他们出门劳作，职责压在他们头上！他们回家操心明天的劳作，职责压在他们头上！这便是过着奴隶般的生活，最终像马一样倒在街头，套着挽具死去。这便是常人所理解的职责……唯一真正的职责是不依附，作为自由人而行动，并将一切行动献给神。我们的所有职责都是神的职责。脱离职责的人是有福的！我们付出时间，至于做得好还是不好，谁知道呢？我们做得好，也不会得到结果；[②]我们做得不好，也不会得到关照。要放松，要自由和行动……这种自由很难得到。把奴役解释为职责，把肉身对肉身的病态依附解释为职责，是多么容易啊！人出门走进社会，为了金钱（或抱负）而奋斗、而争斗。要是问他们为什么那样做，他们会说，'这

然而，辨喜以更大的勇气明确规定，这种弃绝并不以信仰任何神为条件。信仰仅仅使弃绝更加容易。他首先诉诸"那些不信神或不信任何外力帮助的人。他们仅靠自身谋略；他们不得不以自己的意志力、思想力和分辨力去行动，并说'我必须无所依附'"。

[①] 辨喜用整章内容来说明真职责的定义。但他拒绝给予职责以客观真实性："定义职责的，并非所做之事……然而，职责就主观方面而言是存在的。任何让我们走向神的行动都是善行……任何让我们堕落的行动都是恶行……但是，只有一种职责观念为全人类、所有时代、所有教派和国家普遍接受，这种观念被总结为一句梵文箴言：'不要伤害任何生命；不害为德，伤害为罪。'"（《行动瑜伽》第四章）

[②] "我们对行动有权，对结果无权。"（《薄伽梵歌》）

是职责'。这明明是对金钱和利益的可笑贪婪,而他们却试图以花朵来掩盖……当一种依附已然得到确立(例如婚姻),我们就把它称为职责……可以说,它是一种慢性病。当它变成急性时,我们称之为疾病,当它变成慢性时,我们称之为本性……我们以听上去了不起的名字——职责为它施洗。我们为它撒上鲜花、吹响号角、编撰圣典,然后,整个世界打了起来,人们为了职责的缘故认真地相互掠夺……对于无法拥有其他理想的最低级的人,职责是有好处的;然而,那些想要成为行动瑜伽士的人,则必须把这种职责观念抛到九霄云外。没有针对你我的职责。凡是你不得不给予世界的,请务必给予,但不要作为一种职责。不要那样想。不要被迫做什么。你为什么要被迫做什么呢?你被迫做的每一件事都会产生依附。你为什么要有任何职责呢?把每一件事都交给神啊。① 在巨大的熔炉里,职责之火把一切烧焦,所以,喝下这杯甘露,快乐吧。我们无非都在践行神的意志,与赏罚无关。② 如果你想要得到奖赏,那么你也必须接受惩罚;逃脱惩罚的唯一办法是放弃奖赏。摆脱痛苦的唯一办法是放弃快乐的念头,因为两者相互联结。超越死亡的唯一办法是放弃对生命的爱。生死是同一回事,只是从不同的观点来看罢了。所以,只有快乐、没有痛苦的观念,或者只有生命、没有死亡的观念对学童或孩子来说很好,但思想家看到这是一对矛盾,并把两者都放弃。"

---

① "别无所求,既不求名也不求利,不求内在牺牲、不求神圣、不求回报、不求天国,而是弃绝这一切以及所拥有的一切,这样的人荣耀上帝。"(梅斯特·爱克哈特)
② "……唯有不受制于什么,甚至不受制于自身美德,这样的人才适合沉思神圣者之光。"[瑞斯波洛克(Ruysbroeck), *De Ornatu spiritalium nuptiarum*.] "除了谦卑,把任何东西当作功德、美德或智慧,这样的人是白痴。"(*De praecipuis quibusdam virtutibus.*)

对无限自由的陶醉将人引向的是何等的超脱啊！不过，显然，这种理想不仅超越大多数人，而且如果对它理解不当，可能会因过度而导致对邻人和自己漠不关心，最终对一切社会活动漠不关心。纵然死亡可能失去其螫针，但生命也会失去其激情，那么，还剩下什么可以激发辨喜的服务信条呢？然而，服务信条乃是他的教导和人格的一个不可或缺的部分。

这一点始终很重要：注意辨喜是向谁发表每一场演说或写下每一部作品的。由于他的宗教实质上是现实的、实用的，以行动为目标，所以其表达随着公众的变化而变化。我们无法一口囫囵吞下一个如此宏大而复杂的思想体系，因而有必要在不同的观点之中进行选择。既然辨喜的听众是美国人，那就没有如下危险：他们会犯下过度忘我和过度行动的错误。因而，这个斯瓦米强调的是相反的一端，即大洋彼岸别的土地上的美德。

另一方面，当他对印度同胞讲话时，就带头指责一个超脱的宗教有可能导向的反人性的铺张。1897年，他刚从美国回来，一位孟加拉老教授，也是罗摩克里希纳的弟子，就提出了异议："你所说的慈善、服务和要在世上成就的善，这一切毕竟属于摩耶领域。吠檀多难道不是教导我们，我们的目标是打破一切枷锁的束缚吗？那么，我们为什么还要操心别的？"辨喜讽刺道：

"在那个境地，就连解脱观念不也属于摩耶领域吗？难道吠檀多没有教导我们，阿特曼始终自由？那么，为什么要奋力解脱呢？"

后来，他私下跟弟子们痛苦地说，对吠檀多的这种理解对国家造成了不可估量的损害。①

他深谙，在所有形式的超脱中，自私都能找到办法打入。没有比仅仅寻求自己而非他人的"解脱"所包含的有意无意的伪善更令人厌恶的解脱形式了。他从未停止反复告诫桑耶辛们，他们立下的誓戒有两个，虽然第一个是"认识真理"，但第二个是"帮助世人"。他本人和追随者的使命是拯救吠檀多的伟大教导，让它们不至于自私地撤退到一小群特权者当中，而是把它们传播到所有类型、所有处境的人当中，因为他们适合吸收这些教导。②弥留之际，他的身体被疾病摧毁，而他的灵魂超脱所有人类关切（因为他已通过献出整个生命而完成了他的工作）——但仍有一个例外：当时有人问他问题，他虽回答"（我的）精神无法投入这些问题，因为早已消逝"，但他仍说，"我的工作，我毕生的事业"。③

每一个时代都有自身的特殊任务。我们的任务是或者应该是提升大众，长久以来，大众被那些应当成为指导者和支撑者的人羞耻地背

---

① 有许多类似的场景，其中之一是他和一个奉献者的激烈对话，后者拒绝考虑一次席卷印度中部的严重饥荒（导致九十万人死亡）。这名奉献者主张，那仅和受害者的业有关，和他无关。辨喜怒发冲冠。他满面通红，双眼喷火，朝这个伪善者怒吼。随后，他对弟子们喊道："我们的祖国正在这样被毁掉！业的教义已经堕落到了这种程度！那些没有同情心的人，还是人吗？"
愤怒和厌恶使他全身颤抖。
与此有关的另一个场景会被人们纪念，当时，辨喜高尚地申斥自己的弟子和教友，唾弃他们对个人成圣的信奉和专注，甚至嘲笑他们的权威罗摩克里希纳。他提醒他们，没有什么律法或宗教高于"为人类服务"的命令。
② "不二论的知识长久以来被隐藏在山洞和森林里。有人把它给我，为的是救它脱离隔绝，带它进入家庭和社会生活……不二论之鼓要在遍地敲响，从群山直到平原。"
③ 在他去世之前的星期天，他说："你知道，工作始终是我的弱点！想到工作有可能结束，我就心烦！"

叛了、剥削了、贬损了。甚至连已经抵达终极解脱门槛的英雄或圣人，也必须折返回来，帮助在途中堕落或落后的教友。最伟大的人乐意放弃自身的解脱——行动瑜伽，为的是转而帮助他人实现解脱。①

所以，行动瑜伽的大师不会有这样的危险：为了自己的理想而牺牲他的信徒；该理想无论有多么崇高，对大多数人来说却是不人道的，因为超出了他们的可及范围。没有别的宗教教导对所有人——从最谦卑的到最高尚的——的灵性需求表现出如此之多的同情性理解。行动瑜伽把一切盲信与偏狭视为奴役和灵性死亡的根源。② 获得解脱唯一可行的指导路线是，让每一个人认识自己的理想，并寻求实现；或者，如果他无法独自发现理想，那么师父就要帮助他，但师父绝不能以自己的理想去替代弟子的理想。无论何时何地，真正的行动瑜伽不断重申的原则是"自由地行动""为了自由而行动""作为主人而非奴隶去行动"。③ 这就是它为什么从来不是"在师父的命令下行动"的问题。只有当师父忘我地给出忠告，支持弟子的本性，并借助弟子与生俱来的内在力量去帮助弟子领悟和实现自己的天命，师父的话才是有效的。

---

① "帮助人们依靠自己站起来，为了自己而达成行动瑜伽。"（辨喜对修士的讲话，1897 年。）

② "一个人首先必须知道如何不执地行动，然后，他就不会成为盲信者……如果世上没有盲信，我们将会取得远远更大的进步……盲信是个阻碍要素……当你避免了盲信，你就会好好行动……你听到盲信者油嘴滑舌地说，'我不憎恨罪人，我憎恨的是罪'，然而，我倒想看看有谁真能区分罪和罪人……"（《行动瑜伽》第五章）

③ "这一教导的整个主旨是，你应该像主人而非奴隶那样去行动……以自由去行动……当我们像奴隶那样为了俗物去行动……我们的行动就不是真正的行动……自私的行动是奴隶的行动……要不执地行动。"（《行动瑜伽》第三章）

这才是人类事业的一切伟大组织者——就像辨喜那样——的正法。他理解行动瑜伽的整个体系，好比在一个巨大的工厂里，不同种类和形式的劳动各就其位，致力于同一项重要工作。

然而，"工厂""种类""级别"这些词并不代表不同工种之间的等级观念。等级观念纯属偏见，为这名伟大的贵族所驳斥。他绝不允许在工人之间分出等级，而仅仅允许区分他们被指派的工作。[1]最显眼、看似最重要的东西并不构成一个真正伟大的头衔。假使我们可以说辨喜怀有任何偏袒，那也是对最谦卑、最朴实的东西的偏袒：

"如果你真的想要判断一个人的个性，那就不要看他的优秀表现。每一个傻瓜都有可能在某个时候成为英雄。要看的是这个人的日常行为，实际上，只有那些行为才会告诉你一个伟人的真正个性。重大场合甚至能提升最卑劣者，让他具备某种崇高性，但只有其个性始终伟大、始终如一的人，才是真正的伟人。"[2]

谈到行动者的等级，不足为奇，辨喜放在第一位的不是卓越者，即那些拥有荣耀光环的被崇敬者，甚至不是耶稣们和佛陀们，而是无名的沉默者——"默默无闻的战士"。

下面这段炫目的话令人难以忘怀：

"世上最伟大的人默默无闻地死去。比起世人一无所知的那些伟人，我们所知的佛陀们和耶稣们只是二等英雄。许许多多无名英雄曾

---

[1] 要点是认识到，行动瑜伽有着不同的阶段。特定情境中的某种生活状况的职责，不会也不可能等同于另一种生活状况的职责……每一个人都必须知道自己的理想，并努力实现理想……比起接受别的看法，这是一条更加可靠的进步之路，因为那些看法绝不会成真。

[2]《行动瑜伽》第一章。

经生活在每一片国土上,默默地工作。他们默默地生活,默默地死去;他们的思想最终在佛陀们和耶稣们那里找到出口,为我们所知的正是这些后者。最崇高者并不寻求以知识谋取任何声名。他们为世人留下他们的思想;他们不为自己要求任何权利,不以自己的名字建立任何流派或体系。他们的整个本性回避那些东西。他们是纯萨埵性的,绝不煽动,而是仅仅融入爱里[①]……在佛陀乔达摩的生活中,我们注意到他常常说自己是第二十五个佛陀。虽然在他之前的二十四个佛陀不为历史所知,但为历史所知的这个佛陀必定是在他们打好的地基之上盖的房子。最崇高者平静、沉默、无名。他们是真正懂得思想之力量的人,他们确信,即使他们钻进山洞,关上洞门,只思考五个真念,然后死去,这五个真念也将永远留存。实际上,这些真念将穿越千山万水,传遍全世界。它们将深深地进入人们的头脑和心灵,并成就那些让它们在人类生活中得到践行的人……佛陀们和耶稣们将辗转各地,宣扬这些真理……正如人们所说,那些萨埵性的人过于亲近主,而不能活动和战斗,不能在世间为了人类而行动、而斗争、而布道、而行善……"[②]

辨喜并不宣称自己属于一等英雄,而是把自己归为第二或第三等

[①] 辨喜根据自己的观察补充了一个例子:"我见过这样一名瑜伽士,他生活在印度的一个山洞里……他是如此彻底地失去了个体性,以至于我们可以说,在他里面的那个人彻底消失了,仅仅剩下包容一切的神圣者意识……"
他说的是贾吉普的帕弗哈利·巴巴(Pavhari Baba)。在他于1889年至1890年的印度朝圣之旅初期,巴巴强烈地吸引了他,但留住他的是罗摩克里希纳给他的使命。巴巴主张,通常意义上的所有行动都是束缚,他确信,只有脱离身体作用的精神才能帮助他人。

[②] 《行动瑜伽》第七章。

级，属于那些不怀任何私人动机而行动之人。① 因为那些超越了行动瑜伽阶段的萨埵性的人，已经到达彼岸，而辨喜尚在此岸。

他的理想——由强烈而沉默的神秘主义思想显出的活泼泼的全能者——诚然无法让西方宗教精神吃惊，因为西方所有伟大的沉思型修会都深谙于此。我们的现代世俗思想最崇高的形式也能在他的理想中认出自身，因为我们以民主形式从内心深处给予无数默默无闻的劳动者的敬意，和他的理想没有区别，那些劳动者谦卑而辛勤的沉思与生活乃是勇气的储备和民族的精神。② 写下这些话，并能为六十年清白的不懈劳动做证的我，是一代又一代默默无闻的劳动者活生生的见证人，我既是他们的产物，又代表他们的声音。我弯腰承受辛劳，努力倾听内在的声音，并已然听到那些无名之人的声音响起，仿佛造就河流和云层的海洋之音——那些沉默者，他们没有说出口的知识是我的思想之本质，是我的意志之主动力。当外部声音消退，我能在夜里听到他们脉搏的跳动。

---

① "不怀任何动机，包括对金钱、名声和其他任何事物的动机，这样的行动者是最好的；当一个人能够做到这样，他就会成为佛陀，他的行动会拥有改变世界的力量。这样的人代表行动瑜伽的最高理想。"（《行动瑜伽》第八章末尾）
② 对于许多代人积累的劳动，这位印度天才有着同样的直觉，但他是通过轮回学说来表达的："强者都是极好的行动者……怀有开阔的愿景……他们不懈地努力，经过一个又一个时代。"佛陀和基督似的人物始终有可能出现，多亏了他们积累的力量，这种力量来自多个世纪的行动。（《行动瑜伽》）
无论轮回学说在西方人看来有多么荒唐，它在不同时代的人之间确立了最紧密的关系，类似于我们四海之内皆兄弟的现代信仰。

二、虔信瑜伽

第二条通往真理——自由——之路是心灵之路：虔信瑜伽。这里，再一次，我似乎听到了那些学者的鹦鹉学舌。"除非借助理性，否则没法获得真理；心灵只会也只能通向奴役和混乱。"我恳求他们就待在自己的路上，稍后我会回到他们那里；那是唯一适合他们的道路，所以坚持走那条路就很好。但是，宣称所有人都能被囊括进他们的道路，那就不好了。他们不仅低估了人类精神的多样性，而且低估了真理本具的活泼泼的特质。他们指责潜伏在心灵之路上的束缚和犯错的危险，这没错；但是，当他们认为智识之路上没有这种危险，那他们就错了。在伟大的"分辨者"（维韦卡）看来，无论一个人走的是什么路，他的精神都是通过一系列局部错误和局部真理获得提升的，他一件接着一件地换上奴役的法衣，直至见到完全、纯粹的自由与真理之光——吠檀多主义者称之为存在—意识—喜乐，它包括心灵和理性两个不同的领域。

然而，为了西方知识分子着想，我们应该清楚地指明，没有谁比辨喜更加警惕心灵之路上的伏兵，因为他比谁都更加了解这些伏兵。尽管虔信瑜伽（在西方有着不同的名称）目睹了西方伟大的神秘主义朝圣者经过，无数的谦卑信徒追随着他们的足迹，但古罗马传给基督教会和国家的法律精神已经有效地把爱的斗士留在正确的路上，而不允许危险的远足越界。在此顺便提及，值得注意的是，这个事实解释了凯泽林伯爵对虔信似是而非的欧式论断。[①] 这名"流浪哲学家"灵

---

① 《一位哲学家的旅行日记》英文版，第一卷，第225页起。

活而杰出的才能及其缺乏的柔软（导致他贬低了他所称的"过时的阴性理想"①，因为它们超越了他的理解范围），使他夸大了西方的情感欠缺，而他宣称这是十足的典型。② 实际上，对于欧洲的天主教式虔信，他的认识颇为肤浅。他的论断似乎基于14世纪法兰德斯和德国的古怪神秘主义者，比如极端的梅斯特·爱克哈特（Meister Eckhart）和鲁伊斯布洛克，然而，他能公正地怀疑法国和拉丁美洲国家的精致财富——敏感的爱与虔诚之情吗？指责西方神秘主义者"贫乏""琐碎"，缺乏优美和高雅③，也就是在中伤法国17世纪的一群宗教思想家（如果不是高于，也是齐名于法国古典时代的心理大师）所达到的圆满，以及他们的后继者——现代小说家在分析人类最隐秘的情感时所达到的完美。④

关于这种爱的信仰之激情，我认为，在一个伟大的欧洲信徒那里，其质量并不低于伟大的亚洲信徒。在我看来，亚洲信徒总是表现出来的对"觉悟"的过度渴望不是最崇高、最纯洁的宗教灵魂之标

---

① 《一位哲学家的旅行日记》英文版，第一卷，第144—145页。
② 无论在过去还是在今天，泰戈尔的话都是对的——"在我认识的所有西方人当中，凯泽林是最激烈的西方人。"他在《一位哲学家的旅行日记》的序言中彬彬有礼地引述道。另外，在根据自己的性情泛论整个西方之后，他把自己身上所缺乏的东西提升为美德，甚至提升为西方的"使命"。（同①，第195页起。）
③ "无论人们怎么说，西方人的心灵是贫乏的。我们想象，因为我们在1500年里让一个爱的宗教繁荣，所以爱让我们有活力。那是不对的……比起罗摩克里希纳，托马斯·肯皮斯（Thomas a Kempis）的影响是多么微弱！比起波斯的神秘主义者，欧洲的最高虔信是多么粗劣。就西方的情感能量更大而言，它比东方的情感更加激烈，但西方的情感并不真的那么丰富、敏锐或多样化。"（同①，第225页起。）
④ 参见亨利·布莱蒙德的大作 Histoire litteraire du sentiment religieux en France, depuis le fin des guerres de religion jusqu'a nos jours 中致力于论述"神秘主义侵占法国"以及"神秘主义的征服"的篇章。

志。印度几乎不可能发明"禁止接触",为了相信,她必须看到、触到、尝到;她或许宁可选择不信,如果她根本不期待有一天能在现世达成目标。辨喜本人坦率地说了一些几乎令人困窘的严苛之辞。[①] 虽然印度信徒对上帝的饥渴让他们无所不能,但存在着一种崇高的羞怯之爱,被我们西方的一个圣人显明,当时,他在见证了一个奇迹之后闭上双眼说:

"让我享受不见而信的甜蜜。"

我们西方人愿意相信我们的理想,而不要求"预付款"。我知道,有些异常高贵的人付出,直到自己破产,也没有想过得到回报。

然而,让我们不要划分等级,因为爱不止一种方式!如果一个人付出自己的全部,那么他得到的礼物和邻人的不同,这又有什么关系。他们是平等的。

但是,我们必须承认,通过严格控制神秘主义,西方教会已经抑制了它的情感表达,以致没有像在印度那么明显,而在印度,情感不加限制地流淌。一个拥有辨喜之智的伟大印度人,其民族良心的重要代表,知道自己几乎无须在同胞中间激起这样的精神倾向。另一方面,需要谨慎,以使情感保持在界限之内。这些情感有着一种过强的倾向:堕落成为病态的感伤。我已多次表明,辨喜激烈地反对这种东西。他和修士们的那次争执是个令人难忘的场景,当时他羞辱他们"愚蠢的感情用事",毫不宽容地谴责虔信,接着突然承认自己也是虔信的牺牲品。正是出于这个原因,他要反对虔信,甚至警惕地防范

[①] "只有真正觉知神与灵魂的人才拥有宗教……我们都是无神论者,让我们承认这一点。单纯的智性认同无法让我们笃信宗教……全部知识必须立足于对某些事实的觉知……宗教是个事实问题。"(《智慧瑜伽》第八章"觉悟")

自己的灵性信众滥用心灵。作为虔信之路的向导，他的特殊职责是照亮这条蜿蜒之路以及感伤的陷阱。

爱的宗教[①]拥有巨大的版图，对它的完整探索必然需要一趟"耶路撒冷纪行"[②]，就是灵魂穿越爱的不同阶段，走向至上之爱的旅程。这是一趟漫长而危险的旅程，很少有人抵达终点。

"……我们的背后有种力量，推动着我们前行；我们不知道要去哪里寻找真正的目标，但这种爱推着我们向前，去寻找目标。我们一次次地查明自己的错误。我们抓住什么，却又发现它从指缝溜走，然后我们抓住别的什么。就这样，我们不断前进，直至最后见到光明；我们找到神——唯一的爱者。他的爱从不改变……其余一切仅仅是阶段……然而，通往上帝之路漫长而又艰险……"

大多数人在途中迷失自己。辨喜转向印度同胞，对他们说（西方人文主义者和基督徒要留心他的话！）："……无数的人与爱的宗教做交易。一百年里，只要少数人抵达神之爱，整个国家便得到祝福与圣化……当太阳最终升起，萤火消失不见……"

"然而，"他马上补充道，"你们全都必须经历这些小爱……"

但不要止步于这些中间阶段的小爱，首先要让一切真诚！切勿以虚伪而徒然的傲慢行路，那会让你自以为爱神，实际上却执着于这个世界。另一方面（更为基本的是），不要藐视其他感到难以前进的真诚旅行者！你的第一职责是去理解并爱那些与你看法不同的人。

[①] 在英国和美国的一系列演讲通常被冠以"爱的宗教"之名。辨喜在那些演讲中用一种普遍的形式浓缩了有关虔信瑜伽的教导。（一本小册子《虔信瑜珈》，Udbodhan Office, Calcutta, 1922。）

[②] 暗示夏多布里昂（Chateaubriand）的名著。

"我们不仅不会告诉别人他们错了,而且会告诉别人他们是对的——那些遵循自己道路的人,你的本性使你必然选择的道路,就是正确的道路……①和想法不同的人吵架没用……从太阳的中心辐射出无数条光线。它们离中心越远,彼此之间的距离也就越远;但随着它们全部在中心会合,一切差异消失不见。唯一的解决办法就是朝着中心前进……"

由此可见,辨喜强有力地举起棍棒,反对一切教条式的教育,没有人比他更加奋力地捍卫孩子的自由。灵魂就像四肢一样,应该摆脱一切束缚。窒息孩子的灵魂是最严重的罪,我们却每天都在犯罪。

"……我没法教你什么,你必须自学,但我也许可以帮你表达那个想法……我必须自学宗教。我的父亲有什么权利把各种胡说灌进我的脑袋……或者我的老师……虽然你说他们很好,但他们可能不符合我的方式。想想今天世上可怕的恶:多少无辜的孩子被错误的教育方式扭曲。多少美妙的灵性真理被可怕的家庭宗教、社会宗教、国家宗教等扼杀在萌芽状态。想想你现在的头脑里装着多少对童年宗教或国家宗教的迷信,它能作多少恶……"

那么,是不是应该袖手旁观?辨喜本人又为何如此热衷于教育,这个老师怎么了?他成了一名解放者,允许每一个人根据自己的能力、以自己的方式去行动,同时教导每一个人尊重邻人的方式:

"有那么多的理想,我无权说你的理想该是什么,无权把我的理想强加给你。我的职责应是,在你面前摆出我所知道的所有理想,并让你能够自主地明白你最喜欢什么,你最适合什么。这是你的

---

① 印度人所称的每一个人的"ishtam"。

意愿……"

这便是为什么辨喜乃是所谓的"既定"宗教(他称之为"会众"宗教)——教会宗教——之敌。

"让教会尽情地宣扬教条、理论、哲学吧。"这些全都无足轻重。但是,没有教会有权干预真宗教、干预"更高的宗教"、干预称为祷告的行动宗教、干预"崇拜"——灵魂与神的真正接触。这些是灵魂与神之间的事。"当提到崇拜,即宗教真正的实践部分,我们应该像耶稣说的,'当你祷告时,走进你的房间,关上门,向你暗中的父祷告'。"深刻的宗教"无法成为公共的……我没法随时准备好自己的宗教情感。这种模仿和表演的结果是什么?是把宗教当成了玩笑,这是最糟糕的渎神……人类怎能忍受这种宗教训练?它就像兵营里的战士:枪上肩,跪下,拿起本书,各就各位。五分钟情感、五分钟理性、五分钟祷告,全都预先安排好。这些表演撵走了宗教,如果它们持续几百年,那么宗教将会消亡,不复存在"。

宗教唯独由内心生活构成,这种内心生活是个森林,里面住着相当多样化的动物群,以致不可能在那些丛林之王当中进行取舍。

"我们身上有本能这种东西,和动物一样……此外,有一种更高形式的指引,我们称之为理性,就是用智力把握事实,然后加以推论。还有一种更高的形式……我们称之为灵感,它不进行推理,而是瞬间认识事物。然而,我们如何凭直觉来判断灵感呢?困难就在这里。今天,每一个人都来对你说,他得到了灵感,并提出神奇的主张。我们要如何区分灵感和欺骗呢?"

答案对西方读者而言是明显的,因为一个西方理性主义者也会这么回答:

"首先，灵感一定不能与理性相抵触。老人不与儿童抵触，他由儿童长成。我们所称的灵感是理性的发展。直觉之路穿过理性……真正的灵感绝不会与理性相抵触。如果会，那么它就不是灵感。"

第二个条件同样审慎而又合乎情理：

"其次，灵感必须为了全体的善，而不是为了沽名钓誉。它应当始终指向世人之善，并且完全无私。"

只有禁得住这两个条件的检验，灵感才是可以接受的。"但你必须记得，以世人当前的状况，一百万人中也难有一人得到灵感（启示）。"

我们不能指责辨喜容许轻信，因为他了解自己的同胞，以及他们对轻信的滥用。再者，他知道情感上的虔诚太容易成为性格软弱的掩饰，他不得不怜悯这种软弱。

"要坚强，站起来，寻求神的爱。这是最高力量。还有什么力量胜过纯净的力量？……弱者无法得到神的爱，所以，不要软弱，无论是身体上、精神上、道德上，还是灵性上。"[1]

力量、强健的理性、对普遍之善的持续专注、彻底的不动心，是

---

[1] 对照瑞斯波洛克的《斗争》(The Combat) 所描述的伟大的基督教神秘主义者铭刻在神圣的爱之上的"英雄"印记，在那里，灵魂和上帝凶猛地斗争（De ornate spiritalium nuptiarum, II, pp.56-57.），梅斯特·爱克哈特以"愤怒的"灵魂用力抓住上帝。根据爱克哈特的观点，在灵魂的三大最高力量中，排在第一位的是知识（Erkenntnis），第二是"愤怒（irascibilis）"，即"走向最高者的强烈渴望（die sufstrebende Kraft）"，第三是意志力（der Wille）。与上帝神秘相遇的标志之一，是雅各与天使的搏斗。[参见17世纪法国多明我会修士沙尔东（Chardon）对布莱蒙德的 Mataphysique des Saints，第一卷第 75—77 页的巧妙释义。] 甚至连温和的方济各·沙雷氏（Francis of Sales）也说："爱是美德军团的标准，它们全都必须听从爱。"(Traite de l'Amour de Dieu) 在此没有任何软弱。强健的灵魂投入与伤害和死亡的激烈战斗。

达成目标的条件。还有一个条件：达成的意志。大多数自称虔诚的人实际上并非如此，他们过于懒惰、害怕、不诚实；他们更喜欢在路上徘徊，而不是紧盯着那等待他们的目标，因此他们耽于仪式性虔信的安乐之乡。"寺庙或教堂，书本或形式只不过是小孩子过家家，为的是让灵性之人变得足够强壮，可以迈上更高的台阶，这些初级台阶有必要经过，如果他需要宗教的话。"

极力主张此种耽溺标志着明智的审慎也没有用，那些耽溺之人一旦走出庇护他们的"幼儿园"，就将面临丧失信仰和神的危险。然而真相是，他们没什么可失去的，因为他们实际上只是虚假的奉献者；真正的不信者反而更好，因为他们更接近神。下面是最伟大的信徒对真诚而高尚的无神论者的敬意：

"大多数人（他指的是奉献者）是无神论者。我很高兴在现代，另一批无神论者——唯物主义者已在西方世界出现，因为他们是真诚的无神论者！他们胜过那些宗教的无神论者，后者不够诚实，嘴里谈论着宗教，为宗教而斗争，却从不想要宗教，从不试图认识宗教，从不试图理解宗教。记住基督的话：'你们乞求，就给你们；寻找，就寻见；敲门，就给你们开门……'这些话是字面上正确的，而不是象征或图像……但又有谁想要神呢？……我们想要一切，就是不想要神……"

西方的奉献者和东方的一样，可以受益于他的激烈训诫。这个"宗教不诚实"的揭露者大胆无畏地向伪装的无神论者揭露他们自身。

"人人都说'爱神'……但人们不知道要爱什么……爱在哪里？"

爱在既没有买卖，也没有恐惧和利益的地方，在只为爱而爱的地方。①

当抵达最后的阶段，你将无须知道自己会怎样，或者神（宇宙的

---

① 伟大的印度神秘主义者阿罗频多新近对现代唯物论表示敬意。在发表于《雅利安》（第二期，1914年9月15日）上的讨论"神圣人生"和"综合瑜伽"的文章中，他在今日的科学唯物论和经济唯物论中看到了原质一个必要阶段，及其为了人之精神和社会的进步而进行的运作：
"在敏锐人士眼中，现代之思想和现代之奋斗的整体趋势显现为原质在人身上的一种巨大而自觉的努力，以便实现总体的智性素养、能力，以及一种进一步的可能性：让现代文明为精神生活提供的机会普遍化。甚至连这一趋势的主角——欧洲知识界对物质之自然和存在之客观性的关注也是这一努力的必要组成部分。它试图在人的身体、生命能量和物质环境方面奠定充分的基础，以实现全部的精神可能性。
"尽管并不总是使用正确的方法，或至少基本的方法，但指向的是正确的初步目标——健全的个人和社会主体，合法需求的满足，以及物质意识、充分的舒适、闲暇、平等的机会等要求的满足，如此，整个人类，而不再仅仅是受到优待的种族、阶级或个人，可以自由地将情感和智性发展到顶点。当前，物质目标和经济目标可能占主导地位，但更高、更重要的动力始终在背后运作或等待。"
他进一步承认："十分短暂的理性主义唯物论阶段有着巨大的、必不可少的效用，人类正在经历这个阶段。因为现在开始向我们重新敞开大门的那个庞大的证据与经验的领域，只能在智性经受了严格的训练之后才能安全地进入。暂时有必要立刻清扫真理及其伪装，以便清理道路，重新启程，更稳健地前进。先进的知识应当建基于明晰、纯净、有条不紊的智性，这是必要的。先进的知识有时应当通过回到合理事实——物质世界的具体现实——的限制来纠正自身的错误，这也是必要的。我们甚至可以说，只有当我们牢牢地立足于自然之物，才能真正完全地掌握超自然之物。'大地是其立脚处'，每当《奥义书》想象显现在宇宙中的大我时，就这样说。事实无疑是，我们越是拓展和巩固有关物质世界的知识，我们的更高知识之根基就越是宽阔和稳固，甚至最高知识——梵知也是如此。"
在此，欧洲的理性主义唯物论被印度思想接受，并用作通往圆满知识和阿特曼的踏脚石。辨喜也在"课堂记录与发现"（《辨喜全集》第六卷，第55页起）中列举了通往圣爱途中的五个阶段：
（1）人感到害怕，需要帮助；
（2）人将神视为父亲；
（3）人将神视为母亲（只有从这一阶段，真爱才会开始，因为此时关系变得亲密而又无所畏惧）；
（4）人为了爱而爱，超越其他一切，超越善恶；
（5）人在神圣合一中实现爱。

创造者，全能的、怜悯的神，奖赏人的功劳的神）是否存在；甚至连神是个暴君还是个善神，也都无关紧要。

"爱者已然超越这一切，超越赏罚，超越恐惧、怀疑或别的什么……"他爱着，他已臻达爱之实相——"整个宇宙只不过是爱的显现……"

因为在这一高度，爱已脱离一切人类限制，并已呈现出普遍的意义："让原子出现并结合，让分子出现并结合，让巨大的行星彼此吸引，让男人和女人、人和人、动物和动物彼此吸引，把整个宇宙拉向同一中心的，是什么？就是我们所称的爱。它的显现从最低的原子直到最高的理想，它无处不在……它是宇宙中的动力。正是在爱的推动下，基督站起来，把生命给予人类，佛陀把生命给予动物，母亲把生命给予孩子，丈夫把生命给予妻子。正是在爱的推动下，人们欣然把生命献给祖国；或许这么说很奇怪——也是在爱的推动下，小偷去偷，杀手去杀，因为在这些情况中，精神并无二致……小偷爱金子，爱是存在的，只是方向错了。所以，在一切犯罪中，就如在一切德行中，其背后是永恒的爱……宇宙的动力是爱，如果没有爱，宇宙将会瞬间崩塌，而爱就是神。"

三、胜王瑜伽

尽管辨喜宣扬对四种瑜伽的和谐修习[①]，并以此为理想，但他有

[①] 正是这个特征打动了罗摩克里希纳和后来的吉里什："你们的斯瓦米，"吉里什对阿鲁姆巴扎（Alumbazar）的修士们说，"既是智者和梵学家，也热爱神和人性。"
辨喜仿佛坐在双轮战车里，手持四条真理之路——爱、行动、知识和能量——的缰绳，奔向大一。

自己的独特之处，该独特之处几乎可以用他的名字来命名——它就是"分辨"（维韦卡）之路。此外，它是一条可以联合西方与东方的道路，它就是智慧瑜伽，即经由知识"觉悟"的道路（换言之，通过思想去探索和征服终极实在或梵）。

比起这种英勇的探险，征服南极和北极只是儿戏；在前者那里，科学与宗教彼此竞争，而且艰苦细致的训练是必要的。它不像前两条行动之路和虔信之路那样，可以随意选择。修习者必须全副武装，那是胜王瑜伽的要求。尽管胜王瑜伽在自身范围内是自足的，但它也充当最高的智慧瑜伽的预备学校。这就是为什么我要把胜王瑜伽放在此处阐述，辨喜本人也是把它放在这个位置的。①

再者，正是在行动瑜伽的尽头，自由或狂喜迸发而出，这就是至上虔信。在此，将人捆绑于日常性生存之上的绳索看似如此破旧，以致必须出于平静而扯掉或扔掉它。形式和象征已从虔信者身上脱落，再也没有教派或教会可以约束他，它们都不够宽广，因为他已然抵达无疆爱域，并与之合一。光芒笼罩了他的整个存在，消灭了欲望、自私和自我本位。他已走完全程，经历所有阶段：他做过儿子、朋

---

① 在"普世宗教的理想"一章中讨论"智慧瑜伽"的部分，我已凭着直觉遵循辨喜为四种心性及其对应的瑜伽而设定的次序。但一个奇怪的事实是，辨喜没有为排在第二的虔信瑜伽（诉诸情感的瑜伽）冠上"神秘主义"之名，这和西方的情况不同。他把这个称号留给了排在第三的胜王瑜伽，即分析和征服内在自我的瑜伽。由此可见，他比我们更加忠于"神秘主义者"一词的古典意义，该词的阴性形式指"对灵性的研究"[参见波舒哀（Bossuet）]，我们误用了这个词，或者不如说把它限定为内心情感的流露。在我看来，这个词的阳性形式才是适合胜王瑜伽士的正确术语。阿罗频多在《薄伽梵歌论》中对四种瑜伽的排序不同。他加上了如下三个次第：（1）行动瑜伽，通过行动实现不动心的自我奉献；（2）智慧瑜伽，是关于自我和世界的真实本性的知识；（3）虔信瑜伽，是寻找并实现至上神我，即全然拥有神圣存在者。《薄伽梵歌论》第一系第四章，1921年。）

友、爱人、丈夫、父亲和母亲，现在与爱者合一，"我就是你，你就是我……"，一切皆是大一……①

那么，是否再无所求？

他自愿从沐浴着光芒的山顶下来，再度走向那些仍在山脚徘徊的人，以便帮助他们上去。②

胜王瑜伽乃是瑜伽之王，其高贵性的标志之一为，人们常说它是没有进一步限定的瑜伽。它是最卓越的瑜伽。如果我们说的瑜伽意指与知识的至高客体（和主体）联结，那么胜王瑜伽就是直接达成这一

---

① 阿罗频多美妙地阐述了一种新的至上虔信理论，他声称该理论是从《薄伽梵歌》的教导中推论出来的。根据他的观点，这至上虔信（灵魂上升的最高程度）伴随着知识，又不放弃生命的任何一种力量，而是在它们的整合中将它们全部实现（《薄伽梵歌论》）。依我看来，在《薄伽梵歌论》的许多内容中，阿罗频多的思想非常接近基督教神秘主义的思想。

② "达到超意识之后，虔信再度下降为爱和崇拜……纯粹的爱没有动机。它无所攫取。"《演讲记录》，出自《辨喜全集》第二卷。
"下来！下来！"罗摩克里希纳如是说，以便脱离出神状态；他责备自己，并拒绝与神合一的喜乐，以便服务于人："哦，母亲啊，不要让我得到这些喜乐，让我留在正常状态，以便我能对世人更有用！……"
我们是否有必要回想，基督教的虔信者始终知道如何让自己脱离出神的喜乐，以便为邻人服务？甚至连充满激情的鲁伊斯布洛克那最猛烈的狂喜也消失在"博爱"之名下："……如果你像圣彼得、圣保罗或你所喜爱的任何人那样陶醉在出神中，此时你听见一个病人需要热汤，那么我劝你从出神中醒来，为病人热好汤。让神去服务神；你要在神的子民中找到神并服务神，这种改变不会让你失去什么……"（*De praecipuis quibusdam virtutibus*）
这种形式的圣爱朝向人类共同体，在它里面，欧洲基督教没有敌人，因为信仰教导基督教把所有人视为基督的神秘身体。辨喜的愿望是，他的印度弟子们不仅应当奉献他们的生命，而且应当奉献他们的拯救本身，以便拯救他人；这一愿望在西方常常被纯洁而热切的人实现，比如西纳的圣凯瑟琳（Catherine of Siena）和玛丽德莱瓦莱（Marie des Vallees），后者是14世纪库唐斯的纯朴农民，她向上帝要求承受地狱之苦，以便解救不幸之人。"我们的主拒绝了她，主越是拒绝，她越是奉献自己。'我担心，'她对主说，'你没有足够的痛苦来给我。'"

目标的实证性心理—生理方法。① 辨喜称它为"心理瑜伽",因为它的作用领域在于心意的控制和完全掌握,而心意是所有知识的第一条件;胜王瑜伽通过专注达成目标。②

通常,我们在浪费自己的能量。能量不仅通过各种外部印记的飓风从不同的方向挥霍掉,而且当我们关上门窗时,也能在自己的内部发现各种混乱,犹如罗马广场上迎接恺撒的乌泱大众;无数突如其来的"不速"之客侵扰和打乱我们。没有任何内在活动可以真正有效并持续,除非我们先让房子恢复秩序,然后召回并集合分散的能量。"心意的能量就像散射的光线,当它们聚集起来,就会变得明亮。这是我们获得知识的唯一方法。"在所有的时代和所有的国家,博学之士、艺术家、伟大的活动家或冥想家,都本能地以自己的方式要么自觉地、要么在经验的支配下潜意识地知晓并练习胜王瑜伽。我已在贝多芬的例子中表明,在何种程度上,对字面意义上的胜王瑜伽一无所知的西方天才可以达成它。然而,同样的例子也警告我们,当我们对这种个人练习的理解和掌控不够充分时,就会有危险。③

印度胜王瑜伽的独创性在于如下事实:许多世纪以来,它一直是一门细致缜密地阐发和实验的科学所研究的对象,为的是达到专注和

---

① 胜王瑜伽科学提议,将一种实用而科学地发展出来的宣扬真理的方法摆在人们面前:就印度教意义上而言的对真理活生生的、个人化的"实现"。(《胜王瑜伽》第一章)我在前面说过,阿罗频多将胜王瑜伽的领域从知识拓展到力量,从沉思拓展到行动。然而我在这里谈论的仅仅是吠檀多的伟大权威们所理解的沉思型的胜王瑜伽。
② 受到胜王瑜伽伟大的古典理论家帕坦伽利的启示,辨喜将这一操作定义为"控制心意,使之不会陷入波动的科学"。(《辨喜全集》第七卷,第59页。)
③ 参见我有关"贝多芬之声"的研究,《贝多芬传》(Beethoven: The great Creative Epochs)第一卷,第335页起。瑜伽士们全都熟悉如下内容:"所有得到灵感之人,"辨喜写道,"碰巧发现这种超意识状态……通常有一些古怪的迷信伴随着他们的知识。他们向幻觉敞开自身,冒着发疯的危险。"(《胜王瑜伽》第七章)

掌控心意。

　　印度瑜伽士通过心意来理解知识的工具和目标，而关于知识的目标，他们走得很远，远到我无法追随。原则上，我不否认他们宣称这门科学所具有的无限力量——不仅针对灵魂而且针对整个原质（根据印度教的信念，它们是不可分的）。真正科学的态度，是对心意的未来可能性存而不论，因为心意的范围和程度，也就是它的界限，尚未得到科学的确定。但是，我公正地谴责印度瑜伽士把没人能用实验证明的东西当作已被证明了的，因为如果这些非凡力量是存在的，那么似乎古代仙人们没有理由不利用它们去重新设计世界。[①] 这些愚蠢的承诺——类似于《天方夜谭》里的天才们的承诺，最糟糕的特征在于，它们深入贪婪而空洞之人的大脑。甚至连辨喜也无法始终抗拒这种布道，连同它对最爱感官享受之人危险而贪心的欲求所具有的致命吸引力。[②]

---

① 我深知，在十五年里致力于闭关研究这些非凡力量的阿罗频多据说已经达到"觉悟"，据我们目前所知，那些觉悟注定会转化心意领域。然而，赞扬他的哲学才能的同时，我们正在等待由他的随行人员宣布的种种发现接受正式而公开的科学研究的检验。严格的分析从未接受过如下经验：其经验者，无论多么权威，是这些经验的唯一裁判者和参与者（弟子们不算，因为他们只是师父的反映）。

② 在出版于美国的早期作品之一《胜王瑜伽》中，他仓促地谈及（第一章）那些坚忍地遵循胜王瑜伽修习的人在相对较短（几个月）的时间里能够获得的控制原质的力量。他最虔诚的美国弟子克里斯汀修女向我讲述的私人回忆在字里行间慎重地显明，那些在美国修习胜王瑜伽的人，尤其是女性，其冥想的核心是世俗的关切。（参见《胜王瑜伽》第五章，瑜伽修习使容貌和声音变美的效果。）这位年轻的斯瓦米充满信仰，几乎没法预见到别人加诸他的言语的轻佻理解。一旦看到这一点，他就断然反对。然而，俗话说，一个人绝对不能"引诱魔鬼"。如果我们那样做了，魔鬼就会利用我们。假如我们仅仅付出被人嘲笑的代价就顺利逃脱魔鬼，那么我们就是幸运的；嘲笑本身离憎恶通常仅仅一步之遥。也有不那么谨慎的瑜伽士利用胜王瑜伽的吸引力，使之成了贪图这类世俗性征服的男男女女的接收站。

然而，辨喜始终谨慎地围绕着渴望之物转圈，这渴望之物如同布伦希尔德[①]（Brunhilde）之岩[②]，有五层火圈，只有他这个英雄才能夺取奖赏。如果没有做到如下必不可少的五条，那么甚至连第一阶段"禁制"也难以达成。这五条中的每一条都足以使人成为圣人：

1. 不害，指对万物"不害"，在行动、言语和思想上对众生"不作恶"，它是甘地的伟大目标，古老的瑜伽士认为它是人类的最高德性和最大快乐；

2. 完全诚实，指"在行动、言语和思想上诚实"，因为诚实是一切的基础，一切通过诚实来达到；

3. 完全纯洁或节欲；

4. 完全不贪婪；

5. 灵魂纯洁，完全不动心：不接受或期待任何礼物，每一件礼物

[①] 暗示瓦格纳的歌剧《女武神》中布伦希尔德的传说。

[②] 辨喜没有将超自然力量视为瑜伽修习的奖赏，而是像所有伟大的瑜伽士那样，将它们视为一种诱惑，类似于耶稣在山顶受到的诱惑，当时魔鬼提出给他万国的荣华（在我看来很明显的是，在基督的传说中，那个时刻对应他的个人瑜伽的倒数第二阶段）。如果他没有拒绝这种诱惑，那么瑜伽的所有果实将会丧失（《胜王瑜伽》第七章）："瑜伽士将会获得不同的力量，如果他屈从于其中任何一种力量的诱惑，那么他的前进之路将被拦住……但如果他足够强大，拒绝这些奇迹般的力量，那么他将得到……心意之洋的彻底平静，不起一丝波澜。"他将达成神圣的合一。但显而易见，常人不想为这种合一费神，宁愿选择世俗的好东西。

我要补充说，像我这样的理想主义自由思想家，自然而然会把灵性信仰和科学的怀疑主义挂钩，对我而言，所谓的"超自然力量"（瑜伽士辨喜唾手可得，却拒绝了）实际上是虚幻的，因为他从未尝试过那些力量。但这无关紧要，重要的是，心意相信它们的真实性，并自愿牺牲它们。牺牲是唯一重要的事实。

都有害于独立，导致灵魂的毁灭。[1]

所以，显而易见，那些在瑜伽中寻求通往"成功"的欺诈性方法的乌合之众，那些想要欺骗命运的人、神秘学的涉猎者和美容院顾客，在到达防御外圈时，会发现拦在眼前的是"无路"告示。然而，他们中的大多数人小心翼翼地不去看告示，而是试图哄骗或多或少可靠的古鲁让他们进门。

那就是为什么辨喜在意识到某些内容对道德软弱和无耻之人所具有的危险后，就避而不谈。[2] 他越来越倾向于把胜王瑜伽的教学限定为通过最完美的科学工具——绝对的专注——来获得知识。[3]

我们都对此感兴趣。不管印度的求道者用这一工具对心意造成了什么样的影响，东西方的所有求道者都不得不使用这一工具，而它应该尽可能地准确和完美，这对大家有利。没什么神秘的。辨喜智性健全，与最虔诚、最博学的西方人一样，厌恶心意探索中的那些秘而不宣的东西：

"……我所教的没什么神秘的……这些瑜伽体系中的任何神秘的东西都应立刻被拒绝……抛弃一切让你虚弱的东西。贩卖神秘让头脑虚弱。它几乎已经毁了瑜伽——最崇高的科学之一……你必须修习，

---

[1] 参见《胜王瑜伽》第八章的《库尔玛往世书》(*Kurma Purana*) 摘要，以及《辨喜全集》第六卷，第 55 页起。

[2] 随着经验的丰富，他越来越意识到这一点。当一个印度弟子问他不同的拯救方法时，他说："在（胜王）瑜伽之路上，有许多障碍。也许精神会追逐超自然力量，从而退回，而不是去实现真实本性。虔信神的道路实践起来容易，但进步缓慢。只有智慧之路快速而可靠、合乎理性而通用。"（《辨喜全集》第七卷，第 193 页起。）

[3] "放弃……对事物的这种吹毛求疵。接受一种观点。让这种观点成为你的生命，想着它、梦着它、靠它而活"，直到它成为你整个人的本质。《胜王瑜伽》第六章）

并弄清这些东西有没有发生……那里面既不神秘也不危险……[①]盲信是错误的……"[②]

没有人比他更直截了当地谴责这一点：哪怕最轻微地将自我掌控放到陌生人的手里，无论是局部的还是暂时的。正是这一点使他如此激烈地反对各种暗示，无论暗示有多么诚实和善意。

"所谓的催眠暗示只能作用于虚弱的心意……在病人身上激起一种病理性的制感……这不是真的通过自身意志的力量来控制大脑中心，而是通过另一个人的意志施加的突然击打让病人的心意暂时昏迷……每一次并非出于自愿的控制企图都是……灾难性的。它……只是给既有的沉重锁链铆上另一环……因此，你要留心自己如何被他人施加作用……即便他们成功地暂时施加了好的作用……用你自己的头脑……自己控制身体和心意，要记住，除非你是个病人，否则，外部意志不能作用于你；避开任何让你盲目相信的人，无论那人有多么伟大和善良……个人或民族宁可恶劣，也比受到这种病态的外部控制而表面上善良来得健康……当心任何夺走你自由的东西。"[③]

与托尔斯泰（Tolstoy）一样，他对精神自由的激情坚定不移，凭着这种激情，尽管他天生是个艺术家和音乐家，却走得那么远，竟至于拒绝艺术情感对头脑的精确运作所具有的危险力量，尤其是音乐产

[①] 同样，辨喜在别处为那些想要修习瑜伽之人的身体卫生和道德卫生做出了明智而审慎的规定。
[②] 《胜王瑜伽》第一章。
[③] 《胜王瑜伽》第六章。

生的力量。[1] 任何冒险让头脑不那么独立地进行自己的观察和实验的东西，即便看似带来了暂时的放松和幸福，也含有"在将来堕落、犯罪、愚蠢和死亡的种子"。

我认为，即使最严格的科学头脑所能表达的，也莫过于此；西方理性必须认同辨喜所宣布的原则。

更让人吃惊的是，西方理性几乎没有重视印度胜王瑜伽士的实证研究，没有试图利用他们公之于众的方法去掌控那个无比脆弱和不断扭曲的工具，而该工具是我们用来发现存在之物的唯一工具。

当我们毫不抵触地承认，瑜伽的心理—生理学用的是既可疑又过时的解释和措辞，就比较容易让过去的实验重新适应现代科学（就像辨喜试图做的那样），从而矫正它们。为了弥补实验室的缺乏，印度的观察者们有着由来已久的耐性和直觉才能，这一点是毫无疑问的，鉴于他们对众生之本性如此富有创造力的描述。诚如最古老的圣典

---

[1] 印度并非没有真正的艺术瑜伽。在此，辨喜的兄弟摩亨德拉·纳特·达特（Mohendra Nath Dutt），一位艺术家和深刻的思想家，就符合辨喜大师的描述。我力劝欧洲审美家去读一读他的 Dissertation on Painting（献给罗摩克里希纳传道会第一任院长婆罗门南达，由泰戈尔作序，B. K. Chatterjee, 1922, Calcutta, Seva Series Publishing Home）。这位伟大的印度宗教艺术家本着追求真理的瑜伽士的态度，让自己直面意欲表现的对象，因而对于他，客体成了主体，冥想的过程是最严格的瑜伽"分辨"过程："在表现一个理想的过程中，画家以外部客体为媒介，真正表现的是他自己的精神，他的双重自我。在一种深刻的同体状态中，精神的内层和外层是分离的；精神的外层或易变部分认同于所观察的客体，而精神的不变或恒常部分始终是平静的观察者。一者是'游戏'，另一者是'永恒'。我们不能说何者更高，因为这是不可言传的状态……"

不足为奇，经历过这种训练的许多伟大的印度艺术家最后成了圣人。[也参见库马拉斯瓦米（A. Coomaraswamy）的《湿婆之舞》(*Dance of Shiva*)，译者玛德琳·罗兰（Madeleine Rolland），Rieder 发行。]

记载：

"身体是个名称，用来称呼一系列变化……好比在一条河里，大量的水每时每刻都在发生变化，另有大量的水来取代先前的水，身体也是如此。"①

在印度，宗教信仰从未被允许与科学规律背道而驰；还有，宗教从未成为科学所教导的知识的预备条件，而是科学始终谨慎地考虑不可知论者和无神论者的世俗理性独自获得真理的可能性。因此，胜王瑜伽承认两个不同的部分：摩诃瑜伽（Maha-yoga）——想象自我与神的联结；阿巴瓦瑜伽（Abhava-yoga，阿巴瓦指"非存在"）——研究自我"作为零，失去二元性"②。两者都可以是纯粹而严格的科学观察之对象。③这样的宽容可能会让西方宗教信徒震惊，然而它是吠檀多信念不可或缺的部分，这种信念将人的精神视为神，尽管这个神尚未意识到自身，但我们能让他认识自身。④这一信条离科学的秘密目标或公开承认的目标不远，所以对我们而言并不陌生。

---

① 不必强调这一看法和爱利亚人的看法的相似性。杜森（Deussen）在《吠檀多体系》（*System of the Vedantas*）中比较了赫拉克利特关于"复合"灵魂之无常性的学说和印度教的学说。
这里的基本观点是，宇宙出自同一实体，其形式是无常的，永远在变。"总能量保持不变。"（《胜王瑜伽》第三章）
② 《胜王瑜伽》第八章的《库尔玛往世书》摘要。
③ "在修习胜王瑜伽的过程中，不需要任何信仰或信念。不要相信什么，直到你自己发现……每一个人都有探索宗教的权利和力量。"（《胜王瑜伽》第一章）
④ 对于印度教徒而言，就像对于佛教徒而言，人的出生是存在者在觉悟之路上抵达的最高阶段，这就是为什么人必须赶快经由出生获益。甚至连多神崇拜意义上的诸神也只能通过出生为人来获得自由。（《胜王瑜伽》第三章）

进一步说，印度的宗教心理—生理学在一个很高的层面上完全是唯物论的，因为它超越"心意"。它追溯感知的来源：从外部客体接收印象，把印象储存在神经和大脑的各个中心，再储存到心意中——所有的层面都是物质的；但心意由更精微的物质组成，尽管它本质上无异于身体。只有在更高的层面上，非物质的灵魂"普鲁沙"才会出现，它从工具——心意那里接收感知，然后把它的指令传送到活动中心。由此可见，真正的科学能与印度教信仰携手同行四分之三的路程，只有到最后一个阶段，两者才会分道扬镳。所以，我在此请求的全部就是，两者应该同行前四分之三的路程，因为我相信，印度的探索者在他们的探索过程中可能见过许多我们没有见过的对象。让我们既从他们的发现中受益，又不以任何方式放弃自由运用批判官能的权利。

在本书的范围内，我们无法找到空间来仔细检查胜王瑜伽的各种方法。但我向西方的新兴心理学和教育学大师们推荐胜王瑜伽，在它是科学地建立起来的心理—生理学的范围内。我自己从胜王瑜伽的卓越分析中受益良多；虽然在我的生活中应用它的教导未免太迟，但我欣赏它用来解释我生命中的过往经历、全部错误以及我对拯救的模糊直觉的方法。

在此，我们必须提及心意专注中的前三个心理阶段[①]：制感[②]，它

[①] 在它们之前是生理性质的练习（让医学很感兴趣）：体式和调息。在它们之后是更高的心意状态——三摩地，在三摩地中，"冥想增强到去除了冥想的外在部分和一切可感形式，并停留在一个内在的或抽象的部分之上，直到全神贯注于大一"。我们在讨论智慧瑜伽时会谈到这种状态。

[②] 这个词的意思是"朝着……聚集"。

让感官从外部事物移开，并引导它们朝向精神印象；专注，它迫使心意把注意力固定在外部或内部的一个特定的点上；冥想，此时心意受到先前活动的训练，获得了"不间断地流向一个选定的点"的能力。

根据辨喜的观点，只有掌握了第一阶段，性格（character）才能开始形成。然而，"控制心意是多么困难。心意好比疯狂的猴子……天性好动；接着，它喝醉欲望之酒……妒忌……的毒刺……和傲慢进入心意"。那么，这位大师有何建议？运用意志吗？不，他比我们的心理医生更早地意识到，笨拙地运用意志去改变某种精神习惯，往往会引起激烈反弹。他教导我们让这只"猴子"在平静的内观中安静下来，这种内观对它进行公正的判断，从而控制它。古代瑜伽士们无须等待弗洛伊德博士去教导他们，对心意的最佳疗法是让它直面自己深藏的魔鬼：

"所以，第一课是坐一会儿，让心意继续。心意始终在沸腾。它就像猴子跳来跳去。让猴子尽情地跳吧，你只是等待并观看……许多可怕的念头可能会进来；知识就是力量……你会发现，在每一天，心意的异想天开都会变得越来越不那么猛烈……这是艰巨的任务……只有在经年累月耐心而持续的斗争之后，我们才能成功。"[1]

因此，在进入下一阶段之前，瑜伽士必须学会利用想象，以便训练心意固定于一点。

然而，辨喜大师始终关注生理问题。要避免疲劳，"这种修习不

---

[1] 在瑜伽士那里甚至能发现类似于 Dr. Coue 给出的处方——自我暗示法，它让病人重复一个有益的陈述。瑜伽士劝告刚开始修习的初学者在精神上重复"愿众生喜乐"，以使自己处于平静的氛围中。

是为了从事日常的体力劳动"。要注意饮食,"首先是严格的饮食,牛奶和谷类",禁止一切刺激性食物。① 要观察内在现象,并敏锐地描述它们。② 起初,在获得专注期间,哪怕最小的感知也像是惊涛骇浪:"一枚针掉落的声音就像打雷"……因而,这一点十分重要:密切监视有机体,让它完全保持安静,因为那是渴望的目标。显然,必须不断注意,避免一切不健康的过度紧张,否则,将会导致系统错乱、心意失衡——这被笨拙的西方人仓促地断定为贝多芬式的狂迷型或灵感型艺术家不可避免的夸张特质。③

相反,瑜伽大师辨喜宣称,他的身体健康得益于他的修习和道德健康。他说,修习的效果应当很快就明显地反映在身体上,面容甚至语调都会放松。自然而然,这些优点是所有瑜伽士(无论真假)的俗家弟子们始终强调的。那就随他们去吧!每一个人都能根据自己的需要,从一个如此丰富的经验宝库,获取如此之多的身心益处。我们在

---

① 完全禁欲。若非如此,胜王瑜伽的修习就会面临最大的危险。印度教的遵奉者们主张,每一个人的总能量是固定的,但这种能量可从一个中心转移到另一个中心。性能量被大脑利用时,就转变成了精神能量。然而,套用我们的一种流行说法,如果一个人"从两头点燃蜡烛",那么结果就是身体和精神的毁坏。在那样的情况下修习瑜伽会导致更糟糕的偏离。
我们还要补充说,欧洲的沉思者常常忽视卫生和彻底的洁净。瑜伽戒律所要求的"洁净"包含双重责任:"两种洁净,道德上的和身体上的。只有达到二者,才能成为瑜伽士。"(《胜王瑜伽》第八章"库尔玛往世书"摘要)
② 有时听上去像是远处的钟琴声消逝为一个持续的和音。光点出现,等等。
③ "禁食的人,不睡觉的人,睡太多的人,劳动太多的人,不劳动的人,都不能成为瑜伽士。""当身体感到非常倦怠或不适,或者当精神感到非常沮丧或悲伤,就不要修习。"(《胜王瑜伽》第八章)

此关心的，仅仅是心理学家和学者们。①

四、智慧瑜伽

正如我们看到的，精神朝着真理（在真理中可以找到自由）的上升，能以不同的形式出现：比如爱，无私的行动，或者心意的控制——其目标是掌握支配着内部机制的规律。针对这些形式中的每一种，胜王瑜伽都教导用来弹奏心理—生理钢琴的指法，因为如果没有预先学会专注，就不可能获得任何稳定而持久的东西。然而，对于其中某种形式来说，精通专注尤为必要，尽管它有着自己独立的道路。这把我们引向最后需要审视的瑜伽形式，它与胜王瑜伽紧密相连：智慧瑜伽——理性主义的、哲学化的瑜伽。就胜王瑜伽是控制内部环境的科学而言，哲学家必须转向它，以便控制思想这一工具。甚至连辨喜这个伟大的"分辨者"也承认，在这条"分辨"（从哲学分析和实验的意义上说）的智慧之路上，"精神可能会陷入徒劳争论的无尽罗网"，唯有修习胜王瑜伽的专注才能冲破罗网。

---

① 实际上，对内心生活的完全掌控可以把我们的无意识生活或潜意识生活部分地，如果不是全部地交到我们手里。"我们当前没有意识到的每一活动几乎都能被带到意识层面。"（《胜王瑜伽》第七章）众所周知，瑜伽士拥有力量停止或引发远远不在意志力控制范围内的生理活动，比如停止心跳。严格的科学观察已经确认了这些事实的真实性，我们自己也证实了它们。瑜伽士相信"每一存在者，无论多么渺小，都有一个巨大的能量仓库"。这一极其强健的信念原则上不可否定，科学的不断进步倾向于证实它。然而，瑜伽士的独特性（这应谨慎看待）在于，他们认为可以通过强化专注的方法加快个人发展的节奏，缩短完成进化的必要时间。此种信念是阿罗频多的新研究之根据，它建基于辨喜在"综合瑜伽"里的一种说法："瑜伽可被当作一种方法，把一个人的进化压缩到一世生活的几年，甚或几个月里。"我对此十分怀疑，但我的怀疑是科学的，不是加以否定，而是等待事实证据。

所以，逻辑上，我们应该在最后说明心意的这种重要方法（智慧瑜伽），它受到辨喜的高度重视。他对智慧瑜伽做了许许多多的研究和演讲，以致无法像胜王瑜伽和行动瑜伽那样凝练为一本专著，关于后两种瑜伽的专著是根据他的口述记下的。①

有关智慧瑜伽，引人注目的第一点是，它的目标指向绝对存在，它的起点和方法更接近西方科学而非宗教精神的起点和方法。它毫不含糊地诉诸科学和理性。

"经验是知识的唯一来源。"②

"没有一种瑜伽放弃理性……或者要求你把理性交给任何类型的教士……每一种瑜伽都要求你坚持理性、紧紧抓住理性。"③

智慧瑜伽在最高的程度上推崇它的忠实伙伴——理性。由此得出，宗教必须像其他科学一样经受相同规则的检验。

"我们应用于科学和外部知识的调查方法，是否应该同样应用于宗教科学？我说'是的'，我还要说'越快越好'。如果有什么宗教被这样的调查摧毁，那么它只不过是一种没有价值的迷信罢了，消失得越快越好；我完全相信，这样的宗教之毁灭再好不过了。"④一切渣

---

① 智慧瑜伽多卷本的编辑是对他的独立演讲的一种有点不自然的收集，这些演讲中的大部分在1896年在伦敦进行，我们可在《辨喜全集》第二卷里找到。还须补充散落在整部《辨喜全集》中的其他碎片：《智慧瑜伽简介》，第六卷，第39页起；《瑜伽演讲》，第五卷，第55页起。
② 《理性与宗教》，出自《辨喜全集》第一卷，第47页。
③ 《普世宗教之理想》，出自《辨喜全集》第二卷，第373页。
④ 我不能肯定他的好师父罗摩克里希纳（始终是弱者的"兄弟"）是否会认可这个聪明而又专横的伟大弟子所采取的毫不妥协的态度。师父会再次提醒他，不是只有一扇门能进房子，不可能让每一个人从前门进去。在这一点上，我认为甘地比辨喜更接近罗摩克里希纳的普世"款待"。但是，这个激烈的弟子是第一个后来以巨大的谦卑自责的。

滓将被扫除，而精华部分将在这种调查中水落石出。"①

宗教有何权利宣称自己高于理性的控制？

"宗教为何宣称不必接受理性的立场，没人知道……人类宁可遵循理性成为无神论者，也胜过根据任何人的权威盲目信仰二十亿个神。"盲目的信仰使人性堕落至动物层次。我们必须思考……纵然有先知超越了感官的限制，窥见了彼岸，但只有当我们自己也能做到，我们才能相信，而且非如此不可。②

"有人说，理性不够强大，它并不总是帮助我们获得真理，它屡屡犯错，所以结论是，我们必须信仰教会的权威！一位罗马天主教徒就是这么对我讲的，但我看不到这里面有什么逻辑。另一方面，我要说，如果理性真的这么虚弱，那么教士群体更加虚弱，我不会接受他们的判断，而将遵循我自己的理性，因为尽管理性有其弱点，但我有机会借助它抵达真理……所以，我们不仅应当遵循理性，而且应当体谅那些因为遵循理性而没有获得任何信念的人。因为人类宁可遵循理性成为无神论者，也胜过根据任何人的权威盲目信仰二十亿个神。我们要的是进步……理论本身不会使人变得更好……唯一的力量在于理论的实现，而理论的实现在于我们自身，并源于思考。让人们思考吧……人的荣耀在

---

① 《智慧瑜伽》第二章。
② 十五年前，柯莎布·钱德·森在 Epistle to his Indian Brethren (1880) 中说过同样的话："你们一定不能像迷信之人那样不加究就接受什么。如我们的神所说，科学将是你们的宗教。你们将会尊重科学，胜过尊重其他一切：尊重物质科学胜过尊重《吠陀》，尊重精神科学胜过尊重《圣经》。天文和地理，解剖学和生理学，植物学和化学是自然之神活生生的经典。哲学、逻辑学、伦理学、瑜伽、启示和祷告是灵魂之神的经典。在'新信仰'（就是他正在宣扬的）中，一切都是科学的。不要用神叨叨的东西蒙蔽你的心灵。不要沉湎于梦境和幻想，而要用锐利的洞察力和健全的判断力平静地证明一切，并坚持那已被证明了的。在你的全部信念和祷告中，信仰和理性应当和谐，成为一种真正的科学。"

于,他是个思考着的存在者……我信仰理性,并遵循理性,我已看够了权威之恶,因为我出生在这样一个国家:国人已经走向极端的权威。"①

科学和宗教有着同样的基础——知识或理性,除了应用上的区别,两者之间没有根本区别,辨喜甚至认为它们可以通用。他曾说:"整个人类知识就是宗教。"② 在此,他把宗教作为所有知识的总和。但有时候,他自豪地单独赞美"那些宗教表达,它们的触手越来越多地探入天界的秘密,而它们的脚牢牢踩着大地,我指的是所谓的唯物主义的科学"③。"科学和宗教都试图帮助我们走出奴役,只不过宗教更加古老,我们迷信(请注意,这个词出自一个热烈的信徒之口!)宗教更加神圣而已……"④ 那么,两者有何区别?区别在应用领域。

"宗教讨论形而上学世界的真理,正如化学和其他自然科学讨论物理世界的真理。"⑤

---

① 《实用吠檀多》,出自《辨喜全集》第二卷,第 333 页。
② 《辨喜全集》第七卷,第 101 页。
③ 《辨喜全集》第二卷,第 68 页。
④ 《辨喜全集》第七卷,第 101 页。辨喜补充说:"在某种意义上确实如此,因为宗教让道德成为极其重要的一点,而科学忽略了这一面。"然而"在某种意义上"的说法保护了其他观点的独立性。
⑤ 《辨喜全集》第六卷,第 47 页。让我们不要忘记一个关键词"战斗",前面已经提到过。它是辨喜的刹帝利精神之特色。对他而言,科学和宗教的工作不是对真理的冰冷追求,而是一场白刃战。
"只要人奋力战胜自然,人就成其为人,这里说的自然既是内部的,也是外部的。它不仅包括支配着我们外部和身体内部的物质粒子的规律,而且包括我们内部更加精微的本性,它事实上是决定外部自然的动力。征服外部自然是伟大的,但更伟大的是征服我们的内部自然。认识支配星星和行星的规律是伟大的,但更伟大的是认识支配人的激情、情感、意志的规律……对人的内在的征服完全属于宗教。"(《智慧瑜伽》第一章"宗教之必要性")

因为领域不同，所以调查方法也相应不同。辨喜为宗教科学所设定的内容（也就是属于智慧瑜伽的内容），与他认为（西方所研究的）宗教比较史这门现代科学所缺乏的内容相对。辨喜没有低估这些历史研究及其讨论宗教起源的巧妙理论之重要性，而是主张它们的方法过于"外在化"，而不能说明一种如此"内在化"的实际状况。诚然，身体和面容的外部特征在富有经验之人看来能够揭示体质和健康状况，但是，如果没有解剖学和生理学的知识，就不可能认识一个活体的本质。同样，一个宗教事实只能通过内观的后天练习去认识，这种方法实质上是心理学的，甚至是亚心理学的：它是精神的化学，目的在于发现第一要素——细胞或原子！

"如果我知道一块黏土的一个粒子，我就认识了它的整个本质，它的产生、发展、衰退和结束。在部分和整体之间，除了时间，没有什么不同。整个过程或多或少迅速地完成。"

既然如此，那么第一要务便是练习内部分析，以便找出精神的原子；当它被发现，并被转变为基本要素，那么这些要素就能被重新安排，接下来是尝试推论出原理。"智性需要盖房子，但不能没有砖块，而它不能单独制造砖块。[①]智慧瑜伽是深入基本事实底部的最可靠方法，正是在这一阶段，它与胜王瑜伽的修习方法结盟。"

首先是心意的生理学，涉及感觉器官、运动器官和大脑中心，它们必须加以仔细研究；然后是精神，根据数论哲学，它是物质的一部分，不同于灵魂。这必须通过仔细分析感知及其智性过程（intellectual processes）的机制才能领会。真正的外部宇宙是个未知

[①] 《智慧瑜伽简介》，出自《辨喜全集》第六卷，第 39 页起。

的 X。我们所知的宇宙是 X +（或 −）心意（它是感知官能的功能），心意给了宇宙有关宇宙自身状况的印记。心意只能通过心意的媒介才能认识自身，它是未知的 Y +（或 −）心意的状况。辨喜熟知康德的分析，然而根据他的见证，早于康德若干世纪，吠檀多哲学就已经预言，甚至超越了这种分析。①

灵性工作分为两个不同的互补阶段——肯定（Pravritti）和否定（Nivritti）：以循环式运动先肯定再否定。明智的形而上学方法和宗教方法则始于后者——否定或限制。② 跟笛卡儿一样，智慧瑜伽士进行彻底的清扫，并寻找一个稳定的点，然后才开始重建。第一要务是检验基础，清除造成幻觉和错误的一切原因。因而，智慧瑜伽首先是对知识之条件——时间、空间、因果关系等的一种彻底批判，它详细勘察心意的边界，再越过这些边界。

* * *

然而，是谁给了智慧瑜伽士越过边界的许可？是什么让他相信，在心意的边界之外，存在真正的 X 或 Y——唯一的实在？这里显然是宗教精神和科学精神的分岔点，之前它们已经作为伙伴并肩走了这么远。但甚至在这里，在分岔点上，它们仍然相当接近。因为宗教和科学各自的追求意味着什么呢？意味着对合一的追求（无论合一的本质是什么），以及对合一本身的一种默示的信仰：依靠心意能够暂时设立一种假设——合一能被直接感知和明确接受，并且依靠心意能够暂时接受一种强烈而深刻的直觉——合一将会启发未来所有的调查。

---

① 关于吠檀多哲学的哈佛演讲（1896 年 3 月 25 日）和《智慧瑜伽简介》。
② 关于摩耶的伦敦演讲第二场（1896 年 10 月）：《摩耶和神的概念的发展》（"Maya and the Evolution of the Conception of God"）。

"你难道没有看到科学正走向何方吗？印度这个民族通过对心意的研究、通过形而上学和逻辑来前进。欧洲各民族则从外部性质入手，现在它们也在得出相同的结果。我们发现，通过彻查心意，我们最终抵达大一——万物的内在灵魂、本质、实相……通过物质科学，我们同样抵达大一……"[1]

"科学就是发现大一。一旦科学抵达圆满的大一，它就不再前进，因为它已经达成目标。所以，当化学发现一个元素，可以用来制造出其他所有元素时，它就不再前进。当物理学发现一种能量，其他能量都是该能量的展示时，它就会止步……当宗教科学发现死亡宇宙中的那个生命时，它就圆满了……宗教不再前进。这是整个科学的目标。"[2]

所以，大一是必要的假设，科学的建构有赖于此。在宗教科学中，这一假设的、必要的大一具有绝对者的价值。[3] 在探索和界定有限者之后，智慧瑜伽的工作就是拨开紧密交织的脆弱蛛网，将它自身与无限者这个基础联结。

然而，正是在这张精神之网中，印度宗教学者辨喜明确地告别了欧洲民族主义者可以接受的那些方法。为了填补他的感官局限性与绝对者之间的鸿沟，他诉诸自身机体内部的一种新的经验状况，该状况从未得到西方科学的赞同，但对他而言就是真正意义上的宗教经验。

我在前面谈到过"智性需要用来盖房子"的"砖块"。印度瑜伽士所使用的"砖块"，在我们的工地上仍未使用。

---

[1] 《辨喜全集》第七卷，第140页。
[2] 《辨喜全集》第一卷，第12—13页。
[3] 关于摩耶的伦敦演讲第四场：《绝对者及其显现》（"The Absolute and Manifestation"）。

西方科学通过实验和理性来发展。无论是在实验中，还是在理性中，无论是关于外部自然，还是关于心意，西方科学都没有打算走出相对主义的圈子。西方科学的假设，即大一是现象的枢纽，仍被徒劳地搁置着；它更多的是个暂时的前提，而不是本质，尽管它是理性与事实之链上的关键一环。只要钉子在那里，就没有人知道或在意被钉牢的是什么。

吠檀多圣人辨喜欣赏西方科学凭直觉而来的勇气（无论它怎么试图为自己的鲁莽辩解），及其工作的整全性；但是，他并不认为西方科学的方法能够引领他抵达对他而言必不可少的大一。[1] 在他看来，西方宗教似乎再也不能摆脱神的拟人化概念[2]，好比科学不能提出一个与人类同构的实在。[3] 然而，必须找到那个包含所有宇宙的宇宙。问题的解决办法是发现一个更大者，它将是整个宇宙（包括低级世界和高级世界）的普遍属性。印度古代的思想家们宣称，离中心越远，

---

[1] 他也许是错的。科学尚未说出决定性的话。继辨喜之后，出现了爱因斯坦。他从未预见到，"先验多元论"——其种子潜藏在西方的新思想中——正在战争与革命开出的犁沟里生长。参见 Boris Yakowenko, *Vom Wesen des Pluralismus* (1928, Bonn)。该书的题词是李凯尔特（H. Rickort）的名言"Das All ist nur als Vielheit zu begreifen"（"一"唯独在"多"中显明）。

[2] 在此，他完全错了。不幸的是，这位印度吠檀多主义者不了解伟大的基督教神秘主义的深层含义，后者与最高的吠檀多主义一样，超越通俗的拟人论所利用的形象和形式的限制。然而，恐怕他不得不应付的二流基督教导师几乎和他一样不了解。

[3] 看来辨喜不熟悉现代科学的高级思考，也不熟悉数学的若干维度，非欧几何学，"无限者的逻辑"，认识论，Cantorians 的"诸科学之科学"，"它应教导我们如果没有学者，诸科学会是怎样"。[参见庞加莱（Heri Poincare），*Dernieres Pensees* 和 *La Science de l'Hypothese*.] 但他很有可能会试图以某种方式使它们转向宗教科学。事实上，在它们当中，我能看到一种尚未意识到自身的宗教之闪光，它是现代西方信仰最充满生机的火焰。

差异就越显著,而越是接近中心,就越是感到接近统一。"外部世界远离中心,所以在它里面没有共同基础,而是可以碰到存在的各种现象。"除了外部世界的现象,还有其他现象:精神的、道德的和理智的;有各种层级的存在,如果仅仅探索其中一种,就无法解释全体。所以,必须抵达中心,正是从那里,各种层级的存在生成。这个中心就在我们内部。古代的吠檀多主义者经过探索最终发现,在灵魂最深的核心处,是整个宇宙的中心。[①]所以,我们必须抵达那里。矿藏必须被挖掘、见到和摸到。在印度教的意义上,这是宗教的真正功能,因为正如我们看到的,这首先——如果不是全部的话——是个事实问题。辨喜甚至敢于写道:"不信胜过从未感受到(即觉知和实证)"。在此,始终与他的宗教相结合的不可思议的科学需求清晰地浮现。

另外,这一特殊的科学宣称利用了特殊的、超越的实证。

辨喜说:"宗教出自超越感官限制的斗争,它必须发现自己的

[①] 《智慧瑜伽》第八章"觉悟"(最初为1896年10月29日的演讲)。辨喜对《伽陀奥义书》进行了总体分析,尤其解释了年轻的真理追求者那吉盖多(Nachiketas)与出色的死神阎魔(Yama)的对话。基督教神秘主义也有同样的发现。这是灵魂的底层,"有时被称为灵魂的基底,有时被称为灵魂的顶峰,"伟大的陶勒尔(Tauler)说,"处在这一深度的灵魂与神有种相似性和不可言喻的亲密性……在灵魂的这一最深刻、最内在、最隐秘的深度中,神必然地、真实地存在。"这里说的神必然包含整个宇宙。

慈幼会教徒加缪写道:"(灵魂的)这个中心的特质是,以一种崇高的方式集合力量的全部活动,并给予它们那种第一动力给予诸天的推动力。"

布莱蒙德的 Metaphysique des Saints 致力于探索这一"灵魂中心"。这场探索之旅自然而然具有一种广大的特征,就像吠檀多主义者那样。

'真正起源'。"[①] "在所有组织化的宗教中,创立者们……被断言已经进入某些心意状态……在这些状态中,他们直面一系列新的事实,与所谓的灵性王国有关。[②]因此,所有宗教都做出了一个惊人的陈述:人的心意在某些时刻不仅超越感官的限制,而且超越理性的力量。"在那些时刻,心意进入感觉和理性领域之外的事实。[③]

[①] 《智慧瑜伽》第一章"宗教之必要性"(最初为伦敦演讲)。
辨喜想象,这一研究的第一推动力是通过梦给予人类的,梦向人传达了第一个令人困惑的不朽概念。"人们发现……在梦的状态,人并非有了一种新的存在……然而在此,探索开始了……他们继续更加深入地调查心意的不同阶段,并发现了比醒态或梦态更为高级的状态。"

[②] 《智慧瑜伽》。辨喜补充道:"在佛教徒的情况中,也许有某种例外……但甚至连佛教徒也发现了一种永恒的道德律,该道德律不是推论出来的,而是由佛陀在超感状态中发现的。"

[③] 值得注意的是,继辨喜之后,阿罗频多更进一步,把直觉放在科学精神的正常过程中。"实践理性的缺点在于对表面事实的过度顺从,它能立刻检验表面事实的真实性,但它缺乏充分的勇气去对最深刻的潜在事实得出逻辑结论。目前的事实,仅仅是一种先在的潜在性之实现,同样,目前的潜在性,仅仅是一种后来的事实之指针……"(《神圣人生论》)

"直觉是存在的,存在于我们的精神作用背后,是隐藏的。直觉给予人来自未知者的光明启示,那些启示仅仅是人的更高意识的开始。逻辑推论是后来产生的,为的是弄清它能从这种收获中得到什么益处。直觉让我们相信存在着某物,它在我们知道并似乎成为的一切背后,并且高于这一切;这'某物'在我们看来总是与我们的次级理性、正常经验相矛盾,它迫使我们把无形的感知纳入建设性的上帝观念、不朽观念等,我们用它来向心意解释神。"

因而,直觉起到心意的舵手和情报机关的作用,而理性则是军队的普通士兵,负责殿后。就像在辨喜的例子中那样,两者没有被两层楼之间的天花板隔开。知识之河的波浪或全部水流是有连续性的。科学的界限消失了。甚至连神与不朽的观念,以及构成宗教的全部,都只不过是法门,借助它们,灵魂表达模糊的实相,尽管这实相在今天高于逻辑推论,但理性会在未来抵达实相。

这是印度精神今日在"众生"(即"全部生命")观念上达到的发展阶段,在此,宗教直觉被包含在严格的科学界限之内。

当然，我们不必强行在没有预先看见和证明的情况下相信这些事实。如果我们对它们的态度有合理的保留，印度的朋友们不会感到吃惊，因为我们只是在遵循他们自己的科学怀疑规则："如果没有摸到，就不要相信！"辨喜断言，如果某个知识分支上的某种经验出现了一次，那么它有可能在以前出现过，也应该有可能在以后重现。被启示者并无权利宣称自己拥有不可重复的特殊恩典。如果说某些真理（最高等级的真理）是某些"被拣选"之人的宗教经验果实，那么这样的宗教经验必定会再度发生。胜王瑜伽科学的目标在于引导心意抵达这个殊胜的实证领域。①

每一个人都能尝试这种自动教育！但在这里，我只想表明那些观察的最终结果：在所有高级的组织化宗教中，当抽象的灵性事实被发现和理解时，就"以一种抽象的存在，一个遍在的存在者，一个称为神的抽象人格，一种道德律，或者万物背后的一种抽象本质的形式"，

---

① "让心意集中于心莲或眉心，就是所谓的专注。限于一个点，并以这个点为基础，一种特殊的精神波动生起；这种波动不会被其他种类的波动吞没，而是会突显出来，其他所有的波动则会后退，直到最终消失；紧接着这种波动生起的，是统一性，心意中只剩下一个波动，这就是冥想。当不再需要基础，当整个心意成为一个波动，即单一格式，就称为三摩地。唯有念头的意义存在（即感知的内在部分，在那里，客体即是意义）。如果心意能够固定在注意力中心十二秒，就是专注，十二个专注就是一个冥想，十二个冥想就是一个三摩地。"那是纯粹的精神喜乐……（《胜王瑜伽》第八章"库尔玛往世书"摘要）
出于好奇，我给出了这一讲述智性运作技巧的古老摘要，但我不会怂恿任何人不假思索地听信，因为这样的练习具有极高的内在紧张，绝不是没有危险的；印度大师们始终警惕鲁莽的试验者。至于我，我认为理性在战后的现代欧洲是如此脆弱，以致所剩下的部分不应受到反常事物的威胁，我们至少要充分发展出科学的意志去严格地控制反常事物的影响。

被浓缩为大一（the Unity）。①

在最后一种形式（"万物背后的一种抽象本质的形式"），也就是吠檀多不二论的形式之中，我们发现自己如此接近纯科学的目标，以致几乎不能将二者（指科学和不二论）区分开来。主要的区别在于奔跑者冲向终点的姿势：科学接受并设想大一是针对各个思想阶段的假设性用语，它给予这些思想阶段以正确的方向，并调和它们；瑜伽拥抱大一，并包裹它。但两者的灵性结果实际上是一样的。现代科学和不二论哲学都断定，"事物的解释在于它们自身的本质，不能要求用外部的存在者或存在物来解释宇宙中正在发生什么"。这个原则，即"万物皆源于内部"的推论是"现代的进化律。进化（或演化）的完整含义就是，事物的本质（在发展中）被复制，结果无非是原因的另一种形式，结果的所有潜在性都存在于原因之中，整个创造就是一种进化，而非创造"。②

辨喜屡屡坚持现代的进化论和古代的形而上学理论及吠檀多宇宙演化论之间的密切关系。③但在进化论的假设和印度教的假设之间，有着一种根本的区别：比起后者，前者仅仅是整座房子的一边；在吠檀多主义中，进化对应（或需要）同样循环式的复归，以便拥有自身。印度教的整个理论本来就是建立在循环的基础之上。发展以波浪

---

① 《智慧瑜伽》第一章"宗教之必要性"。
② 《辨喜全集》第一卷，第 374 页。
③ 在关于吠檀多的演讲 "Replies to Questions" 中，他试图在进化论和古老的创造理论之间建立友好关系，后者更准确地说是经由 Prana（原初力量）对 Akasha（原初物质）的作用而来的宇宙的"投射"；在原初物质之上是 Mahat 或宇宙精神，正是在宇宙精神那里，我们才能谈论一种类型的存在"通过原质的充填"转变为另一种类型的存在。

相续的形式呈现,每一个波浪生起和落下,后浪推前浪:

"甚至根据现代的研究,人也不可能只是一种进化物。每一次进化都预设了一次复归。现代科学之人会告诉你,你只能从一台机器得到你输入其中的那么多能量。事物不能无中生有。如果说人由软体动物进化而来,那么圆满之人,即佛陀式的人、耶稣式的人,就包含在软体动物之中……所以,我们的处境需要我们调和经典与现代之光。那种逐渐经由各个阶段显现自身,直至成为圆满者的能量,不可能出自虚无。它存在于某处;如果……原生质是你能追溯的最早的起点,那么原生质必定已经包含了那种能量。① 如下双方的讨论是徒劳的:一方'宣称我们称之为身体的物质集合是我们称之为灵魂的力量显现的原因',另一方则把灵魂作为身体的原因。双方皆言之无物。

"这种力量是我们称之为灵魂或身体的结合体之源头,它来自何处?……更加合乎逻辑地说,这种吸收物质并形成身体的力量,就是通过该身体显现的力量……有可能证明,我们所谓的物质根本不存在,它只是某种力量状态。这种通过身体显现自身的力量是什么?……在古代,在所有古老的经典中,这种力量,这种显现出来的力量,被认为具有光明的本质,它拥有身体的形式,甚至在身体脱落之后仍然存在。然而到后来,我们发现,一种更高级的观念出现了:

---

① 在关于智慧瑜伽的演讲之一《觉悟》(1896年10月29日,后收入《智慧瑜伽》第八章)中,辨喜给了这一进化—复归观念一种显著的惊人形式,类似于通风井:反进化,"如果我们从动物进化而来,那么动物也可能是退化了的人。你们怎么知道不是那样?……你们找到一系列身体,以逐渐上升的等级排列。但你们何以据此坚持,顺序始终是从低级上升,而绝不是从高级下降?……我认为,这个系列在上升和下降之间重复。"歌德的某些话使这个新想法显得可信:要不是他知道并且愤怒地、厌恶地拒绝,这些思路早已在他心中引起共鸣。

这个光明的身体并不代表那种力量。凡是具有形式的……都要求别的什么……所以，某种在梵文中被称为灵魂、阿特曼的东西……就是遍在的大一、无限者。"①

然而，无限者是如何变成有限者的？许多世纪以来，人们在这个重大的形而上学问题②上花费了大量的才能，孜孜不倦地探索，但徒劳无功。因为假定有个无限者，并去谈论和证明之，这仅仅是个开始。无限者必须与有限者合一，但有限者根据其自身的定义注定永远无法获得无限者。在此方面，基督教的形而上学家们③为完成这一任务而发展出了一种有关智性、秩序与和谐的建构才能，类似于他们的同伴——大教堂的建筑大师们的才能；在我看来，他们的宏伟建构比印度教的形而上学创造更美（在这一点上可能没有确定的标准），就像在欧洲人看来，沙特尔或亚眠比马都拉更美，前者用大量雕花石头堆成一个个尖顶，就像一个个白蚁堆。（但在两枚同样巨大的自然果实——对应两种不同精神氛围的表达规则——之间，不存在孰优孰劣的问题。）

针对上面的问题，印度给出的回答是印度教的斯芬克斯的答案：摩耶。正是通过摩耶之幕对精神法则的传达，"无限者"变成了"有限者"。摩耶之幕和精神是"绝对者退化"的产物，绝对者被稀释成了"现象"。意志被认为比现象高一级，然而辨喜并未给予意志叔本

---

① 《智慧瑜伽》第二章"人的真实本性"（最初为伦敦演讲）。
② 以及数学问题（参见庞加莱，*Dernieres Pensees*）。
③ 在此，又一次，这门伟大的艺术连同其横跨无限者和有限者的哥特式拱形圆顶似乎经由普罗提诺和亚略巴古的丢尼修继承自亚历山大里亚和东方。

华所给予它的那种尊贵地位。[①]他把意志置于绝对者的门槛边,守护着大门。意志既是最初的显现,也是最初的限制;它是真我的合成物,超越因果关系,超越居于此岸的心意。然而,没有合成物是永恒的,生之意志意味着死之必然。所以,"不朽生命"在措辞上就是矛盾的,真正的永恒存在超越生死。

然而,绝对者是如何与意志、精神和相对者混合的呢?辨喜从吠檀多的角度做出了回答:"从未有过混合。你就是绝对者,你从未改变。改变的是摩耶,即真我和你之间的幕障。"个人的生命、一代又一代人的生命之目标,整个人类进化之目标,原质从最低的存在开始不断上升之目标,是摩耶之幕的逐渐消除。心意的最初照亮打开了一个小孔,从中可以窥见绝对者。随着心意的发展,小孔扩大;尽管我们不能说,明天透过小孔看见的比今天看见的更加真实,但每一天,我们见到更多,直至整个摩耶之幕消失,唯独剩下绝对者。[②]

> 浮躁的众生停止喧嚣,
> 浮夸的心意平息骚动,
> 心灵卸去桎梏,获得自由,
> 执着与虚妄荡然无存!
> 啊!无震动之声响起。

[①] 他在关于摩耶的第四场演讲《绝对者及其显现》中引用了叔本华的观点,并提出了反驳。
[②] 《智慧瑜伽简介》,出自《辨喜全集》第六卷,第39页起。

此实为汝之声也！真实不虚！[1]

在此召唤中，精神上升……

"闻之者惧。"这无边无际的大一会将他们吞没，"他们会一遍又一遍地问你，他们是否会丧失个体性。"个体性是什么？我倒想看看。万物都在变迁，没有常性……"没有个体性，除了在道路的尽头。我们还不是个体。我们正在朝着个体性而奋斗，个体性就是无限者，就是我们的本性。唯有无限者存在，其生命就是整个宇宙，而我们越是把生命聚焦于有限之物，就越是接近死亡。只有当我们将生命融入宇宙、融入他者的时刻，我们才是活着的；而活在渺小的生命中就是死亡，这就是为什么我们会有死之恐惧。唯有当人意识到，只要宇宙中有一个生命，他就活着，死之恐惧方能被克服……表面上的'人'只是为了表达和显现个体性的一种奋斗，而个体性是超越的……"

这种"奋斗"伴随着原质的进化，一步步走向绝对者的显现。[2]

不过，在此必须对进化学说进行重要的矫正，辨喜是从帕坦伽利那里获得这种矫正的——"原质的填充"（The Filling in of Nature）[3]。帕坦伽利主张，生存斗争和自然选择仅仅完全地、严格地适用于原质的低级阶段，在那些阶段，它们在物种的进化中起到决定性作用。

---

[1] 辨喜的孟加拉语诗歌《献歌》（*A Song I Sing to Thee*），出自《辨喜全集》第四卷，第444页。

[2] 《智慧瑜伽》第二章"人的真实本性"。

[3] 正是在讨论达尔文主义的过程中，辨喜于加尔各答表达了这些观点，时间是1898年年末。（《辨喜的生活》第一百一十二章）

但在下一阶段，即人的阶段，斗争和竞争对进步而言就是一种退化，而非贡献。因为根据地道的吠檀多学说，进步的整个目标，即进步的完全实现，在于人内在的真实本性，只有某些特定的障碍才能阻止人达成目标。如果人能成功地避开那些障碍，那么他的至高本性将会立刻自显。人的胜利可以通过教育、修身、专注与冥想，尤其是弃绝与牺牲来取得。最伟大的圣人，也就是神之子，是那些取得胜利的人。因此，尽管印度教的教义尊重总体而言的科学进化律，但它为人的精神提供了如下可能性：逃离成千上万年的缓慢提升过程，张开双翅，直冲顶峰。① 所以，我们是否讨论这整个体系在哲学上的可能性，以及它所依赖的奇怪的摩耶假说（这种假说无疑十分迷人，符合人们普遍感觉到的某些虚幻本能），这是无关紧要的；而是，这整个体系自己要求解释，但没有人做出过解释，没有人能够做出解释，每一个人都是最终折返，诉诸如下争论："我觉得是这样，

---

① 有天傍晚，辨喜向加尔各答动物园主管说了这番话，这名主管被深深打动，于是，他在巴拉拉姆家的一群朋友面前再次提起。有人问辨喜，达尔文主义是否真的适用于植物界和动物界，而不适用于人，如果那样的话，为什么在他的演讲活动中，他如此坚持改善印度人的物质条件这一根本需要。当时，辨喜怒发冲冠地喊道："你们是人吗？你们满足于吃、睡和繁殖，提心吊胆，哪里比动物强！如果你们心中没有一点理性，现在已经变成四脚野兽了！你们缺乏自尊心，彼此充满嫉妒，已经让自己成为外国人轻蔑的对象！抛开你们爱慕虚荣的吹嘘、你们的理论之类的东西，平静地反思你们在日常生活中的所作所为吧。由于你们被动物性所支配，所以我教导你们，首先要在生存斗争中取得成功，注意强健你们的体魄，这样，你们才能更好地与心意角力。我反复说过，体弱之人不适合觉悟真我！只有心意得到控制，人成为自身的主人，身体强壮与否才是无关紧要，因为到那时，人就不再受制于身体……"
在此，又一次显明，无论人们对辨喜的神秘主义持何种批评，但没有一种批评说它缺乏活力。

难道你不觉得吗?"① 是的,我觉得。我常常清楚地感受到这个表面世界的不真实性,它就像阳光下的蜘蛛网——套用爱丽儿(Ariel)的说法,供李柳丽用来平衡自身。② 游戏者"丽拉",嘲笑者摩耶——我见过这幕障!很久以前,我就看透了它:孩提时起,我就开始偷偷地用手把亮光之孔抠得更大,心脏怦怦直跳。但我无意以此作为证据。这是一幅图像,在把它传达给他人之前,我应该先把自己的双眼借给他人。摩耶或原质(无论叫什么名字)给每一个人以双眼。无论什么东西,"我的"还是"你的",全部属于摩耶,全部笼罩着虚幻之光。我不再兴致盎然地自己给自己任何特权。我爱你的双眼及其所见,亦如我爱自己的双眼及其所见。让你的双眼像我的双眼一样自由!

我的欧洲朋友们,由此你们可知,我不是在试图向你们证明一个体系的真实性;就像其他所有体系那样,这个体系是属人的,因而仅仅是假设。我希望自己已经向你们表明的,是这种假设的高尚性。它作为对宇宙的一种形而上学解释,无论有何价值,但在事实领域,它并不与现代西方科学的最新发现相对立。

---

① 核心是对无限者和摩耶的"经验",其余的只是外壳。宗教科学如果将自身限于对观念和仪式的比较研究,那就拐错了方向。为什么观念和宗教体系的影响会从一个人群传播到另一个人群?因为它们依赖于某些个人经验。比如,斐洛(Philo)、普罗提诺和第一批基督徒的学说之间的相似性是可以检验的,但如下事实并未得到强调,即斐洛、普罗提诺和第一批基督徒实现了相似的"光明"。要点在于,这些宗教"经验"常常发生,以同样的方式发生在不同种族和时代的人那里。如何可能评价这些经验的价值呢?也许可以借助一种新的精神科学,比起精神分析师及其时髦的后继者,它配备更加灵活和精巧的分析工具。当然不能借助观念的辩证法;纵然普罗提诺或丢尼修所建构的体系作为智性构造有其价值,并向争论开放,但这种智性构造最终总是回到对无限者的感知,回到用理性为它建起一座合适的神庙的努力。理性的批评仅仅触及神庙的上部构造,而地基和地下室原封不动。
② 暗示罗曼·罗兰的亚里斯多芬尼斯式喜剧《李柳丽》,这个名字象征"幻觉"。

第三章　科学：普世之宗教

事实上，正如辨喜所理解的，宗教拥有如此巨大的翅膀，以至于当它安定时，可以孵化所有的自由精神之蛋。他不拒绝知识的一切忠实而健全的形式所包含的任何内容。在他看来，宗教是每一个思考之人的伙伴，不宽容是它唯一的敌人。

"必须放弃一切狭隘、好战的宗教观念……未来的宗教观念必须拥抱世上一切伟大、良善的东西，同时对未来的发展保持极其开阔的眼界。过去的所有好东西必须保留，而且必须敞开大门，欢迎新东西加入既有储备。诸宗教（诸科学归入这一名下）还必须是包容的，而不互相轻视，因为它们各自的理想之神不尽相同。一生中，我见过许许多多的灵性之人，许许多多的明智之士，他们根本不信神，就是说，不在我们所谓的意义上信神。也许他们对神的理解比我们更好。人格神、非人格神、无限者、道德律或完人——这些全都包含在我们对宗教的定义中……"[1]

对辨喜而言，"宗教"与精神的"普世性"是同义词。直到"宗教的"观念获得了这种普世性，宗教才能完全实现，因为与无知之人的看法正好相反，宗教更是未来之事，而非过去之事。宗教才刚刚

---

[1]《智慧瑜伽》第一章"宗教之必要性"，出自《辨喜全集》第二卷。

开始。

"……人们有时会说，宗教正在世上消亡，灵性观念正在世上消亡。依我看来，它们才刚刚开始发展……只要宗教在被拣选的少数人手里，或在神职人员手里，它就在神庙、教堂、书本、教条、典礼、仪式和形式中。只有当我们触及真实、灵性化、普世的宗教观念时，只有在那时，宗教才成为真的、活的；它将进入我们的本性，驻于我们的当下，渗透社会的每一个毛孔，前所未有地充当向善的力量。"[1]

今天，有待我们完成的任务是让两兄弟——宗教与科学联合起来，它们目前在某个领域针锋相对，而该领域的彻底开发需要它们的共同努力。我们急需重建"一种同情，在不同类型的宗教之间……在不同类型的宗教表达之间，这些表达来自对精神现象的研究（不幸的是，不同的宗教表达当前甚至宣称唯独自己才是宗教），它们的触角……正在更深地探入天界的秘密……所谓的唯物论科学"[2]。

试图为了一个兄弟的利益而驱逐另一个兄弟，这是不可救药的。在科学和宗教之间，你不能驱逐任何一方。

"唯物论现今流行于欧洲。你可以为现代无神论者的拯救而祷告，但他们不会让步，他们要的是理性。"[3]

那么，解决办法是什么？是在两者之间找到一种妥协（modus vivendi）。很久以前，人类历史就发现了这一点，但健忘的人类却让自己最宝贵的发现被遗忘，然后不得不付出巨大的代价去重新发现。

"欧洲的拯救依赖于一种理性的宗教。"

---

[1] 《智慧瑜伽》第一章"宗教之必要性"，出自《辨喜全集》第二卷。
[2] 同[1]。
[3] 《智慧瑜伽》第六章"绝对者及其显现"，出自《辨喜全集》第二卷，第130页。

这样一种宗教是存在的，它就是印度的不二论、大一、绝对者的理念、非人格神的理念①——"唯一能够收服智性之人的宗教"。

"不二论曾经两次把印度从唯物论中救出。第一次是佛陀的出现，在令人厌恶的实利主义遍地皆是的时候……第二次是商羯罗的出现，当唯物论以统治阶级堕落、被统治阶级迷信的形式再次攫住印度的时候，商羯罗让一种理性的哲学从吠檀多中浮现，从而为吠檀多注入新的生命。

"今天，我们需要理智的太阳，以及佛陀之心——一颗美妙、无限的心，充满爱与慈悲。这种结合将会给予我们最高的哲学。科学与宗教将会相遇并握手。诗与哲学将会成为朋友。这将是未来之宗教，如果我们能够实现，那么可以确定，它将为所有时代的所有人服务。这是现代科学可以接受的一条道路，因为现代科学几乎已经走上此路。当科学导师断言万物都是同一力量的显现，难道你不会想起《奥义书》里的神：

　　正如进入宇宙的火以各种形式表达自身，同一个大灵魂在每一个灵魂中表达自身，然而，它仍然是无限的。②

不二论必须被加之于科学，而又不屈服于科学，同时不要求科学改变其教导。让我们再次回想两者的共同原则：

---

① 辨喜犯了大多数印度人所犯的错误，即认为不二论是印度所独有的。绝对者是基督教形而上学这座庞大拱门的拱心石，也是古代世界某些最高哲学的楔石。我们希望印度直接研究神圣绝对者的其他表达，由此丰富她自己的观念。
② 《智慧瑜伽》第六章"绝对者及其显现"，出自《辨喜全集》第二卷，第140页。

"推论的第一原则是,用一般来解释特殊,直至达成普遍性。知识的另一原则是,对某物的解释必须出自内部,而非来自外部……不二论符合这两个原则"①,并追求在自身的特定领域内应用这两个原则。"不二论迫使自己走向最终的普遍化",并宣称自己抵达了大一——不仅在结果上抵达(从实验中合理地推论出来),而且在源头上抵达。它的言论需要你去控制!它不回避控制,不如说,它寻求控制,因为它不属于那些宗教阵营:在神秘的启示背后确立自身。它的大门向所有人敞开:进来看看吧!它有可能会犯错,就像你我都会犯错,但无论它有没有错,它和我们一起努力在同样的地基上盖同样的房子。

* * *

实际上,尽管不二论的使命是联合,但妨碍我们相互理解的绊脚石,也就是阻碍人类达成一致性的首要障碍,是"神"一词,因为这个词包含了思想的每一种可能的模糊性,并习惯于压迫式地缠住自由的明亮双眼。辨喜充分了解这个事实:

"……好几回,有人问我:'你为什么使用那个旧词——神?'因为出于我们当前的目的,它是最好的词②……因为人类的所有希望、抱负和快乐都集中在这个词里。我们现在已经不可能改变这个词。像这样的词是由伟大的圣人首先创造出来的,圣人意识到了它们的重要性,并理解它们的意义。然而,随着它们在社会上流行起来,无知之人接受了它们,结果是,它们丧失了本义与荣光。'神'一词自远古时代一直沿用至今,宇宙智性的概念和所有伟大、神圣的东西都与这

---

① 《理性与宗教》,出自《辨喜全集》第一卷,第368页。
② 本章结尾处将谈到辨喜对他的"目的"的最终定义。

个词相关联。"如果我们拒绝它，那么每一个人都会提出一个不同的词，结果将是语言的混乱——一座新的巴别塔。"使用这个旧词，只在它的真实本义上使用它，清除它所包含的迷信，并彻底认识这个古老而伟大的词的含义……你们将会知道，这样的词与无数崇高而强大的观念相连；无数的人使用过、崇拜过它们，并把它们和人性中的所有最高最好的东西、合理的东西、可爱的东西、伟大的东西联系在一起……"

辨喜向我们明确指出，"它（神）是显现在宇宙中的全部智性"，全部智性集中在它的中心。它是"宇宙智性"。"各种形式的宇宙能量，比如物质、思想、力量、智识等，仅仅是宇宙智性的显现。"[①]

这"宇宙智性"不言自明地包含在科学推论中。主要的差别在于，在科学那里，它是一个机械装置，而辨喜为它注入了生命，皮格马利翁（Pygmalion）的雕像活了。即便学者可以指责宗教的方式是一种诱导，没有得到科学的证明，但诱导本身并不必然是反科学的，因为说"皮格马利翁模仿雕像"和说"雕像模仿皮格马利翁"一样容易。无论如何，两者出自同一个作坊：如果生命只能在一者那里找到，而另一者是个自动机械装置，倒是令人吃惊的。人的智性表明宇宙智性（在一种更高的程度上，既不能否定也不能证明）。在我看来，像辨喜这样虔诚而博学之人的推论在科学特质上并非迥异于亨利·庞加莱（Henri Poincare）提出的"无限的逻辑"（Logic of the Infinite），该逻辑尽管承认部分科学，却反对康托尔主义者的观点。

---

① 《智慧瑜伽》（New York, January 19, 1896）。

※※※

然而，对辨喜而言，科学是否接受他所说的意义上的宗教，这个问题无关紧要，因为他的宗教准备好了接受科学。他的宗教宽广到足以容纳所有忠诚的真理追求者。它梦想建立帝国，但它尊重所有人的自由，条件是大家彼此尊重。辨喜最美妙的愿景之一（《智慧瑜伽》的最后几篇论文就致力于描述它）是一种"普世宗教"。[1]

既然读者已经对他十分了解，便知他不会理解任何思想上的泰勒制——寻求把自己的颜色加诸世界这道彩虹，即使连唯一能够宣称可以取代其他颜色的纯白色（因为它包含其他所有颜色）也不行。辨喜的婆罗门音乐具有再多的灵性风格也不嫌多。对他而言，单一（uniformity）就是死亡。他为宗教和观念的无限多样性而欢欣，就让它们发展和增加吧！……

"我不想生活在一个坟墓般的地球上。我想做人世间的一员……多样性是生命的一个标志……差异性是思想的第一指针……我祈祷思想多多地增加，直到其形式多如地球上的人数……只有流水才能生成漩涡……唤醒思想的，是思想的力量……让每一个人都拥有自己的宗教思想之路……事实上就是如此。我们每一个人都按照自己的方式思考。然而，这一自然的过程总是被阻塞……"

所以，要去除人的灵魂的阻塞！就像我的瓦莱州邻居们说的，当放水灌溉田地时，要打开自己田里的"封口"[2]。然而，不像在干旱的瓦莱州，不得不节约用水，把水壶传来传去……灵魂之水从不匮乏，

---

[1] 《实现普世宗教的道路》和《普世宗教之理想》（1900年1月美国加州演讲），出自《辨喜全集》第二卷。
[2] 这是瑞士山地农民所使用的灌溉方法，每个农民依次在固定的时间里到田间放水。

它四处流淌。在世上每一个宗教里，都含有一个巨大的生命水库，不管那些以理性的世俗宗教之名否认它的人如何自欺。辨喜说，在过去两千年里，没有一个大宗教消亡，也许除了琐罗亚斯德教之外（他是否确定？在这一点上，他无疑弄错了）。佛教、印度教、伊斯兰教、基督教，在人数上继续增长，在质量上继续提高。（科学、自由和人类团结的宗教也在成长。）人类之中正在减少的是精神的死亡、绝对的黑暗、思想的否定、光明的缺乏：信仰就是最微弱的光线，尽管它没有意识到自身。每一个伟大的信仰体系，无论是"宗教的"还是"世俗的"，都"代表宇宙真理的一部分，并致力于把该部分转变为一种类型"。因此，每一个信仰体系都应该与他者联合起来，而非排斥他者。然而，在所有时代的所有国家，渺小的个人虚荣（主要归因于无知，由傲慢和对神职地位的兴趣维系）总是让"部分"宣称自己是"全部"。"一个人走进世界——神的动物园——手里提着个小笼子"，并自认为能把一切关在里面。多么像个老年儿童！让他们彼此唠叨和嘲笑吧。尽管他们是愚蠢的，但每一个信仰体系都拥有一颗活泼的跳动之心，拥有自身的使命，拥有整个和声中属于自己的音符；每一个信仰体系都孕育出了自己美而不全的理想：基督教的理想是道德纯洁，印度教的理想是灵性，伊斯兰教的理想是社会公正，等等。[1] 每一个信仰体系都有不同的分支，它们有着各自的气质：理性主义、严正主义、怀疑主义、崇拜感官或心意……它们在存在者的神圣秩序中有着不同级别的力量，随着存在者不断地前进。辨喜有个深刻的说法，是我们应该充分地"阅读、记下、学习，并心领神会"的：

---

[1] 毋庸置疑，在此，他只是强调这些远远更加开阔而复杂的思想结构的一个典型方面。辨喜应对这种简单化负责。

"人不可能从错误前进到真理,而只能从真理前进到真理,即从较低的真理前进到更高的真理。"

如果我们正确地理解了他的话,那么我们的口号就应该是,"甚至不接受宽容,那是侮辱和亵渎",因为对于真理,每一个人都领会他所能领会的,你没有权利"宽容"他,就像他没有权利宽容你我。在真理中,我们全都拥有平等的权利,以及平等的份额。我们全都是工作伙伴,所以,让我们亲如兄弟。

"我接受过去的一切宗教,并用它们来崇拜;我用它们当中的每一种来崇拜神……神的书卷写完了吗?或者仍是一场不断持续的启示?世上的这些灵性启示,乃是不可思议的书卷。《圣经》《吠陀》《古兰经》以及其他圣典,全都是这本书卷的页码,而无数的页码尚未翻开……我们站在现在,向无限的未来敞开自身。我们接受昨天的全部,享受今天的光明,并为明天将会来临的一切敞开每一扇心门。向过去所有先知致敬,向现在所有伟人致敬,向未来所有圣人致敬!"

※ ※ ※

今天,这些宣扬普世性和灵性兄弟情义的观念已经传开。然而,每一个人都有意无意地试图把它们变得使自己受益。辨喜无须生活在"权利与自由之战"的时代,也能揭露和指责唯心论的剥削,以及巨大的伪善,这种伪善在现代的日内瓦、巴黎、伦敦、柏林、华盛顿及其无论是敌是友的谄媚者那里达到顶峰。他说,"爱国心是一种半宗教性信仰的一面";然而,它过于频繁地成为自私的面具。"爱、和平、兄弟情义等,对我们而言仅仅是词语……人人喊着:四海之内皆兄弟!我们都是平等的!……"紧接着又喊:"让我们建个党派!"排他主义飞速重现，带着一种十分隐蔽的狂热激情，它悄悄地诉诸人身上所有的恶，"它是一种疾病"。①

所以，不要被言语欺骗！"世界吵吵嚷嚷。"真正感受到兄弟情义的人不会对此多谈，不会向"国际社会"发表演说，不会组织联盟，而只是工作和生活着。仪式、神话和教义（既包括神职人员的，也包括俗人的）的多样性不会困扰他们。他们能够感受到穿过所有人的那根线，它把珍珠串成项链。②跟别人一样，他们从井里取水，每人带着自己的水壶或容器，其形状就是井水呈现的形状。但他们不为井水呈现的形状而争吵，都是一样的井水。③

哪种实际的方式可以确保井边吵吵嚷嚷的人群平静下来呢？让每一个人喝自己的水，并允许别人喝他们的水！有足够的水，能让每一个人喝饱。想让人人从同一个水壶里喝出神，这是愚蠢的。辨喜闯入井边骚动的人群，试图让争吵者至少听从两条行为准则、两条暂行规定：

第一条，"不要搞破坏"！如果能够帮助建设，就去建设，如果不能，也不要妨碍！袖手旁观好过捣乱。绝不要口吐反对任何真诚信念的言语。如果你有真诚的信念，那就为它服务，但不要伤害别的信念的服务者；如果你没有真诚的信念，那就在旁边看着，满足于担任旁观者的角色。

---

① 上下文参见《普世宗教之理想》。
② "我是穿过所有观念的那根线，每一种观念都是一颗珍珠。"（辨喜在《摩耶和神的概念的发展》的演讲中引用了克里希纳这句话。）
③ 辨喜从师父罗摩克里希纳那里继承了这个美妙的比喻，后者对它的表达具有更加生动的色彩。

第二条,"如果有人站在路上,就顺带他一程",要沿着他的路走。你无须担心那条路会让你偏离自己的路。神是所有半径的圆心,我们每一个人沿着其中一条半径走向他。所以,套用托尔斯泰的说法,"当我们到达目的地,就会再度相见"。差异在圆心消失,但仅仅消失在圆心;多样性是自然之必需,如果没有多样性,就没有生命。因此,要帮助他人,但不要想着你能创造他人,甚或引领他人!你能做的全部就是,在嫩苗周围树起篱笆保护它,为它的生长移除障碍,给它足够的空气和空间,让它长大,别无其他。它的生长必定来自内部。要放弃这样的念头:你能给他人以灵性。[①]每一个人的主人都是自己的灵魂。每一个人都必须为了自己而学习。每一个人都必须成就自身。别人的唯一职责是帮助他这样做。

对人的个体性及其自由的这种尊重是值得赞扬的。没有别的宗教在如此之高的程度上拥有这种尊重,而在辨喜那里,这是他的宗教之本质的一部分。他的神就是众生,因而每一生命都当自由发展。最古老的《奥义书》之一说:

> 凡宇宙中存在的,尽包含在主之内。

辨喜对这句话的解释如下:

[①] 我认为有必要对这种说法(对应辨喜的个人思想)进行如下修正:"每一个人身上都有灵性,然而是或多或少潜伏的、被压抑的,或是自由喷涌的。那成为灵性之泉的人,其存在本身,其喷涌之水的妙音本身,就是一种召唤,唤醒隐藏之泉,那些隐藏之泉不知道自身的存在,或者害怕承认自身的存在。在此意义上,确实存在天赋——灵性活生生地传递。"

"我们必须用主本身来包含万物,不是通过一种错误的乐观主义,也不是通过蒙住双眼不看邪恶,而是通过真正在万物之中见到神"——在善与恶之中,在罪与罪人之中,在快乐与悲伤之中,在生命与死亡之中。"假如你有妻子,那不是意味着你要抛弃她,而是意味着你要在她里面见到神。"神在她里面,在你里面,在你的孩子里面。神无处不在。

这种情操没有夺去生命的任何财富,而是对生命的财富与苦难一视同仁。

"欲望和邪恶本身有其用处。幸福中有荣光,苦难中有荣光……至于我,我很高兴自己做过一件好事和许多坏事;我很高兴自己做过一件对的事和犯过许多错,因为每一个错误都是重要的一课……你不是不该拥有财产、拥有你想要的一切……只要认识真理并实现真理……一切属于主,每一刻都要念着神……整个场景都会变,看上去充满不幸和痛苦的世界,将会变成一个天堂。"

这就是耶稣的名言"天国在你心中"的含义。天堂不在天上,而在此时此地。万物皆天堂,你只需睁开双眼。[①]

> 起来,醒来,别再做梦!……
> 勇敢地面对实相!与实相共处!让幻觉消失,
> 或者,如果无能为力,不妨做些更真实的梦
> ——永恒的爱和慷慨的服务。[②]

---

① 上文出自关于"智慧瑜伽"的第七场演讲:《万物中的神》(伦敦,1896 年 10 月 27 日)。后收入《智慧瑜伽》第七章。
② 辨喜的这首诗日期不明,字里行间包含了瑜伽的所有重要形式。

"每一个灵魂,"他再次评论道,①"都具有潜在的神性。善就是通过控制外部自然和内部自然去彰显这种内在的神性。去行动吧,通过工作、崇拜、心意控制或哲学②(选择其中一种、几种或全部的方式),并保持自由!这就是宗教的全部。教义或教条,仪式或文本,神庙或形式,只不过是第二位的细节。"

实际上,他是个伟大的艺术家③,把宇宙比作一幅画,只有那些不怀任何买卖意图,不用双眼贪婪地看它的人,才能享受它:

"我从未读过比这更美妙的上帝观了:'他是伟大的诗人,古老的诗人,整个宇宙就是他的诗篇,在韵律中一行一行地呈现,以无限的喜乐写成。'"

* * *

然而,恐怕这样一种上帝观看似过于美学化,难以理解,除了那些拥有艺术灵魂的人——比起我们被烟雾遮蔽的黯淡太阳,他们更多地被浇灌了孟加拉各民族的湿婆之水造就。另外,还有一种危险,就是走向这种上帝观的反面:理解了这一令人着迷的理想的民族,将会

---

① 《辨喜全集》第四卷中的"访谈"。
② 就是通过四种瑜伽——行动瑜伽、虔信瑜伽、胜王瑜伽和智慧瑜伽——中的一种或全部。
③ "你难道没有看到,"他对麦克里尔德小姐说,"我首先是个诗人?""诗人"这个词可能会受到欧洲人的误解,因为欧洲人已经丧失了诗的真正含义——信仰之飞跃,如果没有这种飞跃,一只鸟就只是个机械玩具。1895年,在伦敦,他说:"艺术家是美的目击者。艺术是世上最不自私的快乐形式。"他还说:"如果你无法在自然中感受和谐,那你怎能感受神,神是所有的和谐。"最后,他说:"事实上,艺术是梵。"

成为安静的旁观者,被这"至高无上的艺术家(Summus Artifex)"[①]弱化和奴役,就像罗马皇帝用各种赛事弱化和奴役他的臣民……

迄今为止一直跟随我的读者十分了解辨喜的天性及其悲剧性的激情(把他和世上一切苦难捆绑在一起),也十分了解他用来投身于拯救的那种猛烈行动,由此,你们可以肯定,他决不允许,也决不宽容别人在艺术或冥想的出神状态中迷失自己。

正是因为他从自己和同伴身上认识到了这一至上游戏的危险吸引力[②],

---

① 我们知道,尼禄(Nero)自称"至高无上的艺术家",罗马人服从他的全部暴虐,只要他给他们"panem et circenses(面包和竞技场)"。

② "丽拉(Lila)",神的游戏。

他对纳薇迪塔修女说:"你知道,我们有个理论认为,宇宙是神本身出于乐趣(fun)的显现,化身'出于乐趣'而降生和生活在此!游戏,都是游戏。基督为什么被钉死?那只是游戏……只是神的游戏。'它(生活)就是游戏,它就是游戏。'"这种深刻而又可怕的学说在所有伟大的印度人(以及各个时代、各个地方的许许多多神秘主义者)思想的底层。普罗谁诺难道没有相同的观点吗?他把生活想象为一个剧场,在那里,"演员不断变换装束",而帝国与文明的消亡"是场景或角色的更换,演员的哭喊和眼泪……"

然而,我们一定不能忘记辨喜的教导之时间和地点。通常,他想要引导听众反对一种他认为不健全的倾向,他以毒攻毒,但对他而言,和谐才是最终真理。

在文中涉及的场合,纳薇迪塔的多愁善感让他十分尴尬,当时那薇迪塔正以过于感伤的方式向他道别。他对她说:"为什么不笑着告别呢?你在敬拜悲伤……"为了训斥这位对什么都过分较真的英国朋友,他对她讲了游戏论。他对阴郁的虔诚之厌恶,对自我压抑的悲伤情绪之反感,表达在一个有关拿拉达的故事中:

在诸神中间,有伟大的瑜伽士,拿拉达便是其中之一。有一天,他在穿越一座森林时,见到一个人,那人一直冥想,直到白蚁在他周围堆起了一个巨大的蚁冢。走着走着,他见到另一个人,那人在一棵树下跳舞取乐。他俩都问去过天界的拿拉达,他们什么时候才配得到解脱。拿拉达对那个被蚁冢包围的人说:"还需经过四次转世。"那人哭了。对那个舞者,拿拉达说:"需要经过像那棵树的树叶那么多的转世。"舞者听了很高兴,因为解脱那么快就会来临,于是,他继续快乐地跳舞……他立刻得了解脱。(参见《胜王瑜伽》的结论)

所以他常常阻止弟子沉迷于此，并常常在讲道中试图把弟子的梦想转向他所称的"实用吠檀多"。①

在他那里，的的确确"梵知是最终目的，是人的最高命运，但人不能始终全神贯注于梵"，②那种全神贯注仅仅适合特殊时刻。"当他从静止的海里浮出，无名无姓时"，他必须回到浮筒那里。这更多的是"Memento quia pulvis es（记住你是尘土）"，而非"carpe diem（及时行乐）"的自我本位③，亦非出于安全的考虑让人漂浮在海上。

"如果一个人一头扎进愚蠢的世俗享乐当中，而不认识真理，那么他已经失足……如果一个人诅咒世界，遁入森林，克制肉身，用饥饿一点点自杀，把心变成荒地，扼杀情感，变得严厉、苛刻和干瘪，那么他已经误入歧途。"

我们必须从启示状态（刹那间向我们揭示经典所描述的完全意义上的存在之洋）带回世界的伟大格言（它迟早会让我们抵达目标），也是伦理的第一规则：

"不是我，而是你！"

"我"是隐藏的无限者在外显过程中的产物。我们必须把路线倒转过来，朝向我们原初的无限状态。每一次，当我们说"我的兄弟，不是我，而是你"，我们就前进了一步。

---

① 关于"胜王瑜伽"的两场演讲的题目（伦敦，1896年11月10日和12日），也见他关于智慧瑜伽的其他演讲，包括《真正的人和表面的人》《觉悟》《万物中的神》以及与萨拉特·钱德拉·查克拉瓦提的谈话，1898年，贝鲁尔，《辨喜全集》第二卷，第105页起。
② 关于解脱之道的访谈，参见《辨喜全集》第七卷，第193页起。
③ 这两种说法的含义众所周知："及时行乐"属于享乐主义者，"记住你是尘土"属于基督徒。

"然而,"自私的弟子说(针对他的异议,辨喜那天以天使般的耐心进行了回答,这与辨喜的习惯相左),"如果我必须始终想着他人,那我该在何时冥想阿特曼呢?如果我始终忙于具体的、相对的事务,那我如何认识绝对者呢?"

这位斯瓦米亲切地说:"我的孩子,我已告诉过你,通过热切地惦记他人的善,通过致力于为他人服务,你将会借着行动净化自己的心,而且借着行动,你将会见到大我,他在众生之中。到那时,你还有什么必须达成的?难道你宁愿相信觉悟大我就是以呆滞的方式存在,仿佛一堵墙或一段木头?"

"但是,"这名弟子坚持道,"经典所描述的自我退隐、进入真实本性的行为,还是在于停止一切精神活动和一切行动。"

"哦!"辨喜说,"那是一种相当罕见的状态,难以进入,而且不持久。那么,你要如何度过剩余的时间呢?这就是为什么进入这一状态之后,圣人在众生之中见到大我,而在见到大我之后,圣人致力于为众生服务,由此,他耗尽有待身体消耗的业(行动)。这种状况就是圣典所描述的现世解脱。"[1]

有个古老的波斯故事,以巧妙的形式讲述了这种喜乐状态:已然通过知识得到自由的人,是如此自然而然地把自己给予他人,以致忘了他人身上的一切。故事说,有个情人来敲深爱之人的门。门内的人问:"谁呀?"他回答:"是我。"门没有开。第二次他来敲门:"是我,我在这儿!"门还是没有开。第三次敲门,门内的人又问:"谁呀?"他回答:"亲爱的,我就是你!"这次,门开了。[2]

---

[1] 《辨喜全集》第七卷,第105页。
[2] 辨喜在关于"实用吠檀多"的第二场演讲中引用了这个故事。

然而，这个动人的故事——辨喜比大多数人更能欣赏其魅力——所讲述的理想之爱过于消极，无法容纳一个民族领袖的强健力量。我们已经看到，他是多么频繁地鞭笞和责骂虔信者贪婪的喜乐。像他那样去爱意味着积极地去爱、去服务、去帮助。被爱者不是被拣选的，而是碰巧近在咫尺，甚至是正在打你的敌人，或邪恶者、不幸者——尤其是不幸者，因为他们的需求是最大的。

"我的孩子，如果你能相信我，"他对一个把自己关在房子里徒劳地寻求心意平静的中产阶级青年说，"首先，你必须打开房门，看看你的周围……你的房子附近有些可怜人。你要尽你所能地为他们服务。其中有个人病了，你要照顾他。另一个人正在挨饿，你要给他吃的。还有一个人很无知，你要教导他。如果你想让心意平静，就去服务他人！这就是我要说的！"[①]

有关他的教导的这一方面，我们已经强调得够多了，无须进一步强调。

但是，还有另一方面，我们一定不能忘记。在欧洲人的思想中，"服务"通常意味着一种自愿贬低感、一种谦卑感，是歌剧《帕西法尔》中的孔德莉（Kundry）说的"效劳、效劳（Dienen, dienen）"。这种心情在辨喜的吠檀多主义中全然不存在。去服务或者去爱，就是与被服务者或被爱者平等。它远远不是贬低，辨喜始终把它视为生命

[①] "所有幸福的口令……都是'不是我，而是你'。谁关心有没有天堂或地狱，谁关心有没有灵魂？谁关心有没有永恒者？我们身在这个世界，而它充满不幸。要像佛陀那样深入痛苦，为减少痛苦而战，或者为减少痛苦而死。忘了你们自己吧。这是要学的第一课，无论你是有神论者，还是无神论者，无论你是不可知论者，还是吠檀多主义者、基督徒或穆斯林。"（《实用吠檀多》，出自《辨喜全集》第二卷，第350页。）

之圆满。"不是我,而是你",这话并不意味着自杀,而是意味着征服一个辽阔的帝国。如果我们为邻人服务,那是因为我们知道神在我们中间——这就是吠檀多的第一教导。它不是在告诉我们"要下跪",而是在告诉我们:"昂起头!因为神在你们每一个人内部。要配得上神!要为此骄傲!"吠檀多是强者之面包。吠檀多对弱者说:"没有软弱,你们软弱是因为你们想要那样。"[①]首先要信仰自己。你们自己就是神的证明。[②] "你就是那",你的每一次脉动都如此这般地歌唱着。"宇宙及其无数个太阳齐声念着这句话:'你就是那。'"

辨喜骄傲地宣告:

"不信自己的人才是无神论者。"[③]

然而他接着说:

"但这(信自己)不是一种自私的信仰……它意味着信仰一切,因为你就是一切。爱你自己意味着爱一切,因为你就是一切,就是

[①] "只要你说,'我是个渺小的凡人',你就在口吐不实之词,在对自己撒谎,在催眠自己,把自己变成卑微、软弱和可怜的东西。"(《实用吠檀多》)
参见与萨拉特·钱德拉(Sara Chandra)的最后几次会面:"对你自己说:'我充满力量,我是快乐的梵!'……梵绝不在那些没有自尊的人身上醒来。"

[②] "你怎么知道一本书教导的是真理呢?因为你是真理,并感受到它……你的神性就是神本身的证明。"(《实用吠檀多》)

[③] 波希·森(Boshi Sen)向我引述了这句话,大大有助于解释辨喜的宗教;辨喜说这句话是为了反对基督教的一个假说:我们应该在生前忍受人间地狱,以便在死后进入天堂。
"我不信在天堂给我永乐,却没法在人间给我面包的神。"
印度对神的伟大信念所具有的这种勇敢无畏,我们一定不能忘记。西方说东方消极顺从,但西方在与神的交流中,远远更加消极顺从。如果像印度吠檀多主义者所相信的,神就在我内部,那我为什么要接受世上的屈辱呢?倒不如说,消除屈辱是我的事。

大一。"①

这种思想是全部伦理的基础。

"大一是真理的试金石,促成大一的即为真理。爱是真理,而恨不是,因为恨服务于多……它是一种分裂力量……"

由此,爱走向前台。② 但这里说的爱乃是心脏的跳动、血液的循环,若非如此,身体的构件将会瘫痪。爱也意味着力量。

所以,万物的基础是力量,神圣的力量。它在所有事物、所有人之中。它在圆心,也在圆周的所有点上。圆心和圆周之间,每一条半径扩散开来。投入圆周的人被扔进火里,而抵达圆心的人以百倍的能量返回。在冥想中觉悟它的人,将在行动中实现它。③ 诸神(The gods)只是它的一部分,因为神(God)才是众生之中的大一。见到

---

① 《实用吠檀多》。
② 在此,智性被降至第二位。"智性是必要的,但……仅仅是清道夫,是警察",如果爱之洪流没有倾泻而出,那么道路仍是空的。接着,他继续引用《效法基督》(*Imitation of Christ*)的内容。
③ 在此,又一次,基督教玄学得出了同样的结论。与神合一之后,灵魂可以从心所欲不逾矩。这种掌控最好的例子之一是个 17 世纪的托拉兰桥人,我们法国的圣特蕾莎修女,即马丁夫人(Madame Martin),布莱蒙德(Abbe Bremond)将其不朽名著 *Histoire Litteraire du sentiment religieux en France* 第四卷的一些最美妙的篇章献给了她,还有第五章 "La Vie intense des Mystiques"。与罗摩克里希纳一样,伟大的马丁夫人完全以基督教的设定经历了神秘合一的所有阶段:感受力、爱、智慧(直到最高的智性直觉),然后进入实际行动,哪怕一瞬间也没有失去与神的联结。她这样形容自己:
"经由能够想象的最亲密的合一,一种神圣的联结在神和我的灵魂之间建立起来……如果说我有什么重要的事,那就是我将不断地努力加强上帝在我里面所做的。这本身给我慰藉,因为当感官被占据并改道,灵魂就摆脱了它们……被动祷告的第三种状态是最高状态……感官到那时是如此地自由,以致灵魂可以行动,而不在情境所需的任何事务中分心……上帝在灵魂深处闪光……"

神的人将为众生而活。①

因此,根据智慧圆满的大我和摩耶游戏中的私我之间的一种永恒往返,我们主张所有生命力量的合一。在冥想中,我们得到必要的能量,用来爱和行动,用来信仰并在行动中喜乐,用来打造生活之框架。每一次行动都变成了通往永恒的钥匙。在热切的行动之核心,是永久的平静②;同时,灵魂参与生活之斗争,却又浮于斗争之上,因为至高无上的平静已然实现,那是《薄伽梵歌》与赫拉克利特的理想。

　　　　不同的音调造成最美的和谐……

　　她的儿子,同样是圣人的唐·克劳德(Don Claude)写道:"在她那里,就像外在之事丝毫也不扰乱内在合一,内在合一同样不妨碍她的外在行动。马大和马利亚从未如此地一致,马利亚的沉思一点也不妨碍马大的行动……"
　　我非常热烈地敦促我的印度朋友们(以及通常对这些丰富性一无所知的欧洲朋友们)认真地研习这些绝妙的文本。我不认为有别的玄学把一种如此完美的精神分析才能和一种引发深刻直觉的活力联系在一起。

① 贝鲁尔修道院现任院长,伟大的希瓦南达(Shivananda)在罗摩克里希纳修道院和传道会的第一次大会(1926年4月1日)上如此致辞:
　　"如果最高启示旨在抹去个体灵魂和宇宙灵魂之间的所有分别,如果其理想是在人的自我和无处不在的梵之间建立完全的同一性,那么我们自然而然由此得出,求道者的最高灵性经验只会引领他进入这样一种状态:让自我献身于全人类的福祉。他在超越宇宙的种种局限性——无知的结果——之后拥抱宇宙,从而做出最后的神圣献祭。"
② 参见《薄伽梵歌》,在此,它是《实用吠檀多》的灵感。

第四章 上帝之城与人类之城

辨喜的建设性才能可用两个词来概括：平衡与综合。他接受全部的精神道路：四种瑜伽，弃绝与服务，艺术与科学，宗教与行动——从最灵性的到最实用的。虽然他教导的每一条道路都有自身的局限性，但他本人已经全部穿越，并把它们变成了自己的。他仿佛坐在双轮战车上，手握四条真理之路的缰绳，同时沿着四条道路奔向大一。①他是人类全部能量的和谐化身。

然而，如果这位"分辨者"没有亲眼见过这种和谐在罗摩克里希纳的人格中得到实现，那么他就不会凭着自己的杰出智性发现"和谐的配方"。他那天使般的师父本能地把生命的所有不和谐音变成了莫扎特式的和谐，犹如天体音乐那般丰富和甜美。因而，这名伟大弟子的行动和思想全部带着师父罗摩克里希纳的印记。

"那人降生的时机已经成熟，他会集商羯罗光辉灿烂的智性和柴坦尼亚无比开阔的心胸于一身；他会在每一派别中看到同一精神的运作、同一个神；他会在每一存在者身上见到神，他的心灵会为穷

---

① 正是他的这种能力打动了罗摩克里希纳，以及后来的吉里什·高斯（Girish Ghose），后者这样向弟子们谈论辨喜："你们的斯瓦米既是智者和学者，也热爱神和人。"他实现了瑜伽的四种形式——虔信、行动、知识和能量，并保持着它们之间的平衡。

人、弱者、被践踏者哭泣,为世上每一个人哭泣;同时,他的卓越智性会孕育出高贵的思想,足以协调所有冲突的教派——无论是在印度还是国外,并带来一种不可思议的和谐……时机已经成熟,这样一个人必须降生……我有幸坐在他的身旁……他来了,他乃是《奥义书》活的精神、印度圣人的体现、今日之圣人……和谐……"[①]

这种和谐已在一个蒙恩之人身上实现,并已为少数"被拣选者"享受,而辨喜想要把它扩展到整个印度和整个世界。他的勇气和原创性就在这里。他也许没有创造过哪怕一种新观念,但他本来就是印度的子宫孕育的后代,是印度这只不屈不挠的蚁后在漫长的时间里产下的卵之一……然而,她的蚂蚁子女们从未联合起来建造一座蚁冢,它们的不同思想似乎不相兼容,直到这些思想在罗摩克里希纳身上作为一首交响乐出现。正当那时,它们的神圣秩序之秘密被揭示给辨喜,[②]而他开始着手建造"上帝之城"——人类之城。

他不仅必须建造这座城,而且必须建造城中居民的灵魂。

印度的代表们,即研究他的思想的专家们,承认他在建造上帝之城的过程中受到西方现代纪律和组织工作的启发,以及古印度佛教组

[①] 关于"印度圣人"的演讲。参见《吠檀多与印度生活》(从美国返回之后)、《吠檀多的所有面相》(加尔各答)的演讲,我从这两场演讲中摘了一些词句插入正文。
[②] "当我和这样一个人——一个忠诚的二元论者、不二论者、虔信者、智慧者——共同生活时,它被揭示给我。与这个人的共同生活首先让我在一个独立的、更好的基础上去理解《奥义书》和圣典,而非盲目地听从注释者……我得出结论,这些文本并非全然相互矛盾……我发现的一个事实是……它们始于二元论的观点……终结于不二论观点的繁盛。我已明白印度所有信仰背后的和谐,以及这两种(二元论的和不二论的)解释的必然性,好比天文学的地心说和日心说……"(论"吠檀多在印度生活中的应用",参见《吠檀多的所有面相》)。

织的启发。①

他构想出一个计划：建立一个修会，其中心修道院要在一个又一个世纪里"象征罗摩克里希纳的肉身"。②

该修道院的建立是为了达成两个目标：为人们（男性）提供方法"获得解放/解脱，以使他们准备好为了世界进步和改善环境而奋斗"。为了让女性达到同样的目标，要再建一个修道院。这两个修道院要遍布世界，因为斯瓦米·辨喜的游历和国际性教育让他相信，当前人类的渴望和需要是普世性的。"伟大的印度"恢复其古老的使命——向世人传福音——的日子似乎已经来临。但不同于昔日"上帝的选民"（我们在一种灵性帝国主义的狭隘意义上理解他们的职责，灵性帝国主义即不断利用权力把自己的制服和紧身头盔强加给他者），这位吠檀多主义传教士被迫依据自己的正法去尊重每一个体的自然信仰。他只想重新唤醒人身上的大灵，"按照最适合他们的方式，最好地满足他们最大的需要，从而引导个人和民族征服自己内在的王国"。这里没什么可让最自负的民族主义反感的东西。没有民族被要求背弃自己的道路③，毋宁说，各民族被要求把自己内部的神发展到最完全、最高级的程度。

然而，就像托尔斯泰（其思想是其善念和善心的产物）那样，辨喜明白，他的首要职责是对最近的邻人——自己的同胞的职责。在本

---

① 这也是《吠陀》的理想："真理唯一，圣人异名。"
② 依据的是斯瓦米·希瓦南达的说法（见上文）。这是修道院现任院长希瓦南达复述的内容，显然十分接近基督教会的观念。
③ "我们决不应该考虑去消除一个民族的特征，哪怕可以证明其特征由错误构成。"（辨喜，1899年至1900年。）

书的字里行间，体现在他身上的印度之震颤一次又一次地显现出来。他的普世灵魂之树扎根于人性的土壤中，无言的树干遭受的哪怕最小的痛苦也会对整棵树造成反冲。

他本人是一个集数百土邦之民族的统一化身，每一个土邦都分为不同的种姓和次种姓，看上去就像血液无法凝固的血友病人，而他的理想是统一——思想的统一和行动的统一。他的伟大在于如下事实：他不仅通过理性证明该民族应当统一，而且通过教化使统一深入人心。他拥有这样的才能：捕捉词汇，然后投入他的灵魂熔炉里反复地燃烧和锻打，以便它们可以刺穿无数人的心。令人印象最为深刻的是如下著名措辞："Daridra-Narayana"（叫花子神）……"唯一存在的神，我唯一信仰的神……我的神是不幸者，是所有民族的穷人。"可以公正地说，是他改变了印度的命运，他的教导响彻全人类。

我们可在过去二十年间发生于印度的重大事件中见到他的教导之标记——一个燃烧的疤痕，犹如刺穿十字架上人子心脏的长矛之印记。当印度国会（一个纯政治组织）的反对党（Swarajist party）在加尔各答市议会上获胜时，他们制定了一个公共服务方案，称为"叫花子神"方案。这个引人注目的词也被甘地采纳，并常常使用。同时，在宗教冥想和服务社会底层之间，一种联结建立了起来。"他让服务有了一个神圣的光环，并把服务提升到宗教的高度。"这种观念抓住了印度的想象力；针对女性、洪水、火灾和流行病的救济工作，比如三十年前不为人知的 Seva-ashramas 和 Seva-samitis（进行社会服务的休养所和社团），在印度全国成倍地增加。这给了纯粹沉思型信仰的利己主义以强悍的一击。我们前面引用过的罗摩克里希纳的激烈言辞"宗教不是为了饿肚子"，体现了如下教导：必须先让人们填饱肚子，再去唤醒他们心中的灵性渴望。再者，单单给他们食物是不够的，还必须教导他们如何自己去谋生。有必要提供资金和教育，因而，依照辨喜的愿望，这需要来自全部政党的一个完整的社会改革方案（尽管被避而不谈）。另一方面，"叫花子神"的观念为印度的灵性生活和职业生活之间的长期冲突提供了解决办法。服务穷人不仅帮助了穷人，而且甚至更有效地帮助了服务者，俗话说，"赠人玫瑰，手有余香"。如果服务是本着真正的崇拜精神进行的，那么服务就是灵性进步最有效的手段，因为"毫无疑问，人是神的最高象征，对人的崇拜乃是世上最高形式的崇拜"。[1]

"为了挽救将死之人的生命而奉献自己的生命，此乃宗教之本质。"[2]

由此，印度被一名桑耶辛伸手拉出了徒劳沉思的流沙，在许多世纪里，她一直陷在里面。结果是，整个沉睡的神秘主义水库冲破围坝，其水波扩散开来，进入行动之中。西方应该清楚由此释放的巨大能量。

世界发现正与一个觉醒的印度面对面。她俯卧在广阔半岛上的巨大身躯正在伸展四肢，集合分散的力量。无论19世纪的三代号手〔我们向其中最伟大的友好先驱拉姆·莫亨·罗伊（Ram Mohun Roy）致敬〕在印度的觉醒中扮演了什么样的角色，决定性的召唤是科伦坡和马德拉斯的演讲吹响的号角。

---

[1] 修道院院长希瓦南达在1926年的致辞中如此回忆道。
[2] 辨喜在1899年的流行病期间对一个梵学家如此说道。当时，这个梵学家抱怨在见辨喜时，无法和他谈论宗教，辨喜回答："只要我的国家有条狗没吃的，我的整个宗教就将是去喂养它。"

团结（Unity，大一）是有魔力的口号。它是每一个印度人的团结（以及世界的团结），是所有力量和精神的团结：梦想、行动、理性、爱、工作。它是印度诸多人种及其诸多方言与神的团结，那些神源于同一个宗教中心，该宗教中心是当前与未来的重建之核心。[①]它是印度教诸多教派的团结。[②]它是宽广的宗教之海的团结，汇集古今东西所有宗教思想之河；因为（此处可见罗摩克里希纳与辨喜所说的觉醒和罗伊与梵社所说的觉醒之差异）那时，印度拒绝忠于西方的专横文明，她捍卫自己的观念，她已迈入这一长期命运：坚决不牺牲自身文明的任何部分，而是要让世人受益于她的文明，并接受西方在理智上的征服。不完善、不完全的显赫文明已成过去。亚洲和欧洲这两大巨人第一次平等地面对面。如果它们是明智的，那么它们将携手努力，而它们的劳动果实将为全人类享用。

这"更伟大的印度"，这新印度（其成长已被政治家和学者以鸵鸟般的方式掩藏，其显著影响目前正在显明）渗透着罗摩克里希纳的灵魂。至尊天鹅和英雄（后者把前者的思想转化为行动）的双重启程引导并主导着印度当前的命运。他们温暖的光芒是在印度的泥土中发酵，并滋养着这片土地的酵母。印度当前的领导者，圣哲阿罗频多、圣诗泰戈尔、圣雄甘地已在天鹅和雄鹰的双重星光下成长、开花并结

[①] 在生命的最后时刻，他重复道："印度是不朽的，如果她坚持寻找神。如果她因为政治而放弃寻找神，那她将会灭亡。"印度第一次全国运动——抵制英国货运动就渴望建立在这一灵性基础之上，这场运动的领袖阿罗频多证明辨喜的观点是正确的。

[②] 发现并宣告印度教之团结（在科伦坡和阿尔莫拉演讲之后），这是辨喜的工作最重要、最有原创性的特征之一。

果,这一事实得到了阿罗频多和甘地的公开承认。①

在我看来,对这场令人惊叹的运动仍然无知的世人(除了盎格鲁-撒克逊群体之外)是时候从中受益了。读者们一定已经注意到,这位印度斯瓦米及其师父的许多观念是多么符合我们的许多神秘思想,我可以做证——不仅代表我自己,而且代表过去二十年来的许许多多欧洲人和美国人,我不由自主地成了他们的知己和告白者。这不是因为我和伙伴们在不经意间被印度精神渗透,就像罗摩克里希纳传道会的某些代表似乎认为的那样。在这个问题上,我和斯瓦米·阿肖卡南达(Ashokananda)谦恭地讨论过,他从一个假设的事实——吠檀多的观念已经传遍世界——出发,得出了如下结论:这至少部分地归因于辨喜及其传道会的工作。然而我十分确信情况相反。辨喜的话语、思想、甚至名字② 实际上都不为一般人所知(我正试图纠正一个错误);如果说,在以真义浇灌欧美热土的观念洪流中,最能给人以

---

① 甘地在公开场合证实,研究斯瓦米·辨喜的著作对他帮助很大,这些著作增强了他对印度的爱与理解。他为《罗摩克里希纳的生活》(*Life of Ramakrishna*)的英文版作序,并主持了罗摩克里希纳传道会举行的几次纪念罗摩克里希纳和辨喜的活动。斯瓦米·阿肖卡南达写信告诉我:"阿罗频多的整个灵性和智性生活受到了罗摩克里希纳和辨喜的生活与教导的强烈影响。他不厌其烦地昭显辨喜的观念之重要性。"至于泰戈尔,他的歌德式才华让他站在印度所有河流的交汇处,我们可以认为,在他身上,梵社的潮流(由父亲玛那希·泰戈尔传给了他)和罗摩克里希纳与辨喜的新吠檀多之流这两股潮流和谐地混合。他以自己的精神让西方和东方宁静地结合。从社会与民族的视角来看,如果我没有弄错的话,他唯一一次公开宣告自己的观点大约是在 1906 年抵制英国货运动开始时,即辨喜去世后四年。毫无疑问,这样一名先驱的呼吸必定在他的成长中扮演了某个角色。

② 最重要的事实之一是,他已被哲学界和学者圈完全遗忘,这些圈子曾在他旅居欧洲时熟悉他;因此,在叔本华协会的圈子里,可以说我不得不向保罗·杜森(辨喜的东道主和朋友)的弟子和后继者们重新教导辨喜的名字。

活力与滋养的一股潮流称为"吠檀多"之流,那就相当于说,茹尔丹先生(Monsieur Jourdain)①不知不觉口吐"散文"——因为这是人类的一种自然的思想传导。

所谓的吠檀多思想究竟是什么?根据现代罗摩克里希纳派吠檀多最权威的代言人的定义,吠檀多思想可以归纳为两个原则:

(1)人之神性;

(2)生命之灵性。

而从这两个原则直接推论出来的结果是:

(1)每一个社会、每一个国家、每一个宗教都应建立在如下基础上:承认全能者(All Powerful)潜在于人的心中。

(2)应当根据"生命之灵性"这一终极观念去引导和管理一切人类利益,才能富有成效。②

这些观念和抱负,没有一种是西方所陌生的。我们的亚洲朋友具有充分的理由来怀疑我们的灵性,他们是根据我们中间的破产者——政治家、商人、心胸狭隘的官员、"以咽喉为福音的贪婪饥饿的狼"、整个殖民人事部(包括人与观念)——来判断欧洲的。然而,欧洲的灵性深邃而真实,从未停止浇灌西方国家的底土和根。若非沉默的储液囊中不断涌出强大的灵性汁液,欧洲这棵橡树早已倒在肆虐的暴风雨中。亚洲朋友在行动才能上无异于我们,然而,若是没有内在的火焰(不是纯洁的童贞女的灯火,而是一座居克罗普式

---

① 法国的一个流行角色,出自莫里哀的喜剧《贵人迷》。
② 在此,我依赖的是斯瓦米·阿肖卡南达(1927年9月11日)的一封非凡的来信,其价值不亚于罗摩克里希纳传道会的一次宣言。该信与我的回信一道发表在传道会的杂志上。

的火山，在那里，火成物质不断地积聚和供应），那么这场长期行动就不可能保持经久不衰的狂热。作为本书的作者，我指责并否定欧洲的"市场"，①拒绝认为市场这座火山冒出的烟和火山渣能够证实我们不竭的灵性那燃烧的源头。面对误解欧洲的外人，也面对沉默而坐的欧洲本身，我从未停止回忆这些燃烧的源头之存在，以及"更好的欧洲"之延续。"她在无言地诉说"②，但她的无言诉说比装懂之人的嘈杂更加响亮。在一时的表面旋涡——狂热的享乐和空耗的能量——之下，是一笔持久的、不可动摇的财富，由自制、牺牲和对圣灵的信仰构成。

至于"人之神性"，这一概念可能不是基督教或希腊罗马文化的果实，③如果把二者分开考虑的话。然而，它是希腊罗马的英雄主义之

---

① 暗示罗曼·罗兰的《约翰·克利斯朵夫》其中一卷的名字，该卷申斥西方的"一日之师"们，连同他们的奇谈怪论。
② "Silet sed loquitur."
③ "西方是如何获得这些观念的，"斯瓦米·阿肖卡南达写信道，"我并不认为基督教和希腊罗马文化明确赞同它们……"
然而，我们有可能以如下事实回答斯瓦米·阿肖卡南达的问题：欧洲并不单单是由基督教化的希腊罗马文化组成的，还有自称的中东派，没有得到我们的承认。被忽视的还有西方土著人这一基础，以及席卷法国和中欧及其富饶沙洲的大入侵潮流。梅斯特·爱克哈特和伟大的哥特人的"Hochgefuhl"已被容许遗忘。
"当我站在上帝深不可测的深处，上帝通过我创造了万物。"（爱克哈特）
这难道不是一个现象，证明这些直觉的闪光是内在的，它们存在于西方人的灵魂深处，在19世纪初随着费希特（Fichte）重现，而费希特对印度思想一无所知。费希特和商羯罗的文章段落可以并置，用来表明它们是完全一致的。（参见鲁道夫·奥托的研究《费希特与不二论》）

树嫁接在葡萄藤上的果实,其金色果汁是人子的血。① 无论它有没有忘记基督教的藤蔓和榨汁机,我们民主国家英勇的理想主义在其伟大时刻和伟大领袖那里保留了它的滋味和芳香。② 1900年来,称为"人子"的神为欧洲各民族所熟悉——这样一个宗教不可能不明白,人们早该相信它的话,主张自身的神性。对人的力量的全新认识和对人的解放的陶醉甚至进一步被科学的惊人征服所提升,科学在半个世纪里已经转变了世界的面貌。西方人开始相信自己是神,而无须印度的帮助。③ 西方人非常乐意跪下崇拜自身。对人的力量的这种高估状态一直持续到1914年的大祸前夕,那场大祸粉碎了全部的根据。正是从那时起,印度思想对西方人的吸引力和优势才可追溯。我们要如何解释这一点呢?

很简单,西方人自己的道路已经借着他的理性、科学和巨大意志引领他走到一个十字路口,在那里,他遇见了吠檀多思想,那是我们共同的伟大祖先——雅利安半神的产物,那些年轻的英勇半神从喜马拉雅高原俯瞰脚下的整个世界,犹如征服了意大利的拿破仑·波拿巴。但就在那个关键的时刻,当强者的检验就在眼前(在各国神话中以不同的名字出现,我们的福音书将它称为耶稣在山上受到的引

---

① 我已指出,在其伟大的宗教思想——来自希腊和犹太-基督教的双重源头——的开端,西方与吠檀多主义依靠的是相似的基础。我打算在附录中写一份较长的笔记,表明伟大的希腊体系和亚历山大里亚基督教体系(普罗提诺和亚略巴古的丢尼修)之间的这种亲缘关系。
② 我们伟大的法国革命家,比如圣·加斯特(St. Just)的强有力的言论就是个显著的例子,这些言论奇妙地带着福音书和普鲁塔克(Plutarch)的双重印记。
③ 有足够的证据表明,当米什莱(Michelet)这样的观念论思想家在印度认出《人类福音》那被遗忘了的原型时,他们感受到欢乐的震颤。我自己也是如此。(《人类福音》是米什莱的作品)

诱），西方人做出了错误的抉择：他听从了引诱者，后者向他提供山脚下万国的荣华。从他归于自身的神性中，他寻求并看见的仅仅是物质力量，而物质力量被印度智慧说成是内在力量次要的危险属性，唯有内在力量本身才能引领人臻达目标。①结果是，在今天，欧洲人——"魔法师的学徒"②眼看着自己被自己盲目释放的原始力量压倒，因为他仅仅凭着咒语去控制那些力量，而没有关心精神。我们的文明在可怕的危险中已经徒劳地诉诸一些重要词语的魔力：权利、自由、合作、日内瓦或华盛顿的和平——但这些词语要么是空虚的，要么充满了有毒气体。没有人相信它们，就像没有人相信炸药。词语把恶带进来，让混乱更甚。当前的混乱只是对一种不治之症的深刻误解，整整一代西方人得了这种不治之症，它让那些知道如何从中渔利的社会渣滓可以咕哝："大洪水来了！"然而，无数不满之人发现自己被命中注定地驱赶到一个十字路口，必须在如下二者之间做出抉择：其一是放弃他们的自由，这意味着让沮丧的灵魂返回已然废弃的秩序之园，在那里，尽管会被禁锢，但暖和，并能受到羊群之油脂的庇护；其二是夜里的巨大空虚，它引领人走向被困灵魂的堡垒中心，而在这圣灵的"坚固堡垒"中，灵魂可以重返其原封不动的储备，并牢牢地确立自身。

---

① 我必须提醒读者，辨喜没有否认这些属性、这些力量。他没有低估它们，就像基督教的苦修者那样；比起辨喜不厌其烦地指责的低级平静、身体与灵魂的虚弱，西方人已经走上一个更高的台阶；然而，这个台阶低于露台，而只有在露台上才可以一览无余地俯瞰整座房子和宽广的地平线。我们必须不断地往上爬，才能到达露台。我指的是我们在前面谈论过的胜王瑜伽。
② 这是歌德常被引用的著名诗歌《魔法师的学徒》的标题，这首诗讲到，学徒在师父外出时成功地释放了魔法，但没有能力重新驾驭它们，因而成了它们的猎物。

就在这个十字路口,我们发现我们的伙伴——印度思想家们伸手迎接我们,因为他们很久以前就知道如何在这"坚固堡垒"中挖壕沟保护自己,以及如何保卫堡垒,而我们这些入侵者却把力气花在征服世界其他土地上。让我们停止征服,平复呼吸!让我们舔干净伤口!让我们返回喜马拉雅的鹰巢,它正等着我们,因为它是我们的。我们这些欧洲小鹰,无须抛弃真实本性的任何部分。我们的真实本性是留在巢中,而以前我们飞离了鹰巢;那些知晓如何保管好堡垒——至上自我——之钥匙的人,就在鹰巢里。我们只需浸入巨大的内在湖泊,放松疲劳的四肢。之后,伙伴们,随着狂热冷却下来,新的力量注入肌肉,你可以让一个新的循环启动,如果它是正法。然而,现在是我们开始新的翱翔之前,如安提亚斯(Anteus)一般脚踏实地的时刻!拥抱这个时刻!让你的思想回到母亲那里,吮吸她的乳汁!她的胸脯仍能哺育世上所有民族。

在散落于整个欧洲的灵性废墟中,我们的"印度母亲"将教你如何挖掘你的神殿不可动摇的地基,她掌握着"工匠之主"的计算与规划。让我们用自己的材料重建家园。

第五章　当心恶犬

我无意隐藏这一点：印度教给我们的重要一课本身并非毫无危险。这个事实我们必须承认。阿特曼（至上灵魂）的概念乃是如此之烈酒，以致软弱之人有被灌倒的危险。我不能肯定辨喜本人在比较稚嫩的时候并未沉醉于酒香，犹如少年时期的他在一次自吹自擂时表现的那样，据杜迦查仁（Durgacharan）的记载，对此，宽容的罗摩克里希纳只是听着，嘴角挂着一丝嘲笑。当时，虔诚的纳迦（Nag）抱着类似基督教给予我们的柔顺态度，在某个场合说："凡事依据母亲的意志发生。她是普遍的意志。她在动，而人想象自己在动。"

然而，鲁莽的纳伦答道：

"我不赞同你，不赞同你的男神或女神。我就是大灵。宇宙在我内部，它从我内部产生、飘浮或消失。"

纳迦："你甚至无力将一根黑发变成白发，却在谈论宇宙。若非神的意志，草叶不枯！"

纳伦："若非我的意志，日月不移。按照我的意志，宇宙如机器般运转。"① 这样的傲慢仅仅细如发丝,从这位马他漠(Matamore)的吹嘘上掉落,②然而,还有一个不同的世界——因为说这话的是辨喜,一个智性英雄,他权衡过自己最鲁莽的话语的确切含义。这里没有一个谵妄的"超人"在台上进行愚蠢的自我颂扬。这大灵、阿特曼、真我不仅仅是封入我的身体及其短暂易逝的生命内部的东西;大灵是你、是你们、是众生、是宇宙内部的真我,在宇宙之先并超越宇宙。它只能通过超脱私我才可达到。所谓的"万物皆大灵,它是唯一实相"并不意味着你作为个人就是万物,而是意味着,你是否将你那瓶腐水带回(天下溪流从中而出的)雪山之源,这取决于你自身。③ 如果你知道如何弃绝那瓶腐水,那么你可以见到大灵就在你内部,你就是源头。所以,这一课教给我们的是最大的不动心,而非傲慢。

　　同样真实的是,这也是令人振奋的一课,在它给予灵魂的上升动力中,灵魂容易忘记卑微的起点,独独记住最终的成就,并夸耀神圣佳品④。必须谨慎对待强调顶点的氛围。当诸神已被罢黜,只剩"大

---

① 罗摩克里希纳对这个年轻人的傲慢报以微笑,并对纳迦说:"纳伦真的可以这么说,因为他有如出鞘之剑。"于是,虔诚的纳迦向神圣母亲选定的这个年轻人鞠躬。(参见圣人纳迦著, *The Life of an Ideal Householder*, 1920, Ramakrishna Math, Madras。) Girish Ch. Ghose 以其常见的幽默描绘了这两名斗士:"摩诃摩耶(大幻)将发现极难把他俩困在她的罗网中。如果她试图困住纳伦,那他会把自己变得越来越大,以致没有足够长的锁链来捆住他……如果她试图对纳迦耍花样,那他会把自己变得越来越小,以致他可以从网眼里溜走。"
② 古老的西班牙和法国喜剧中的一个角色:"想象中的胜利"的吹嘘者。
③ "在我背后的力量不是辨喜,而是神、是主……"辨喜书信,1897 年 7 月 9 日,参见《辨喜的生活》第三卷,第 178 页。
　　尽管有这种非常明确的限制,但印度的梵社成员们仍在若干场合把辨喜的神学宣称当作渎神言论。(参见马祖达的小册子《辨喜,麦克斯·缪勒的引导者》,第五章。)
④ 一种通俗的法式表达,涉及拉封丹的寓言,"对它的孔雀毛扬扬得意的松鸦"。

我"时，当心晕眩！① 正是这一点使得辨喜在这种上升中保持谨慎，而不催促尚未适应悬崖绝壁和峡谷吹来之风的众人。他让每一个人沿着小小的台阶攀爬，而支撑着这些台阶的，是每一个人自己的宗教或他的时代和国家的那些暂时的灵性信条。然而，他的追随者们常常没有耐心，试图不做适当的休息和准备，就直上崖顶。所以，不足为奇，有些追随者坠下山崖，在下坠的过程中，他们不仅让自己陷入了危险，而且给那些知道自己在他们之下的人造成了危险。内在力量的突然觉醒所带来的上升可引起社会动乱，其结果和范围难以预计。因此，辨喜及其修会一贯坚决远离所有政治活动，这是好的，然而，印度的革命者们在不止一个场合诉诸他的教导，并根据他的言论宣扬全能的阿特曼。

一切伟大的教义都会不幸被扭曲。每一个人根据自己的利益来扭曲，甚至连为了捍卫教义而生的教会也总是被引诱藏匿教义，把它关在自己的私有围墙之内。但以其纯粹的伟大来说，教义是个道德力量的巨大仓库。既然万物都在我们内部，无物在外，那么我们对自己的思想和行为就要承担全部的责任，不再有神或命运来供我们卑劣地转嫁责任。不再有雅威（Jahveh），不再有欧墨尼得斯（Eumenides），不再有"群鬼"②。我们每一个人都不得不指望自己。每一个人都是自身命运的创造者，命运只能用自己的肩膀扛起。人要足够强大，才能

---

① 比起辨喜，明智而单纯的罗摩克里希纳对灵性傲慢的危险做出了更加严肃的警告，他说："宣称'我是神'……不是健全的态度。尚未战胜肉身之我的意识，而又持有'我是神'的理想，凡是这样的人将会受到更大的伤害，这一理想将妨碍他的进步，并把他一点一点地拖垮。他欺骗自己和他人，对自己现实的糟糕处境一无所知……"（《罗摩克里希纳福音》第二卷第四章，1928 年版，第 67 页。）

② 暗示易卜生（Ibsen）的一出喜剧。

扛起命运。"人从未失去他的帝国。灵魂从未被束缚；灵魂生而自由，毫无缘由，超越缘由。无物能从外部操纵灵魂……要相信你是自由的，你将自由！……"①

"风在吹，那些扬帆之船顺风航行，而那些降帆之船没有捕捉到风。那是风的错吗？……不要责怪别人，也不要责怪神……要责怪你自己，并试图改善……你需要的全部力量和救助就在你自己内部。所以，你要创造自己的未来。"②

你感到自己无助、无依、被抛弃、被剥夺？……懦夫！力量、欢乐和自由就在你内部，整个无限的存在就在你内部。你只需喝下它。③

从它那里，你不仅能够吸收足以浇灌世界的能量之水，而且能够吸收世界对这些能量之水的渴望并进行浇灌。因为"那在你内部的，通过所有人的双手来劳作，通过所有人的双脚来行走"。他（神）"是伟大者和卑微者，是圣人和罪人，是神和蚯蚓"。他是一切，"他首先是所有民族、所有类型的贫穷者和不幸者"④，"因为正是穷人做了世上所有庞大的工作"⑤。

如果我们仅仅实现这一宏大设想的一小部分，"如果世上的男男女女中有百万分之一坐下来，花几分钟说'你们全都是神，哦，人啊……万物啊，你们全都是同一个活生生的神之显现'！那么整个世

---

① 《灵魂的解脱》（1896年11月5日），出自《辨喜全集》第九卷。
② 《智慧瑜伽》第十一章"宇宙"。
③ "唯有无限存在，它同时是存在—意识—喜乐。那是人的内在本性，它本质上是自由的、神圣的。"（1896年10月，伦敦演讲。）辨喜补充说："欧洲的安全依赖于这种理性主义的宗教。"
④ 1897年7月9日书信。
⑤ 1898年3月11日，加尔各答。

界将在半小时内改变。在每一个国家，人们不再把仇恨的炸弹扔到每个角落，不再喷射嫉妒和邪恶之火，而会认为，一切皆神"①。

***

我们有必要再次重申，这并非新思想吗？（其力量就在于此！）辨喜不是设想人的精神宇宙并渴望其实现的第一人。然而，他最先设想圆满的精神宇宙，没有例外或限制。若非亲眼见过罗摩克里希纳这一非凡的榜样，他就不可能那样去设想。

在那个时候，不难看到各个学会或社团偶尔付出的努力：它们请各大宗教的几名崇高代表谈论某种形式的联合——把不同的分支全部聚合起来。沿着平行的路线，世俗思想家们试图重新发现那根线，它多次断掉、多次接上，穿过盲目的演化，将理性的分散尝试（无论成功与否）连接起来，那些分散的尝试一次又一次地证实了统一的力量，以及存在于人的自我之中的希望。②

然而，没有一次孤立的（也许孤立是失败的原因）尝试达到过如下地步：填满最宗教化的世俗思想和最世俗化的宗教思想之间的鸿沟。甚至连最慷慨的思想也从未彻底地摆脱精神偏见，这偏见使它们确信自己的灵性家庭具有优越性，并使它们怀着猜疑去看待他者，因为他者同样宣称拥有长子继承权。即便心胸开阔的米什莱也无法宣称自己"既不反对也不批判"，实际上，在《人性的圣经》(Bible of Humanity)里，他把人分为光明的和黑暗的。自然而然，他偏爱自己的民族和自己的小池塘——地中海。大约1797年，当亲切的罗伊怀着接纳印度教徒、穆斯林和基督徒的目的而着手建立崇高的"普世主

---

① 《智慧瑜伽》第十五章"真正的人和表面的人"。
② 参见米什莱著，*Origines du droit francais*, 1837.

义"时，他也树起了难以逾越的一神论障碍——"神，独一无二者"，与多神论为敌。这种偏见仍为梵社（Brahmo-Samaj）所持有，我还发现它存在于（尽管是隐藏的，但多多少少根深蒂固）泰戈尔圈子的自由思想家朋友那里，存在于最正直的宗教和解拥护者那里——例如可敬的国际友谊联合会（Federation of International Fellowship），该联合会于四五年前在马德拉斯成立，囊括基督新教最公正的盎格鲁-印度代表们，以及印度教、耆那教和神智学的代表们，但印度的大众宗教被排除在外，而且在该联合会若干年的会议报道中，辨喜和罗摩克里希纳的名字没有出现（典型的省略）。我只能沉默！这或许令人尴尬……

我能充分地想象这种状况！我们欧洲的理性爱好者们会做同样的事。理性和一神，《圣经》的神和《古兰经》的神会发现比较容易彼此理解，但要这四者中的任何一者去理解多神，并允许多神进入自己的神殿，就比较困难了。信奉一神[①]的群体在必要时会承认神可能是神人（a man of God），但它不会容忍神的增加，因为任何此类增加都是丑闻和危险！我可以在我最亲爱的印度朋友伤心的反对中看到同样的想法，这些朋友就像他们光荣的罗伊那样，在纯粹的吠檀多主义和崇高的西方理性的熏陶下长大。他们相信经过长期的痛苦和冲突，他们最终成功地把西方理性整合进了19世纪末最好的印度思想当中，然后，罗摩克里希纳及其号手辨喜登台，呼吁特权者与平民一道崇拜和热爱所有形式的理想者，甚至要他们转向无数他们希望已经遗忘的面孔！……在他们眼里，这是一种精神倒退。

[①] 即人格化的大一，既是世俗的也是宗教的。

然而在我看来，这是进步，是一次伟大的哈奴曼式跳跃，跳过了分隔两个大陆的海峡。① 比起这种吸收——吸收人类的所有神、吸收真理的所有面容、吸收人的心中和头脑中的所有梦想，比起至尊天鹅罗摩克里希纳的爱和辨喜的强大臂膀，我从未在任何时代的任何宗教精神中见过任何更加新颖或有力的东西。他们把"四海之内皆兄弟"的启示带给所有信徒、所有梦想家、所有既无信念也无梦想但真诚地寻求它们的人、所有善意之人、理性主义者和虔诚人士、信奉圣典或圣像之人、怀有纯真信赖的人、不可知论者和被启示者、知识分子和文盲。不仅仅是头生子的兄弟情义，而且是平等的权利和殊荣。

我在前面说过，甚至连"宽容"一词——在西方人（多么吝啬的农夫！）眼里是最大的慷慨——也会伤害辨喜的正义感和自尊心，因

---

① 同时，我不想让我的印度朋友们把这种巨大的包容——包容宗教精神的所有形式，从最低的直到最高的——理解为对更低、更欠发展的形式的偏爱。这里存在着倒退的危险，一神论者和理性主义者的敌对或轻蔑态度所导致的好斗性同样会助长这种危险。人始终是极端的动物。当船过多地向一边倾斜时，人就会扑向另一边，我们想要平衡。让我们回想辨喜所寻求的宗教综合的真实含义，其精神显然是进步的。

"我不赞同那些把他们迷信的后背对着我的民族的人，就像埃及古物学家对埃及抱有的兴趣，他们很容易产生对印度的一种纯粹自私的兴趣，他们可能想要再次见到自己的书本、研究、梦想中的印度。我的希望是，仅以一种自然的方式再次见到那个印度的强大特征，被这个时代的强大特征所加强。事物的新状态必定是一种来自内部的成长。"（1899 年，在从印度到欧洲的最后一次旅程中，与纳薇迪塔修女的谈话。）

这里没有回到过去的想法。如果说辨喜大师的一些盲目而夸张的追随者在这一话题上一直在自我欺骗，那么罗摩克里希纳传道会的官方代表作为辨喜之精神的真正继承人，则设法穿过了如下两块暗礁：一是正统的反映，即试图用电流刺激观念的骸骨，把它变成全新的生命；一是理性主义者的伪进步，那只是不同类型的精神性进行帝国主义殖民的一种形式。真正的进步如同树的汁液从树根向上流遍整棵树。

为在他看来，宽容是种侮辱性、保护性的让步，就像师兄对自己无权责备的软弱师弟那样。辨喜希望人们在平等的基础上"接受"，而非"宽容"。塑成花瓶的容器，也是装水的容器，而水始终是一样的水——一样的神。一滴水与整个海洋一样神圣。最卑微者与最崇高者平等的宣称格外重要，因为它来自最崇高者——一个理智上的贵族，他认为他所登上的山顶，即不二论信仰，是世上所有山脉的顶峰。他能像师父罗摩克里希纳一样，带着权柄开口说话，因为他已爬过路上的所有台阶。不过，罗摩克里希纳凭着自身力量从山脚爬上山顶，而辨喜在师父的帮助下学会了如何从山顶爬下山脚，认清这些台阶，并将它们视为神的眼睛，而神就像彩虹，倒映在弟子们的眼里。

然而，你一定不能认为，这种无量神性意味着混乱无序。如果你充分领会了辨喜的瑜伽教导，那么你会对此印象深刻：有序的设计，美妙的预期，等级制度——不是在君臣关系的意义上，而是在石块或音符层层上升的意义上，类似于风琴大师手下的琴键流出的和弦。每一个音符都在和声中有着自己的作用，没有音符必须被抑制，如果你找借口说你的部分才是最美妙的，那么复调就会被简化为同音！要完美并及时地演奏好你自己的那一部分，并用耳朵聆听其他乐器的演奏与你的一同响起。软弱的演奏者不去理解自己的演奏，而是怀疑旁边演奏者的演奏，那样，他就破坏了自己的部分、整场演奏和管弦乐队。如果一个低音琴手坚持演奏第一小提琴手的部分，我们该说什么呢？如果一种乐器宣布"其余乐器停下！那些学会我的演奏部分的，跟着我"，我们该说什么呢？一曲交响乐不是一个班级的儿童在小学课堂上以同样的声调念同一个词！

这种教导谴责整个宣传风气，无论是教士的还是俗人的，该风气想以自己的模式（自己的神或非神的模式，非神只是伪装的神）去塑造他人的头脑。这种教导也倾覆我们所有的先入之见和根深蒂固之见，即我们整个久远的遗产。无论是教士还是学者，他们总能找到很好的理由去"服务"那些没有邀请他们的人，拔掉他人田里的稗草（连同稻秧）！"拔掉自己心中和邻人心中（尤其是邻人心中）错误的稗草和荆棘，这难道不是人最神圣的职责吗？错误难道不是对我们而言非真的东西吗？"只有凤毛麟角的人足够伟大，可以超越这种幼稚的自我中心的博爱。在理性主义的、科学的世俗团体里，我几乎不曾遇到一个老师或朋友，无论他们看上去有多么刚健、强壮和慷慨，因为他们双手收获满满，心里唯一的念头就是把自己的念头灌输给全人类，不管别人愿不愿意……"拿去服用吧，不管是自愿还是被迫！对我好的，一定也对你好。如果你因为服用我的处方而死，那将是你的错，而不是处方的错，就像莫里哀笔下的医生们那样。机构总是对的。"那些团体的敌对阵营——教会甚至更糟，因为关系到灵魂的永恒拯救。每一种宗教暴力都成了合法的，借口是为了人真正的善。

那就是为什么我近来很高兴听到甘地的声音，尽管他的性情与罗摩克里希纳或辨喜相反。甘地提醒国际友谊联合会的兄弟们（他们虔诚的热情促使他们去传福音）注意这个伟大的普世原则——宗教上的"接受"，这也是辨喜宣扬过的原则；[①] 他说，"经过长期的学习和体验，我已得出如下结论"：

[①] 萨巴马提"真理学院"的"国际友谊联合会政务会"年度会议记录，1928年1月13—15日。

（1）所有宗教都是真宗教；

（2）所有宗教都含有某种错误；

（3）所有宗教对我而言几乎都像我自己的印度教那么亲切。

我像尊重自己的信仰那样尊重其他信仰，所以，改宗的想法是不可能产生的。国际友谊联合会的目标应该是帮助一个印度教徒成为更好的印度教徒，帮助一个穆斯林成为更好的穆斯林，帮助一个基督徒成为更好的基督徒。保护性的宽容态度与国际友谊联合会的精神背道而驰。如果我从内心深处相信我的宗教才是最真实的，而其他宗教不那么真实，那么，尽管我能与其他宗教的信徒建立某种友谊，但这种友谊截然不同于国际友谊联合会所要求的那种友谊。我们对待他者的态度应该是完全真诚坦率的。我们为他者的祷告绝不应该是"神啊，请把赐予我的那种光明赐给他们"，而应该是"请赐给他们走向顶点所需的全部光明与真理"。

当有人向他主张万物有灵论者和迷信的多神崇拜（在一神论大宗教的贵族看来是人类阶梯的最低级）为劣等时，甘地柔声回答：

"就他们所关心的问题，我应当保持谦卑，并留心傲慢有时会通过最谦卑的言语说话。一个人需要花费全部的时间去成为一名好印度教徒、一名好基督徒，或者一个好穆斯林。成为一名好印度教徒花费了我所有的时间，我没有多余的时间去对万物有灵论者传福音，因为我无法真正相信万物有灵论者低于我。"[①]

---

① 一个同事问他："难道我不能寄希望于把我对神的宗教经验给予我的朋友吗？"甘地回答："一只蚂蚁能够渴望把自己的知识和经验给予一头大象吗？反之可以吗？……不如祈祷神给予你的朋友最大的光明与知识，但不一定是神给你的那种。"另一个同事问他："难道我们不能分享我们的经验吗？"

实际上，甘地不仅谴责一切宗教宣传，无论是公开的还是隐藏的，而且谴责一切改宗，甚至连自愿的改宗，也令他不快："如果有人认为自己应当改变宗教'规矩'，我不否认他们有这个自由，但我对此表示遗憾。"

再也不能想象还有什么比这更加违背我们西方的宗教思想与世俗思想了，而同时，西方和现代世界的其他地方再也不能从别处得到更有用的教导了。在人类发展的这一阶段，各种盲目的和自觉的力量正迫使所有的类型汇聚起来，"要么合作，要么死亡"——这一点绝对有必要渗入人类意识，直到一个必不可少的原则变成一条公理：每一种信仰都有平等的生存权利，每一个人都有同等的责任去尊重邻人所尊重的。在我看来，当甘地如此坦言时，就表明他本人是罗摩克里希纳的继承者。[①]

没有人会不打心底接受这一训诫。在我的一生中，我模糊地向往这种博大的胸襟；作为本书的作者，在此刻，我再深刻不过地感

甘地回答："无论我们是否相信，我们的灵性经验必定已经分享（或传达），然而是通过我们的生活（通过我们所做的榜样），而不是通过我们的话语，话语是一种相当不完美的媒介。灵性经验比思想本身来得深刻……（从我们的实际生活中）我们的灵性经验会流出。然而，凡有分享意识之处，就有自私。如果你们基督徒想要他人分享你们的基督教经验，那么你们就会树起一个理智障碍。单单祈祷你们的朋友成为更好的人吧，无论他们的宗教是什么。"

[①] 在我看来，罗摩克里希纳的弟子们的适切使命正是在于此：注意自己的远大心灵（向世上所有的真诚心灵敞开，向真诚心灵怀有的一切形式的爱和信仰敞开）绝不会像其他"神圣心灵"那样，封闭在某座教堂的圣坛里，该教堂要在给出密码——一个信条后才准许进入。罗摩克里希纳应该属于整个世界，整个世界都是他的。人不应索取，而应给予。因为索取之人将会遭受过去的那些索取之人——亚历山大们、征服者们——的命运：他们的征服随着他们一道埋进坟墓。唯有彻底给予而根本不求回报之人才是时空中的胜利者。

受到,尽管我怀着向往,但我的缺点何其多啊!我感恩甘地的伟大训诫,这也是辨喜和罗摩克里希纳的训诫,它帮助我实现我的向往。

结　论

　　然而，甘地和辨喜，二者的思想之间的差异始终存在，辨喜作为一名伟大的知识分子（甘地根本不算），无法像甘地那样脱离思想体系。虽然两者都承认一切宗教的有效性，但辨喜把这种承认变成了一种学说、一个教学主题，那是他建立的修会存在的理由之一。辨喜诚心诚意地想要避开任何类型的灵性控制。[1] 然而，这个太阳式的人物无法节制自己的光线，他那燃烧的思想只要存在，就自动发挥作用。尽管辨喜的不二论或许反感信仰的吞并式宣传，但他足以成为一场大火，让游荡的灵魂聚集在周围。不是所有人都能弃绝自己的控制

---

[1] 凡是认识他的人都能证明，他完全尊重身边之人的智性自由，只要他们尚未入门，同意正式加入他的修会和他本人的工作。如下内容流露出他的理想——和谐的自由。

"Nistha（忠于一个理想）是觉悟的开端。采集所有鲜花的花蜜；坐下来，善待所有人；恭敬所有人；对所有人说，'是啊，兄弟，是啊，兄弟'；但要坚定自己的道路。更高的次第实际上是设身处地。如果我是全部，那么，我为什么不能真正地、主动地怜悯我的兄弟，用他的目光去看？当我尚且软弱，我必须坚持一条道路（Nistha），然而，当我强大起来，我就能同情每一个他者，并完全体谅他者的想法。俗话说'一门深入'，而现代的方式是'和谐发展'。还有一种方式是'发展并控制心'，然后把心安顿好，其余的很快就会自动来临。那是最合宜的自我发展方式。要学会专注，并专注于一处，这样，你就什么也不会失去。得到全部的人必定也得到了各个部分。"（参见《印度觉醒》，1929 年 3 月。）

力量，辨喜式的人物甚至在自言自语时，也是在对整个人类说话，他们无法不被人听到，而辨喜本人并不想那样。一个伟大的声音响彻天宇，整个地球是其共鸣箱。[1] 相比之下，甘地的天赋理想与他的本性相称——自由、公正、平均和齐整，在信仰领域就像在政治领域一样，倾向于建立一个友好者联盟；而辨喜不由自主地像个帝王，他的目标是在大一的王权下规范独立而对等的精神王国。正是根据这一计划，辨喜创建的工作进行着。

他的梦想是，让他建立的伟大修道院——贝鲁尔的母院成为一个人类的"知识神庙"。因为在他那里，知行不二[2]，所以这个知识机构细分为三个部门：

（1）慈善（喜乐，即赠送食物和其他物质必需品）；

（2）学习（智识，即智性知识）；

（3）冥想（般若，即灵性知识）。

这三种教导的综合是人之为人所必需的。要进行逐步的净化，取得必要的进步（始于身体的迫切需要，即食物和救济[3]），直到实现至上征服，即超脱的灵魂融入大一。

对辨喜而言，灯点亮不是为了藏在簸箕下，因而，每一种自我成

---

[1] "不二论知识长久以来隐藏在森林里、山洞里。师父把它传授给我，是为了让它走出隔绝，进入家庭生活和社会的中心，直到家庭生活和社会被它渗透。我们要让不二论之鼓响遍全地，在市场上、在山上、穿过平原……"（《辨喜对话集》，由弟子查克拉瓦提收集，第一部分。）

[2] "光是阅读吠檀多理论对我有什么好处？我们必须在实际生活中亲证。"（同[1]）

[3] 辨喜希望增加五年社会服务见习期（为人们提供住处、诊疗所、免费而又受欢迎的厨房等），然后才能进入科学殿堂；以及五年智识学徒期，然后才能接受所谓的灵性入门。（参见《辨喜对话集》）

长的法门都应向每一个人开放，没有人应该独占什么。

"单单你我得了解脱（极乐），对世界有何用处？我们必须带着整个宇宙和我们一起解脱……那才是无与伦比的极乐！大我在宇宙每一生命和每一原子中得到实现。"[1]

1897年3月，他为罗摩克里希纳传道会的创立制定的第一规则明确规定："本传道会的目标，是宣扬室利·罗摩克里希纳为了人类之善而亲证和给出的真理，并让人们亲证这些真理，以获得现世的、精神的、灵性的提升。"

因而，传道的精神建立在一个信条之上，该信条的实质是"在不同宗教的追随者中间建立伙伴关系，让他们知道，各宗教都是同一永恒宗教的不同形式"。[2]

人类精神的如下要求难以根除：向他者宣称自己的真理和善也必须是他者的真理和善！你可能会问，如果根除了这种要求，我们还是"人"吗？甘地的灵性超脱几乎使他超脱肉身，无异于爱者罗摩克里希纳对所有人的博爱，尽管甘地是通过相反的过程达到的。辨喜从未达到对肉身的这种超脱，他始终是个有血有肉之人。甚至从他的相貌也可推断，尽管完完全全的超脱沐浴着他的精神高处，但他身体的其余部分仍然沉浸在生活与行动之中。他这座大厦带有双重特征：地下室是育儿室，用来养育真理与社会服务的使徒，让他们参与人们的生活和时代的运动；顶层是大祭坛，相当于灯塔的灯室、大教堂的尖顶、所有静修所的静修室、喜马拉雅山上的不二论圣所，在这里，两个半球——西半球和东半球在"大一"这个全人类的汇合处相遇。

---

[1] 《辨喜对话集》，由弟子查克拉瓦提收集，第一部分。
[2] "规则"见下文。

这名建筑师完成了自己的工作。尽管人生短暂,但他在离世之前看到,他的"机器正在有力地运转";他在印度这块大积木下插入了"一根没有任何力量可以抽回的杠杆,为的是人类之善"。[①]

我们的任务是和我们的印度兄弟一起按下这根杠杆。如果我们无法自认为,被人的惰性(惰性是罪的初因和末因)压倒的大众将在未来几个世纪里起来,那么一个世纪又有什么要紧!所以,我们晃动着杠杆……"然而地球还在旋转……"新的群体总会起来,取代筋疲力尽的群体。两位印度大师开启的工作将被世界其他地方心灵相通的人不屈不挠地进行下去。无论一个人在挖什么隧道,他一定会留心倾听山那边挖隧道的声音……

我的欧洲伙伴们,我已让你们隔墙倾听亚洲的强风——正在来临的大一……去迎接她吧。她在为我们做工,我们在为她做工。欧洲和亚洲是大灵的两半。人尚未醒来,但将会醒来。神在休息,他已留给我们最美的创造——第七天的创造,所以,让我们释放被缚大灵的沉睡力量,唤醒人中之神,重新创造存在本身。

1928 年 10 月 9 日

[①] 1897 年 7 月 9 日书信。

下篇 补充资料

第一章　罗摩克里希纳修道院和传道会

罗摩克里希纳和辨喜的灵性收成没有随风散去。辨喜用自己的双手将谷子收入谷仓，并交给明智而勤劳的农民，他们知道如何让它保持纯粹，并让它结果。

在本书中，我已描述过他于 1897 年 5 月创建的机构，那是一个伟大的修会，用来保存和管理师父的精神。我们还追溯了该修会从启动直到辨喜去世之间迈出的最初几步，及其传道和社会工作的双重活动。

辨喜的去世并未破坏这座大厦。罗摩克里希纳修会已经立足，并得到成长。[①] 第一任会长婆罗门南达孜孜不倦地确保它成为一个正常机构。借助辨喜筹备的一次捐赠行动，位于加尔各答附近贝鲁尔修道院的罗摩克里希纳修会于 1899 年获得合法地位。但为了让修会获得官方授权，能够接受捐赠进行慈善工作，有必要得到法律拟制，这让原来的机构变成了一个修道院和一个传道会。"根据印度总督顾问委员会于 1860 年颁布的第十一号法案"，传道会于 1909 年 5 月 4 日正式注册。修道院和传道会实际上是同一个机构的两面——修行方面和

---

① 我们可以在传道会的综合报告中看到它的详细发展，这些报告由贝鲁尔修道院的管理机构于 1913 年至 1926 年发表。

慈善方面，由修会的总理事会统一管理。但广为人知的是罗摩克里希纳传道会，它被错误地用来指整个修会。

传道会的目标，按照1909年的注册法案附加章程的规定，分为三类：

（1）慈善工作；

（2）传道工作（组织和出版）；

（3）教育工作。

每一类目标都细分为常驻机构（修道院、静修所、学会、服务所、孤儿院、学校等）和暂时事业，就是由暂时的紧急困难产生的临时援助活动。①

在修道院里，有常规修士，他们已经弃绝世界，并在见习期后入院。根据工作需要，他们时常从一个修道院辗转到另一个修道院，但他们始终服从贝鲁尔修会总事会的管理。这样的修士大约有五百名。

修道院的第二群体由在家居士组成。他们是私人弟子，来修道院接受灵性教导，进行短期隐修。他们的人数不少于二万五千名。

另一类后备队多达几百万人，其成员部分或全部接受传道会的理想，并从外部服务于传道会，而不声称自己是弟子。

1926年4月上旬，传道会在贝鲁尔修道院举行了一次特别大联欢，目的在于摸清传道会的整体范围。大约一百二十个机构派代表

---

① 1913年的第一份综合报告罗列了二十项活动：在十个地区救助饥民（1897，1899，1900，1906，1907，1908），在三个地区救助洪水灾民（1899，1900，1909），在三个地区救助传染病人（1899，1900，1904，1905，1912，1913），救助火灾灾民（1910），救助地震灾民（1899，1905）。

参加了此次联欢，其中有一半在孟加拉，十二个在比哈尔和奥里萨，十四个在联合省，十三个在马德拉斯，一个在孟买。印度半岛以外，斯里兰卡有三个中心，管理九所学校，共有一千五百名学生，贾福拉（Jaffra）有个学生中心，更不用说科伦坡的辨喜学会。缅甸有个修道中心，附带一个免费大医院。另一个中心在新加坡。在美国，有六个中心，分别位于旧金山、洛杉矶附近的克莱三塔（Crescenta）、圣安东尼奥谷（San Antone Valley）、波特兰、波士顿和纽约，还有圣路易斯、辛辛那提、费城、塔科马等地的吠檀多学会。在巴西的圣保罗，有一群人从1900年起便致力于学习和践行辨喜的教导。《室利·罗摩克里希纳福音》(Gospel of Sri Ramakrishna) 和辨喜的《胜王瑜伽》(Raja-yoga) 已被翻译成葡萄牙文。思想交流会（The Circle of the Communion of Thought）拥有四万三千名会员，在其刊物《思想》(Thought) 上出版吠檀多论文。

  修会拥有十二种评论杂志：加尔各答的三种月刊（两种为孟加拉语，分别是 Udboddham 和 Viswavami，另一种为北印度语，即 Samayana），马德拉斯的泰米尔语杂志 Sri Ramakrishna Vihayan，特拉凡哥尔的马拉雅拉姆语杂志 Prabuddha-Keralam，两本英文月刊，喜马拉雅山玛雅瓦蒂的英文周刊 Prabuddha Bharata，马德拉斯的 Vedanta Kesari，帕特雷的 The Morning Star（没有算入传道会弟子创办的一本卡纳拉语杂志和一本鸠遮特拉语杂志），马来联邦国家的英文月刊 The Voice of Truth，以及美国的英文月刊 The Message of the East，由克莱三塔中心发行。[1]

---

[1] 这部分内容特别感谢斯瓦米·阿肖卡南达，即玛雅瓦蒂不二论静修所的《印度觉醒》主编。

修道院内部的教育遵循辨喜建立的原则，[1]他说，"修道院的目标是造就人"——完完全全的人，"在生活中把远大的理想主义和完整的常识结合在一起"。所以，修士们几乎不间断地逐轮进行灵性训练、密集冥想、阅读和研习圣典与哲学文本，并从事体力劳动——家务、烘焙、园艺、污物处理、铺路造桥、农活、照管动物，以及承担宗教与医疗的双重职责。

"我们应当给予头脑、心灵和双手的三重文化同等重要性。"伟大的院长、修会目前的领袖斯瓦米·希瓦南达如是说。[2] 如果单单注重其中一重文化，而排除其余两重文化，那将是糟糕的、有害的。

出于组织方面的要求，修会内部需要一个等级制度。然而，在忠于共同章程方面，大家都是平等的。院长希瓦南达提醒修士们，"领导应是全体修士的公仆"。他于1926年的院长致辞以绝妙的普世喜乐宣言收尾，并以平等的衡量标准来调和每一个人，无论属于哪个等级：

---

[1] 在教育和宗教方面，辨喜的精神实质上是现实主义的。他说："真正的老师能够把自己的全部力量灌输给学生……帮助停滞者前进……"（1896年，美国。）在与凯德里王公的谈话中（首次启程赴美之前），他给出了如下奇特定义："教育是什么？教育是某些观念的有力结合。"接着，他解释道，这是将观念发展为本能的问题。除非达到这一地步，才真正地、切身地掌握了知识。他以"完美的教育者"罗摩克里希纳为榜样，后者对金钱的弃绝是如此之深，以至于身体无法忍受接触金钱。他说，宗教也是如此。"宗教既非语词也非教义……而是行动。宗教是作为（to be）和成为（to become），而非听闻和接受。整个灵魂变成它所相信的，那才是宗教。"（《宗教研究》）

我要在此补充说，尽管我承认这样一种教育的有效性，但我的自由精神使我反对用某些观念去主宰个体的整个本性。我宁愿以同样感染人的能量去让个体的存在充满对自由的不灭渴望——脱离控制，永远敏锐地觉知自身念头的自由。

[2] 罗摩克里希纳修道院和传道会第一次大会上的院长致辞，1926年4月1日。

"如离弦之箭,如落于铁毡之铁锤,如刺进目标之宝剑。箭不会抱怨未中目标,铁锤不会苦恼未落其位,宝剑不会哀叹断在挥剑人手里。被造就、使用和折断,这里面有喜乐;最终被弃置,这里面同样有喜乐……"

* * *

这一点会很有趣:弄清这个强大的组织如何影响了多股政治和社会潮流,这些潮流于过去二十年里一直在觉醒的印度体内流淌。

传道会拒绝政治。在这个方面,它忠于主人辨喜的精神,后者以再强烈不过的厌恶措辞拒绝与政治的一切相勾结。也许这是传道会最明智的做法,因为它们宗教、智性和社会活动在印度民族寂静的深处进行,而没有刺激英国势力来管束它。

然而即便如此,它也不得不始终保持审慎,以使永远警惕的看门狗放松下来。不止一次,印度革命者利用了辨喜的名字和话语,将传道会置于非常尴尬的处境。另一方面,传道会在民族危急时刻正式声明戒绝政治,这使它受到爱国者的指控,他们说它不关心印度的解放。1919 年 5 月,传道会的第二次综合报告表明了这些困境,并严格制定了修道院要遵循的非政治路线,我们在此按下不表。

1906 年,孟加拉邦分裂那一年,标志着抵制英货运动(Swadeshi movement)和政治动荡的开始。传道会拒绝参与,甚至认为应该谨慎地暂停它在加尔各答、戴卡和西孟加拉的传道工作,尽管慈善活动仍在进行。1908 年,传道会不得不制定一个规则——不接受陌生人留宿,因为担心有人会滥用这种好客来筹划政治攻击。据一些政治犯透露,他们当中不止一人穿上桑耶辛的长袍,以传道会的工作和宗教的名义掩盖他们的图谋。在若干政治犯身上找到了几本《薄伽梵歌》

和辨喜的作品。虽然政府对传道会进行严密监控，但传道会继续宣扬自己的社会服务理想；它公开指责所有偏执的报复精神，甚至谴责自私的爱国主义，指出这种爱国主义最终导向的是堕落和毁灭。传道会以辨喜的话回击爱国者的指控和政府的怀疑，这些话被题写在出版物的封面上："印度的民族理想是弃绝与服务，要通过这两条途径来增强她的力量，剩下的将自动运作。"

然而，斗争越来越激烈。革命的鼓动者根据传道会调和一切独立精神的策略，以扭曲的方式利用它的部分宗教和哲学出版物。尽管传道会在1914年4月进行了公开声明，但孟加拉管理委员会（Governing Committee）在1915年的报告中指控传道会及其创立者为印度民族主义的头号煽动者。

1916年，孟加拉第一任领袖卡迈克尔（N. D. Carmichael）虽然同情罗摩克里希纳的工作，却公开宣布，恐怖分子正在加入修会，以便更轻松地达到他们的目的。于是，传道会不得不面临解散。幸运的是，身居要职的忠诚的英国和美国朋友们站出来，热心地支持传道会于1917年1月22日在一场漫长报告中的辩护，从而，危险得以解除。

我们已经看到，和甘地一样，罗摩克里希纳传道会在政治上完全拒绝暴力。然而，值得注意的是，尽管传道会做出了抗议，但暴力者不止一次地诉诸传道会，而我相信他们从未想过对甘地做这种事。罗摩克里希纳的追随者们比甘地更加完全地拒绝一切妥协，不仅不与某些政治形式妥协，而且不与一切政治形式妥协。

这一状况源于个人特质……几乎可以说，源于他们的师父辨喜的性情。他的好战而热烈的刹帝利本性甚至显示在他的弃绝和不害当中。

"他常说，虽然懦夫可以精通吠檀多，但只有最勇敢的人才能实践吠檀多。吠檀多这块肉对虚弱的肠胃来说太硬了。他最爱举的例子之一是，不抵抗教义必然蕴含着：具备抵抗能力，并有意克制对抵抗的依赖。他说，如果一个孔武之人有意克制自己，不使用武力去对付一个鲁莽或虚弱的敌人，那么，他就能合理地宣称自己的行动出自更高的动机。另一方面，如果我方没有明显的力量优势，或实际上敌方力量更强，那么我方不使用武力自然会让人怀疑我方懦弱。他说，这是克里希纳对阿周那的劝告之实质。"

1898年，他在和纳薇迪塔修女的谈话中说：

"我只宣讲《奥义书》，而在《奥义书》里，我只宣讲一个概念——力量。吠陀、吠檀多等的精华在于'力量'一词。虽然佛陀的教导是不抵抗和不害，但我认为，'力量'是教导同一种东西的更好方式。因为在不害的背后，是可怕的虚弱。正是虚弱构想出了抵抗的观念。我指的不是惩罚，或者躲开一滴飞溅而来的海水，那对我而言没什么。但对蚊子而言，一滴飞溅而来的海水是很严重的危机。现在，我就来谈谈那样的伤害。我们需要力量和无惧。我自己的理想是叛乱中被杀害的伟大圣人，当剑刺入胸膛时，他开口说：'你们也是神！'"

在此，我们可以认出甘地的观念：一种名义上的不抵抗，实际上是最强有力的抵抗——不承认（Non-Acceptation），它只适合灵性英雄。在它里面，没有懦弱的空间……[①] 但如果说，甘地的理想实际上

[①] 如辨喜这般，天生具有战士的性情，只能违背自己的本性，才能达到这种非暴力不合作的英雄理想。他经历了长期的斗争，才达到这一理想。

类似于辨喜的理想,(那么可以看出)辨喜将它带到了何种热情的高度。在甘地那里,一切都是温和、平静、持续的;而在辨喜那里,一切都是一场爆发——骄傲、信仰或爱的爆发。辨喜吐出的每一个字都能让人感受到燃烧的阿特曼——神我。所以,我们很容易理解,高昂的革命个人主义希望利用这些火焰来煽动社会暴乱,这是伟大的斯瓦米·辨喜的明智后继者常常不得不避免的一种危险。

再者,甘地的行动所具有的顽强而坚定的温和性与政治交融,有时成为革命者的领袖,而辨喜的英雄激情(就是克里希纳在战场上拥有的那种)拒绝任何类型的政治,因而,罗摩克里希纳的追随者们一直避开甘地的运动。

遗憾的是,辨喜的名字、榜样和言语没有如我希望的那样,频繁地出现在甘地及其弟子的无数作品中。① 两场运动尽管彼此独立、各

甚至在 1898 年,引发了他内部道德革命的阿马尔纳特石窟朝圣前夕,当有人问他"看到弱者遭受强烈压迫,我们该怎么办",他回答道:"怎么办,当然是痛击强者。"在另一场合,他说:"假如你软弱无力,甚至连宽恕都不是真的,斗争更好。当你能让天使军团旗开得胜(如果你想要的话),那就去宽恕。"(意思是,当你是强者,就去宽恕。)

还有人问他:"斯瓦米吉,人应当为了捍卫正义而死,还是应当学会决不反抗?""我赞同不反抗,"他慢慢地回答,并在长时间的停顿后补充道,"针对桑耶辛。针对居士,我赞同自卫。"(参见《辨喜的生活》第三卷,1915 年版,第 279 页。)

① 但在 1921 年 1 月 30 日,甘地偕同妻子和几个中尉〔莫狄拉尔·尼赫鲁(Pandit Motilal Nehru)、慕拉那·穆哈迈德·阿里(Mulana Muhammed Ali)等〕去贝鲁尔寺院朝圣,参加辨喜诞辰纪念;从辨喜房间的阳台上,甘地向人们宣布了他对这个印度伟人的崇敬,正是辨喜的话语点燃了他对印度的爱之火焰。

1929 年 3 月 14 日,甘地在仰光主持罗摩克里希纳 Sevashrama 的节日,纪念罗摩克里希纳 94 周年诞辰。当罗摩克里希纳的追随者们向他致敬,说他在一生的行动中实现了罗摩克里希纳的理想时,甘地美妙地称颂罗摩克里希纳传道会:"无论我去往何处,罗摩克里希纳的追随者都邀请我去见他们,我感到他们的祝福伴随着

行其道，却有着相同的目标。我们可以发现，它们并肩致力于这一任务——为公众的福祉服务；它们手段不同，却都遵循这一伟大计划——整个印度的民族团结。一者通过坚韧不拔的不合作斗争走向胜利，另一者通过和平而又不可抗拒的普世合作走向胜利。我们以贱民制度这一不幸问题为例，罗摩克里希纳传道会不像甘地那样发起反对运动，而是做得更高明，依据我前面引用过的辨喜的话——"正是虚弱构想出了抵抗的观念"——来否定贱民制度。

斯瓦米·阿肖卡南达写信告诉我："我们认为背后攻击胜过正面攻击。我们邀请所有阶级、信仰和种族的人，甚至包括基督徒，来参加我们的所有节日，我们同坐同吃。在我们的静修所里，没有任何种姓之分，无论是对常驻者还是对参观者。最近，在印度特拉凡哥尔邦的首府特里凡迪姆，我们新道院的开放庆典上，所有婆罗门和非婆罗门阶级同坐同吃，而该邦因极端正统和顽固保留贱民制度而臭名昭著。这件事没有引起社会异议。正是通过间接的方式，我们试图结束邪恶，我们认为，这样可以避免大量的愤怒和对抗。"

正是因此，当印度伟大的自由派，比如梵社、祈祷社（Prarthana Samaj）等，从正面猛攻正统，结果发现自己拆了身后的桥，与本民族的大众分离，并受到母亲教会的部分反对，以致改革失败时，罗摩克里希纳传道会相信绝不能脱离印度普通民众。传道会留在教会和社会的怀抱里，并从那里实现改革，为的是整个社会的利益。没有挑衅或偶像破坏，也没有新教徒的坚硬态度造成的伤害，那种态度尽管以

我。他们的援救工作遍及印度。凡是他们没有或多或少立足的地方，就没有意义。我向神祷告，愿他们壮大，愿所有心灵纯洁并热爱印度的人团结在他们周围。"
继他之后，穆哈迈德中尉赞美了辨喜。

理性武装，却太过频繁地以分裂将共同体撕开。留在母亲教会中，但保持耐心而人性化的理性，以便从内部而非外部实现改革。

斯瓦米·阿肖卡南达在另一处写道："我们的想法是唤醒印度教的高尚良心。如获成功，那么一切必要的改革将自动跟随。"

已经取得的成果有力地证实了这些策略。例如，梵社一直强力追求女性条件的改善，自命为保护女性的侠义斗士，然而，梵社提出的改革常常过于激进，方法常常过于非正统。"辨喜说，新事物应是一种发展，而非对旧事物的一种谴责和拒斥……罗摩克里希纳传道会的女性机构把印度教和西方最好的东西结合起来，在今天被认为是女性教育的典范。"关于为低种姓服务，情况也是如此，我已充分强调过这一内容，此处无须赘述。新旧结合的精神带来的杰出效果同样显现在印度文化复兴方面，在这个方面，其他强有力的要素也做出了贡献，比如泰戈尔家族及其位于寂乡的学校的巨大影响力。然而我们绝不能忘记，辨喜及其虔诚的西方弟子纳薇迪塔修女是他们的前辈，印度大众教育的伟大潮流始于辨喜返回科摩拉之后。辨喜对此感到愤怒：印度经典——《奥义书》《薄伽梵歌》等实际上不为民众所知，而仅仅掌握在有学问者手里。今天，孟加拉到处都是圣典的方言译注本。罗摩克里希纳学校把圣典的知识传遍整个印度。

然而（此运动最美妙的特征是），印度民族复兴没有像通常那样，伴随着针对外国人的敌意或优越感，相反，它向西方伸出友谊之手。室利·罗摩克里希纳的追随者们承认西方人，容许西方人不仅进入他们的寺庙，而且加入他们的行列——桑耶辛的神圣修会（这是印度闻所未闻的），并督促所有人，甚至包括正统僧侣在平等的基础上接纳西方人。而且，对印度民众产生持续影响的无数正统桑耶辛，逐渐接受了罗摩克里希纳的追随者们的观念和方式；他们起先是反对的，并指责那些追随者们为异端，然而最终，罗摩克里希纳和辨喜传下来的修会将如下内容变成了一条规则：决不把制造分裂的东西带给世人，而只带来制造和谐的东西。

传道会在1926年的特别公约公开会议上说，"传道会的唯一目标，是促进全人类的不同信念和教义之间的和谐与合作"。这意味着调和不同宗教的关系，并解放理性；调和不同阶级与民族的关系，建立全体民族和人民的兄弟关系。

再者，因为传道会相信大宇宙和小宇宙、大我和小我的准同一性（quasi-identity），因为传道会知道，改革必须首先根植于个体灵魂内部的革新，才能在社会中深入下去、持续下去，所以传道会最关心的是普世之人（universal man）的造就。它试图造就一种新型的人，在这种人身上，目前分散的至高力量和互异互补的能量将聚合起来，形成高耸入云的智慧山峰、爱的神圣森林和行动的河流。灵魂的强大律动从北极传到南极，带着普世呼吁"亿万人民团结起来"[①]！尽管很难，但这一理想既然可以在单个的人那里实现，就可以在其普世教会（师父的象征——"罗摩克里希纳的修会，代表他的身体"[②]）中实现，而传道会正为此努力。

在此，我们可以看到历史的重复律动。对于欧洲基督徒，这个梦想让他们想起基督教会的梦想，两者是姊妹。如果你想要研究这个已经持续了一千九百年的梦想，那么更好的办法是在他者的胸膛上聆听这个梦想年轻的心跳，而不是在了无生命的书上寻觅它。这两个人

---

① 贝多芬《第九交响乐曲》第四乐章《欢乐颂》。
② 出自辨喜。

神——耶稣和罗摩克里希纳不可能拿来比较，分出高下。前者总是因为荆棘王冠和十字架上的矛刺而拥有更大的殊荣，后者总是因为极度病痛中的欢乐笑容而拥有不可抗拒的魅力。在恩典和力量、神性和普世性方面，两者旗鼓相当。然而，记录永恒福音的细心历史学家总是发现，永恒福音在其每一种新形式中与人类共同成长，难道不是这样吗？

第二章　辨喜之后印度的觉醒：泰戈尔与阿罗频多

我们在此概述辨喜去世之后和甘地作为本民族的道德独裁者出现之前的那个期间，印度思想取得的进步，这对欧洲读者或许有益。这也让我们更容易给予这两位领袖——两位"以色列的审判者"——适切的地位，并更好地评价二者的行动之间的连续性。

印度民族独立运动焖燃了很长时间，直到辨喜的呼吸把灰烬吹成火焰，并在他去世三年之后的1905年猛烈喷发。[1] 喷发的时机是，英国的寇松勋爵（Lord Curzon）[2] 把古老的孟加拉省分割成两部分，其中的西孟加拉与阿萨姆邦合并。这是对印度头脑与心灵的致命一击，因为孟加拉是印度最有生机的省份，英国霸权最怕的就是孟加拉的智慧，及其与印度辉煌过去的联结；整个孟加拉皆受影响。这项措施正

---

[1] 参见印度民族独立运动最明智、最强大的领袖之一拉吉普特·雷伊（Lajput Rai）的优秀作品，《年轻的印度，民族主义运动》(*Young India, the Nationalist Movement*, New York, Huebsch, 1917.）。雷是甘地的朋友，当时刚刚因为民族独立事业而蒙难。

[2] 勒内·格鲁塞（Rene Grousset, *The Awakening of Asia*, Plon, 1924.）清晰地讲述了寇松勋爵扮演的不祥角色。正是他策划了俄国在日俄战争中的惨败，日本的胜利对整个亚洲造成了巨大的影响。1905年的俄国革命是第二次惨败，它教会了印度恐怖主义。

式实施之前,孟加拉的领导们于 1905 年 8 月 7 日决定联合抵制英货,以此作为抗议。民众热烈响应,在"斯瓦德希"(抵制英货)的喊声中,印度本土制造的货物被用来反对英货;印度人更进一步,决定创建一所国立大学。

寇松勋爵坚持他的做法,10 月 16 日,孟加拉分省。

于是,孟加拉起义了。几个月里,国家的面貌就发生了改变。报刊、画廊、寺庙、剧院、文献——全都成了国立的。处处可闻今天家喻户晓的歌唱"Bande mataram"(为祖国喝彩!),戈卡尔(G. K. Gokhale)——印度国大党中除了达达拜(Dadabhai)之外唯一具有无可争议之权威的党员①,连甘地也恭敬地承认自己受他影响——组织起印度社会的服务者,"目标是造就国家使者,为印度服务"。

那便是罗宾德拉纳特·泰戈尔的历史时刻,被人遗忘得太快。它标志着泰戈尔的政治行动和声望之巅峰。泰戈尔谴责国大党过于胆怯,从英国主人那里"乞求"宪法,他大胆宣告自治,忽略英国政府,并努力创建一个印度民族政府取而代之。作为不屈不挠的演说家,他的精彩雄辩响彻四方。不幸的是,我们几乎无从了解,因为他的大部分演说是即兴的,只有少数保存了下来。② 他还创作诗歌和爱国歌曲,它们立刻流行起来,被热烈的年轻同胞口耳相传。最后,他试图发展本土工业和国民教育,并以全部的个人资源致力于这些目

---

① 印度国大党成立于 1885 年。大约到 1900 年,达达拜的温和派忠诚者们取得了优势。在接下来的几年里,激进派与温和派之间的斗争变得十分紧张。1907 年 12 月以后,印度舆论的真正领导者是激进派的提拉克(1855—1920),他公开诉诸民族革命。关于达达拜、戈卡尔和提拉克的一些详细情况,可以参见拙著《甘地传》(*Life of Mahatma Gandhi*)。

② 集结为小册子出版:《更伟大的印度》(*Greater India*, Ganesan, Madras)。

标。然而，当独立运动呈现出一种狂暴特性时，这位诗人离开，退隐寂乡（Shantiniketan）。他是个"迷失的领袖"，印度民族独立主义者从未忘记过他。

另一个被独立运动抛入聚光灯，继泰戈尔之后最伟大的人物，是泰戈尔的年轻朋友阿罗频多·高士。他是辨喜真正的智性继承人。当时，他刚刚在剑桥大学完成优秀学业；相当博学，在欧洲古典文化的养育下成长的他，正为巴罗达土邦君主服务。他放弃了肥差，接受了加尔各答国立大学校长的职务，薪水不高。他的目标是把教育和国家的宗教、政治、生活紧密结合，从而塑造孟加拉青年的性格。在他和泰戈尔的鼓舞下，大学和国立学校起来反对寇松勋爵。各种学会和体育馆遍地开花，孟加拉年轻人练习运动和击剑，以此回应诸如麦考利（Macaulay）、吉卜林（Kipling）等英国作家的粗暴批评。许多孟加拉语和英语报纸受到阿罗频多及其朋友的鼓舞，保持舆论鼓动。

随着抵制的持续，寇松勋爵派军驻扎西孟加拉的巴里萨尔，然而，尽管言语攻势颇为猛烈，但印度直到1907年才脱离消极抵制；爱国者们容许自己在民族喝彩声中被迫害和监禁，而不进行反击。1907年5月，拉伊（Lajput Rai）在没有预先指控或定罪的情况下被突然驱逐出境，这点燃了导火线。1907年12月，第一声枪响，1908年4月或5月，第一颗炸弹落下。孟加拉副省长三次遭到袭击；印度新任总督明托勋爵（Lord Minto）于1909年11月在艾哈迈达巴德遭到袭击；政治秘书莫利尔勋爵（Lord Morley），也是印度事务大臣，在伦敦被杀。袭击、破坏、毁坏铁路、抢劫枪械店——各种暴力活动增加。英国政府加强了镇压，几个月内，民族独立主义者几乎全部锒铛入狱，阿罗频多也以谋叛罪入狱，提拉克（Tilak）判他监禁六年。

1908年至1909年是独立运动的狂热期，接下来的两年则陷入了一种欺骗性的平静当中，英国国王乔治五世于1911年12月访问印度，表面上同意恢复孟加拉的行政统一性。然而，1912年12月，总督哈丁勋爵（Lord Hardinge）首次进入孟加拉首府德里时，迎接他的是一次新的攻击，比以往任何攻击都要更加猛烈。哈丁勋爵受伤，几名随从被杀，杀手成功地躲避了所有追踪，尽管有重金悬赏他的人头。1912年至1913年是革命运动全面开展的时期。世界大战转移了注意力，导致了大英帝国政府和印度政府之间的一种预谋的、不真诚的友善关系。在刚从南非回国的甘地日渐增大的影响下，印度轻信承诺，结果是幻想的痛苦破灭，这众所周知。接下来是甘地开展的强有力的消极抵抗运动。

然而，根据1914年之前的主要领导者之一拉伊的明确说法，与民族觉醒有关并充当其酵素的宗教思想要素如下：

无论民族主义政党的状况如何——支持的是恐怖主义手段，有组织的反抗，还是耐心积极地准备印度自治——它们全都以伟大的宗教团体为代表：雅利安社、梵社、罗摩克里希纳传道会、卡利信徒、新吠檀多主义者、自然神论者或一神论者。它们全都相信，它们的首要崇拜职责是对祖国的崇拜，祖国是宇宙至上神母的象征。这是民族独立运动的无边海洋里最引人注目的现象，这个海洋的浪潮在一战前的十年间淹没了全人类。一直以来，人们有种幼稚的希望，就是把它归为个人原因或地方性的原因，而在那些能从整体上进行判断的人看来，毫无疑问，那是一段同步的狂热时期，整个人类这棵大树正在生长和伸展开来。不过自然而然，每一个国家的有限智慧都误解了它的普遍意义，并根据自身的有限观点去理解它。

不足为奇，在印度，集体宗教幻觉的可怕火焰烧着了三千万人民，这种幻觉直接采取了国家的形式。班金·钱德拉（Bankin Chandra）——孟加拉的鲁热·德·利尔（Rouget de Lisle）——创作的印度马赛曲唱道，印度母亲乃是神母卡利化身的民族。

我们很容易想象，辨喜的新吠檀多主义——颂扬灵魂的力量及其与神的必然联结，犹如烈酒注入他那兴奋民族的血管。拉伊明确断言："孟加拉民族独立主义者中的大多数属于吠檀多主义者和神圣母亲的崇拜者。"他们的相仿信念和他们个人的公正无私，并未阻止他们的政治行动之极端暴力，而是让他们的暴力行为变得神圣不可侵犯！当宗教与政治结合，情况总是如此。"个人在思想和行为上的一切放纵都在斗争中得到原谅，这仅仅是因为，民族的拯救者们就像苦行者和桑耶辛一样，高于一切法律。"

当理性、温和的有神论教会——梵社的成员赫然位于杀手之列时，难道你还纳闷，虽然辨喜正式谴责政治，但他的名字与这些政治暴力搅在一起？

所以，英国政府当时对宗教组织严密监视，这并不完全是错的。然而这些组织的正式领导者反对暴力，并致力于让印度民族缓慢而合法地朝着共同目标——印度独立演进。

＊＊＊

如下事实毫无疑问：辨喜的新吠檀多主义[①]为这种演进做出了显

---

① 我们前面谈到，正是辨喜的爱国心影响了甘地（甘地不是形而上学者，对精神研究几乎没有好奇心）。当甘地在贝鲁尔修道院的阳台上向这名伟大先驱公开致敬时，他说的话实际上是，"对辨喜作品的阅读增强了他的爱国心"（来自罗摩克里希纳传道会）。

著贡献。拉伊将此殊荣归于他：创造了一种新的民族宽容精神，以至在他去世之后，印度的爱国者们逐渐脱离了古老的种姓和家庭偏见。

这一伟大的新吠檀多精神最崇高的代表过去是、现在仍是阿罗频多·高士，印度的一名一流思想家，理智的、虔诚的印度等待着他的全新启示。

在我们当前讨论的独立运动时期，他乃是辨喜从火葬柴堆升起的声音。关于印度的民族理想和灵性使命，他怀抱同样的观点，也怀抱同样的普世希望。没有比粗俗的民族主义离他的思想更远的了，民族主义的目标只不过是本民族的政治主权，局限在傲慢而狭隘的"地方性生活"（套用阿罗频多的表述）内部；而他的民族要做人类的公仆，第一职责是为了人类的团结而努力——不是通过武力，而是通过精神力量。这种力量的本质是以能量的形式呈现的灵性，被称为宗教灵性，但远非在此意义上：仅仅承认深处的真我及其永恒储备——阿特曼。没有任何民族像印度那样，对真我有着年代如此久远的知识和自由通道。所以，印度的真正使命应是引领全人类实现真我。

"一个民族的真我觉醒乃是民族崇高的条件。印度的至上观念——全人类在神里团结起来，以及这一观念在外部和内部、在社会关系和社会结构中的实现，注定要左右人类的一切进步。印度能够引领世界，如果她希望的话。"

这番话听上去完全迥异于我们欧洲政治家的话语。但果真如此吗？与西方（我所指的是西方的那些忠实人物，他们正致力于所有文明力量的合作）相比，它的相异之处难道不是仅仅在于：在东西方的共同事业——大同世界中，它在信仰的强度方面更进一步？我们的欧洲思想家们过于胆小，不敢声称隐匿在人之中的神——永恒者，他是人类存在的支撑与活力,如果没有神,那么人类的存在将是不稳定的、空洞的。

这位孟加拉起义的前政治领袖,如今是现代印度最伟大的思想家之一,他实现了东西方精神迄今所能达到的最完整的综合。1910年,他退出政治[1]。尽管他与祖国的政治自由不再有关,但他感到,祖国定将得到政治自由,因而无须他再为此出力。他相信,通过把自己的能量转而用于深化印度的智慧和科学,他能更好地为印度服务,于是,他投身于再度征服精神这把生锈的"钥匙",根据他的信念,这把钥匙注定要为人类打开一个新的知识和力量领域的大门。[2] 在现代科学和印度经典智慧的滋养下长大的他,是二者在今日印度的大胆诠释者,他掌握梵文、希腊文、拉丁文、英文、法文和德文,在眼下这个重要时刻,他忙于为他的民族带来新的信息,那是他十八年冥想的结果。他试图调和印度的灵性奋斗和西方的行动,为了达成这一目标,

---

[1] 从1910年隐退本地治里(Pondicherry),躲避英国的政治迫害之后,阿罗频多·高士在一战期间发行了一本非常重要的评论杂志——*Arya*(不幸的是,在今天难以找到),这是一本有关哲学综合的杂志。第一年是法文版(1914年8月15日),由Paul and Mirra Richard合作发行。在该杂志上,阿罗频多发表了他的主要著作《神圣人生论》和《综合瑜伽》(顺便提一下,《综合瑜伽》自始至终仰仗辨喜的权威影响)。同时,他一边对印度经典进行学术性的原创诠释(对此的讨论需要留给梵文学者们),一边明确地见证了这些经典的哲学深度和魅力,参见他的《吠陀的秘密》(*The Secret of the Veda*)。两卷本的《薄伽梵歌论》刚刚出版(1928年),便在印度引发了热烈讨论。

[2] "印度的过去持有通往人类进步的钥匙。我现在要把能量转向这一面,而不是对准平庸的政治。这就是我隐退的原因。我相信沉默中的苦行(冥想和专注的生活)对教育、自我知识和释放灵性能量的必要性。我们的先辈以不同的形式使用这些苦行方法,因为它们最能让人在伟大的历史时刻成为一名有效的工作者。"(1917年马德拉斯访谈)

他正训练一切精神力量走向一种行动上的优势（ascendancy）。西方对东方的惯常看法是，东方是消极的、停滞的、平静的，但不久之后，西方将会惊奇地看到这样一个印度：在对发展与进步的狂热方面超过了西方本身。如果说印度像罗摩克里希纳、辨喜和阿罗频多那样撤回自身，以便腾出空间进入深刻的思想，那只是为了获得新的动力，进行下一次的飞跃。阿罗频多燃起对灵魂的无限力量和人类进步的一种空前信仰。他完全接受欧洲在物质与科学上的征服，然而，他将这些征服视为开始，而非结束；他希望看到印度用同样的方法胜出，[1] 因为他相信"人类到了通过新知识、新力量、新能力扩展领域的时刻，这将如19世纪的物理科学那样，为人类生活带来一场伟大的革命"。

这要通过综合科学（integral science）中的直观（intuition）——心意的启蒙者和舵手——所进行的有条不紊、深思熟虑的整合（incorpation）来达到，对于直观而言，合乎逻辑的理性充当确保胜利的士兵。神圣的大一和追求者之间的连续性不再被打断！弃绝虚幻的原质、在神之中得自由的问题不复存在，对整个原质的欣然接受、拥护和征服将带来彻底的自由。将不再有弃绝和紧缩，我们睁开双眼，以极其多样化的全部能量拥抱整个生活——无限的欢乐，它源于实现大一的人平静、不执的存在之核心。神在人内部并通过人来行动，

---

[1] "过去对我们而言应是神圣的，而未来更加神圣……印度的思想必须走出哲学的象牙塔，接触生活。印度的灵性——出自洞穴和神庙，必须适应新的形势，向世界伸出援手。"接下来是上面引用过的内容：相信人类领域将在人的生活的下一场革命中得到扩展，相信印度的"生锈钥匙"将打开新的进步大门。（马德拉斯访谈）

在神之中，解脱者的身体和灵魂成为"世间行动的通衢"。①

由此，借助宗教，最完整的知识与最强烈的行动融合，让智慧而英勇的印度渐渐复苏。这个伟大的见者伸出双手，拉开创造性冲动之弓。那是一股不间断的潮流，从最久远的往昔流向最遥远的未来。历史只有一个灵性生命，就是前进着的那一个……

"乌莎（黎明）随着那些前赴后继者的目标而来。她是将要来临的一系列黎明中的第一个——乌莎扩大，呈现活着的，唤醒死去的……当她使一系列发光的黎明和谐，她的领地有多么开阔！她渴望那些古老的清晨，并成全它们的晨光；她投射出她的光明，与将要来临的事物交融。"②

在此，我们开始察觉贯穿了三个世纪（从18世纪的启蒙运动开始）的人类精神完成的奇妙转弯之意义：使用否定的、革命的批判理性主义武器，从古典综合体过于狭隘的限制中解放出来；实验的、实证的科学在19世纪的壮丽腾飞，及其巨大的希望和惊人的许诺；这种科学在19世纪末的局部破产；20世纪初的震荡激变，它动摇了整座精神大厦的根基；科学规律（和人类本身一样发展变化着）的不稳定性，相对论戏剧的开场，潜意识的入侵，旧的理性主义受到的威胁及其从进攻到防守的态度转变——这一切使得古老的信仰有可能在被理性侵蚀的土地上找回自己过去的地基，并开始重建……

---

① 《综合瑜伽》（《雅利安》，1914年12月15日）。在对《薄伽梵歌》新的注释（*Essays on the Gita*, 3 Vols., 1921-1928, Calcutta；中文版《薄伽梵歌论》，徐梵澄译）中，阿罗频多主要依赖的是这一行动特征。

② 引文出自 *Kutsa Angirasa Rig-Veda*，阿罗频多用法文题写这一段，作为他的主要著作之一《神圣人生论》（《雅利安》第一期，1914年8月15日）的序言。

看哪！为了整个人类的利益，一个全新综合（new synthesis）的时代有望来临，在那个时代，一种新的更大的理性主义（但它了解自身的局限性）将和一种新的直观科学（建立在更加确定的基础上）联姻。东西方的共同努力将开创一种新秩序，它有着更加自由、更加普世的思想。而且，如在盛世那样，这种内在秩序将直接带来充沛的力量与大胆的信心、一团启发并滋养精神的行动火焰、个人生活与社会生活的更新……

> 在那里，心无恐惧，头颅高昂；
> 在那里，知识是自由的；
> 在那里，世界未被狭隘的家国之墙分割得支离破碎；
> 在那里，话语从真理的深处流出；
> 在那里，不懈的努力，正向着生命的完美伸展它自己的手臂；
> 在那里，知识的清泉未被积习的流沙吞没；
> 在那里，心灵受你的指引，思想与行动渐趋宽容……[1]

在那里，我们将于精神的暴风雨中穿行，头顶有指引我们的星星……

---

[1] 泰戈尔的《吉檀迦利》。

附录

附录1

论神秘的内倾及其对认识现实的科学价值

关于"宗教"精神（"religious" spirit）——就我一贯使用的这个词的广义上而言——的直观作用（intuitive workings），西方现代心理科学以及绝大多数情况下的观察者们没有进行充分的研究，那些观察者本身缺乏"宗教"倾向，因而几乎没有能力去研究它，并且不由自主地倾向于贬低他们自己所不具备的一种内部官能（inner sense）。[1]

致力于这一重要主题的最佳作品之一是莫雷尔（M. Ferdinand Morel）的《神秘内倾论》（*Essay on Mystic Introversion*）[2]。它牢牢地建基于病理精神生理学的原则和方法，以及弗洛伊德、让内（Janet）、荣格、布鲁勒（Bleuler）等人的精神分析，审慎地对若干典型类型的希腊-基督教神秘主义进行了心理研究。莫雷尔对托名丢尼修

---

[1] 我的批评对象不包括若干最新的出色论文，它们在科学的基础上恢复直观的地位，或多或少是柏格森（Bergson）的生命"冲力"以及罗伊（Edouard le Roy）的敏锐分析的产物。

[2] *Essai sur l'introversion mystique: etude psychologique de Pseudo-Denys l'Areopagite et de quelques autres cas de mysticism*, Geneva, Kundig, 1918.
据作者所知，苏黎世的荣格首次在科学心理学意义上使用"内倾"一词。

（Pseudo-Denis）的分析尤其有趣[1]；他的描述整体上是正确的，尽管事实上，他在欣赏丢尼修的作品并从中得出结论时，没能摆脱先入为主的理论，那些理论来自他的时代的科学病理学。

在这份笔记的范围内，我无法对他的论点进行本应有的详细讨论，但我想要简单地指出这些论点在我看来具有的弱点，以及应该做出的更加准确的诠释。

几乎所有心理学家都持有退化论（theory of Regression）[2]，该理论似乎是由理博（Th. Ribot）提出的。在理博就功能紊乱的心理病理学研究这一有限范围内，退化论无疑是正确的，但它已被错误地扩展到整个心灵领域，无论是正常心灵还是反常心灵。

理博提出："疾病最快侵袭那些最新构成的心理功能，即个体发展过程中出现得最晚的心理功能（个体发生），然后在种群进化的一般规模上繁殖（种系发生）。"让内、弗洛伊德及其追随者们将这一陈述应用于所有的神经病，继而应用于心灵的一切活动。对他们而言，

---

[1] 该作品的第二部分致力于讨论"神秘主义的若干其他例子"，不幸质量较差，东方神秘主义（作者称之为"四千年的内倾"）是从第三手资料来研究的，只有短短几页，西方的基督教神秘主义被相当武断和不充分地概括为几个类型，包括一些明显的患病者，比如居雍夫人（Madame Guyon）和安托内蒂·布里尼翁（Antoinette Bourignon），以及高尚健全的人物，比如圣伯纳（St. Bernard）和弗朗西斯（Francis of Sales）。另外，他们全都被一种相当扭曲的表述给毁了：因为在这些伟人的例子中，能量和社会行动这两个强大要素与神秘主义的冥想紧紧捆绑在一起，而作者把这两个要素排除了出去。

[2] 有一个值得注意的例外，即日内瓦杰出的教育心理学流派，聚集在卢梭研究所（Institute J. J. Rousseau）和国际教育局的周围。该团体的首领之一鲍德温（Ch. Baudouin）在最近几个月里抗议"退化"一词所造成的混乱，该词在心理学上被人们不加区别地归于一切反冲现象，而反冲现象本身是那么地多样化，有时截然相反。（参见 Journal of Psychology, Paris, November, December, 1928。）

从这一陈述到下述结论仅有一步之遥（在我们看来是错误的一步）：最新产生并最快减损的功能是最高级的功能，而朝向其他功能的返回在后退的意义上是一种退化，即心灵的一种堕落。

让我们在一开始先确定心灵的"最高级的功能"（the supreme function）指的是什么。它是让内所称的"现实功能"（the function of the real），被定义为对当下、当下的行动、当下的享乐的觉知。他把"无动于衷的（disinterested）思想和行动"（没有准确无误地盯着当下的现实）放到次一级，然后是最低级的虚构表象（imaginary representation），就是整个想象和幻想的世界。弗洛伊德以其惯常的活力声称，白日梦及其所有内容只不过是第一进化阶段的残骸。跟理博一样，他们都同意，类似于纯思想的"非现实功能"与"现实功能"（他们会称之为"灵魂的终点"）相反。（多么具有讽刺意味！他们滥用弗朗西斯的著名说法，把它应用于另一个极端。）①

这样一种分级把最高等级归于"有利害关系的"行动，把最低等级归于思想专注，而鉴于纯粹的实际常识和道德共识，这在我看来是令人于心不安的。对活泼泼的心灵最必不可少的功能——退回自身、做梦、想象、推理——的这种贬低，具有病理畸变的危险。直白的观察者会说："医生，治好你们自己吧！"

依我看来，对于科学归于进化论的卓越价值，我们应该半信半疑地接受。没有任何例外地承认不灭的、普遍的进化论，事实上无非是宣称生物的一系列连续的（或者有时是间断的）改变和变异。这一

---

① 具有无意识的讽刺意味的是，像普罗提诺那样的伟大"内倾者"由衷地同情"外倾者"，即"在自身外部流浪者"（*Enn.* IV, III, 17），因为在他看来，他们已经丧失了"现实功能"。

生物过程不值得被提升为一个信条，强迫我们把眼光放得过高，吊在某个暧昧的"油腻竹竿"上，吊在生物的某种同样暧昧的神秘的、最高的"真实"上——就跟宗教在各种原始伊甸园神话里预设的过去的（或深处的）"真实"一样地超自然。最后，生命的进化将以物种经由一个消耗过程而来的不可避免的灭绝告终。我们何以确定这样的时刻：道路开始下坡，而非上坡？我们有同样多的理由去相信，在心灵的各种作用和功能当中，最重要的那些是最后消失的那些，因为它们是存在的基础，而相当容易遭到破坏的部分属于存在的浅层。

一个伟大的审美家，同时是一名科学家和一名创造性的艺术家，一个天生既有理性又有直觉的完整的人——何岑（Edouard Monod-Herzen）如是说：

"先于既定个体的宇宙之作用（effects）——该个体的实质仍然带有那些作用的痕迹——要从每天烙印在他身上的当前作用中去识别。那在先的是他自己的固有属性，构成他的遗传；那在后的是他的习得属性，构成他的适应。"

既然如此，那么他的"习得属性"何以在等级上高于他的"固有属性"呢？唯有从时间上讲才是如此。何岑接着说："个体的实际状况产生于这两组属性的结合。"[①]

为什么要将这两组属性分离呢？如果是为了满足科学研究的迫切需要，那么我们这样说就不是不必要的：原初属性或"固有属性"根据其定义比"习得属性"更好地适应这种分离，理由很简单，后者在后，必须预设那在先的。

---

① *Science et Esthetique: Principes de morphologie generale*, 1917, Paris, Gauthier-Villars.

正如鲍德温在试图纠正精神分析针对心理"反冲现象"（phenomena of recoil）的反对倾向时，就进化主题所写下的：

"进化并没有被设想为从反射作用到本能，再从本能到更高级的精神生活，而不诉诸连续的抑制及其造成的内倾（introversions，内倾，内向性）。在每一阶段，新的抑制必定会介入，以便阻止能量在动机通道中直接释放，连带内倾的介入，即能量的内部储存，直到思想逐渐取代被抑制的行动……思想（正如约翰·杜威表明的）可以视为被中止的行动的结果，主体不允许该行动继续得到完全实现。我们的推论试图模拟……因而会遗憾地混淆内倾和退化，因为退化标志着在进化之路上后退一步。"（我要补充说，退化是"不怀任何收复失地并再度前进的想法"的一种后退。）"而内倾是进化所必不可少的条件，如果说它是一种反冲，那么这种反冲给予一个可能的向前的推力。"①

让我们来真诚地看看伟大内倾的例子，这种内倾不是以和缓形式呈现的常规思想，而是完全的、纯粹的、彻底的思想，就像本书研究的最高的神秘主义者表明的那样。

在病理心理学看来，（莫雷尔接受这些结论）② 神秘主义是回到初级阶段，回到胎儿期状态；而神秘主义大师［无论是印度的还是亚历山大里亚的，无论是亚略巴古的丢尼修还是14世纪的两股灵魂旋风

---

① *Op. cit.*, pp. 808-809.
这是本书最后一章"印度的觉醒"引导我观察和注意到的；"在罗摩克里希纳、辨喜和阿罗频多·高士的例子中，如果说当代印度的神秘主义思想在我看来不时退回到原始进化的深处，那么这只是为了集中自身，以便做出进一步的向前飞跃"。
② "真诚的内倾那根深蒂固的自恋就是全然退化到母亲的怀里，由此，个人是种族的整个发展的缩影。"

爱克哈特（Eckhart）和陶乐（Tauler）]用来解释融入大一的象征语言"Grund, Urgrund, Boden, Wurzel, Wesen ohne Wesen, Indefinite sur-essentielle..."等进一步证明了这个设想，它不亚于在罗摩克里希纳的祖国印度产生对"神圣母亲"的热烈崇拜、在基督教中产生对"圣母"的热烈崇拜的那种奇怪的本能。

不得不承认，我们在评论案例时公正不偏。①

那么，内倾同样只是把意识思维（conscious thought）再度投入胎儿期生命的模糊深渊吗？因为对神秘主义的仔细研究清楚地表明，意识存在于这一沿着过去的巨大梯子的向下攀爬中，相比之下，威尔（Well）的《时光机》（*Time Machine*）只是小儿科，莫雷尔在若干场合提到了《时光机》。

"在最彻底的内倾（亚略巴古的丢尼修的那种）中，不是失去意识，而是代之以专注……出神的经验深深地铭刻在那些体验过的人心里，如果那些经验仅仅是空的或者缺乏意义，情况就不会是那样……意识事实上是某种极其多变的东西。当外部意识消失时，意识之圈收缩，看似完全退入了某个未知的、通常被忽视的大脑皮层中枢。意识似乎将自身聚集起来，把自身限制在某个未知的精神松果腺里，并退

---

① 这是个起点。然而，这种直观之"退潮"的伟大分析者（比如罗伊）表明，神秘主义者们在那里所达到的最终的"简单性"（simplicity）不同于"推论的复杂性之前的那种简单性，它仅仅属于儿童那困惑的前直观"。它是"一种丰富而光明的简单性，通过超越和克服分析而消融分析。唯独它才是真正的直观之果实，而真正的直观乃是内部自由的状态，是平静的灵魂融入非惰性平静（的存在）的状态，它的最高力量就是行动……"（"The Discipline of Intuition", Review *Vers l'Unite*, 1925, Nos. 35-36.）。

这些说法中没有一种是辨喜不会同意的。

入某个中心,在那里,所有的机体功能和所有的精神力量会合,在那里,意识享受合一……别无其他。"①

"别无其他"吗?你们还想要什么呢!你们看,你们自己承认拥有一种工具,用来深入功能意识(functional consciousness)、潜意识生活的深处,然而你们没有利用它来完善对整个心灵活动的认识。你们这些无意识的医生没有让自己成为这个无疆帝国的公民,没有亲自去掌控它,而只是作为外国人进去过,心里怀着自己国家更好的先入之见,无法让自己摆脱这种导致你们的所见变形的需求:还原(reduce)你们在这个未知帝国里瞥见的任何东西,以便用你们已经熟悉的东西去度量它们。②

让我们想想下面这些引人注目的描述是多么有趣:来自各个教派的一连串印度的、亚历山大里亚的、基督教的神秘主义者在彼此不了解的情况下,以同样的清晰性经历了同样的体验——思想的三重运动③,尤其是"循环运动";他们彻底考察了这种运动,"它正好代表着纯内倾的精神运动,就是将自身从体表撤回,并朝着中心汇聚"——好比环绕存在者七圈的强大冥河以其强大的吸引力朝着中心蜿蜒前进,内部灵魂的向心力相当于万有引力在外部宇宙中的向心力!如能通过直接感知的方法去认识伟大的宇宙规律和支配宇宙的力量,这难道是件微不足道的事吗?

---

① E. Morel, *Op. cit.*, p. 112.
② 参见拙著《罗摩克里希纳传》中的《印度苦行主义的生理学》第一个注释,即瑜伽士对于昆达里尼能量上升至"千瓣轮"的描述。
③ 三重运动为:"循环运动",当思想完全转向自身时;"螺旋运动",当思想以推论方式反思和推理时;"直线运动",当思想指向外部时。(参见普罗提诺、波菲利、普罗克洛斯、赫米亚斯、亚略巴古的丢尼修等,以及莫雷尔对他们的分析。)

如果有科学家主张，对精神深度的这种认识没有教导我们关于外部现实的任何知识，那么他实际上（尽管也许是不经意的）在服从一种傲慢无知的偏见，这种偏见就像那些宗教唯心论者的偏见一样有失公允，那些人在精神与物质之间树起一道不可超越的障碍。科学心理学宣称为旗手的"现实功能"（functional of the real）是什么？什么是"现实"？它是能被外倾或内倾观察到的东西吗，就像拉斐尔（Raphael）的《圣体争辩》[①]中闭眼凝神的圣约翰那样？它是"直线运动""螺旋运动"还是"循环运动"？没有两种现实。那存在于某物中的，也存在于他物中。[②] 内部精神内容的规律必然与外部现实的规律相同。如果你正确地理解了一者，那么你将会在另一者中确证（如果不是确证，就是预感）你已理解的或将会理解的。老子的深刻思想——"三十辐共一毂，当其无，有车之用"，让我想到天文学的一些最新假说，它们宣称已经发现虚空深渊是各个宇宙的发源地……你难道以为老子能够凭空想象出这样一种思想吗，如果它没有暗含宇宙的普遍本质及其被遗忘的规律？你觉得那是假说吗，既不多于

---

① 指拉斐尔在梵蒂冈宫的圣餐壁画，被称为《圣体争辩》。
② 在此，我很高兴发现自己的观点与"新教育"的大师之一费里埃（Adolphe Ferriere）在其不朽之作 Spiritual Progress (Vol. I of Constructive Education, 1927, Geneva) 中的思想一致，费里埃是国际教育局的创始主席。
"如果个人的理性可化约为一个公分母，化约为超个人的、非人格的大写理性……那是因为实际上，每一心灵和我们方便起见称之为自然的东西分享同样的现实、拥有同样的起源，是同一种宇宙能量的产物。"（第50页）
如果内倾有可能让我们接近源头，而不是说回到源头——作为宇宙能量形式之一的生命之源，那么我们为什么要忽略内倾呢？
（参见费里埃的同一著作，第三章和第一章，"人的小宇宙回应大宇宙"，这里的标题和基本观念与辨喜在若干最重要的智慧瑜伽演讲中解释的吠檀多观念相一致。）

也不少于你的那些最牢固的、富有成效的科学假说？逻辑上很有可能，因为它满足了宇宙规律严格的经济性，并带有它们的自然和谐特征。

如果是这样，那么对深刻内倾的明智而审慎的利用向科学家开启了一个尚未探测的资源宝库，因为它构成一种新的实验方法，该方法的优势在于，观察者将自身认同于被观察对象……神圣理智，即普罗提诺所说的观察者与被观察者的同一。[1]

普罗提诺集希腊的观察精神和东方的内倾于一身，他以清晰的直观做出如下说明：

"有可能灵魂拥有某物而不自知[2]；因此，灵魂拥有它好过觉知它；事实上，当灵魂觉知它，灵魂所拥有的就是非它；相反，当灵魂没有觉知它，才真正地拥有它。"[3]

---

[1] 事实上，每一个伟大的科学实验者或多或少将自身认同于实验对象。这是激情的特征：无论激情的对象是什么——是感官对象还是理智对象，激情都接纳对象，并倾向于将自身注入对象。伟大的物理学家和生物学家博斯（J. Ch. Bose）告诉过我，他感到自己与所观察的植物合一，在开始实验之前，他会在自身内部预想植物的反应，在诗人和艺术家那里，更是如此。读者可以参看本书有关惠特曼的章节。

[2] "知识"一词在这里指"推论性的理智知识"。显而易见，一种更高级的知识可以取而代之，我们也许可以像莫雷尔那样把这种知识称为"功能性的"，或像普罗提诺那样称之为"完美的理性"；普罗提诺加了如下注释："一个人仅仅推论性地思考他尚未拥有的东西……完美的理性不再寻求什么，而是以将它充满的东西为根据。"（*Enn.*, III, VIII, 2, 5.）

[3] *Enn.*, LV. IV (4).
参见我的同时代法国大师罗伊对直观的分析：
"心灵有必要……摆脱整个分裂的自我本位，并被导向一种'驯服状态'，好比苦行者对良心的净化，这是一种宽宏大量的态度，类似于爱的活动，爱的活动能够预这就是现代印度最伟大的思想家之一阿罗频多试图纳入科学中的思想,正如我在本书最后一章所表明的,他想恢复生成直观(generative intuition)的合法地位:作为前进在"以科学征服宇宙"途中的精神军团的前卫。

这一巨大努力的一部分被排外的理性主义者,尤其是精神病理学家以傲慢的姿态拒绝,那些精神病理学家怀疑"精神满足之标准",或者套用伟大的弗洛伊德的轻蔑说法——怀疑"快乐原则",在他眼里,快乐原则是"不适宜之人"的原则;实际上,那些拒绝快乐原则的人远非他们自己想象的那样献身于"实相",而是更多地献身于一种傲慢的、禁欲的信仰,他们看不到此种信仰的偏见,因为那些偏见已然成为第二本性。根据看似可信的假说——物质和宇宙规律的统一性,我们没有正常理由来说明:为什么心灵对宇宙的逻辑排序(logical ordering)的彻底认识、掌握和"享用"(fruitio)不能伴随着一种至上幸福感?如果精神快乐是错误的标志,那将是很奇怪的。一些精神分析大师对心灵那自由的、自然的游戏——陶醉于心灵自身所

言和理解,因为它忘记自身,因为它接受了为实现必要的转变而付出的努力,以便让自身融入对象,并实现完美的客观性……"。

"直观的训练",*Review Vers l'Unite*, 1925, Nos. 35-36。

结论如下:

"直观过程中的三个阶段是:

(1)'苦行'(ascese),作为弃绝常规言语形式的预备;

(2)精神与作为分离的对象从精神中生起的东西的最终合一;

(3)知识或者毋宁说感知的简单性(simplicity)——在超越和潜入分析并且经历了分析的消融之后被重新发现时的简单性,但这种简单性是丰富而非贫乏的结果。"这难道不是非常类似于印度的智慧瑜伽吗?(参见罗伊的 *Intuitive Thought*,1925年。)

拥有的（他们把"自恋""自淫"的污名加诸其上）[1]——的怀疑完全无意识地泄露了一种歪曲的禁欲主义和宗教弃绝。

他们谴责内倾的危险，这诚然是对的，在这一点上没人会反驳，然而，每一种实验对心灵都有危险。感觉和理性本身就是危险工具，必须不断加以监管；没有一种严密的科学观察是在白板（tabula rasa）上进行的。无论如何，眼睛在看见之前就已做出解释[2]，以天文学家洛威尔（P. Lowell）为例，他从未停止在火星表面看到他自己的双眼安置在那里的运河……我们务必要保持怀疑，甚至在获得证据之后！我始终抱着深刻怀疑的态度，这种怀疑潜藏在我内心的洞穴里，就像一剂苦口良药，为强者所用。

然而，在"现实"的世界里，即在"相对"的世界里（我们必须努力在此构建居所），我主张，我们应该试图用来满足心灵之运作的原则，是均衡原则，即心灵的各种力量之间的平衡。一股脑儿包容的倾向是危险的、有缺陷的。人可随意支配不同的、互补的知识手段。[3]如果有必要拆开它们，以便利用它们去探查某个研究对象的深处，那么我们必须始终在此之后重新加以综合。强者通过直觉（instinct）实现综合。一个伟大的"内倾者"知道如何同时做一个伟大的"外倾

---

[1] 就是说，爱上自己的自恋状态。
[2] 参见现今的直观专家之一佩兰（J. Perrin）对科学假说的定义："一种直观智慧的形式……用来预言仍在我们意识之外的对象的存在或基本机能，并以简单的不可见者去解释复杂的可见者。"（*The Atoms*, 1912.）
[3] 在我们引用过的查尔斯·鲍德温的研究中，见他对互补的本能（好斗的本能和退缩的本能；活跃和顺从）的分析以及它们的律动关系。在当前的例子中，反冲和内倾的倾向与前冲和外倾互补。它们在总是向这边或那边倾斜的不稳定的平衡中共同形成一个系统。

者"。在此，辨喜的例子在我看来是令人信服的[①]，在他那里，精神化（interiorization，内化）在原则上从未导致行动的减少。建立在我们所假定的神秘印度的社会顺从基础上的假设完全是错误的——我们弄错了原因。印度在若干世纪里的物质和道德衰弱归因于截然不同的气候和社会经济因素。然而我们会亲眼看到，印度的精神化（她受到威胁的生命之火就躲避于此），正是她的民族救赎原则。[②] 不久就会显明，阿特曼是个多么强大的行动火盆，而她已沉思阿特曼数千年。我奉劝西方的"外倾型"民族在自身深处重新发现同样的源头——活泼的、创造性的"内倾"。如果失败，那么未来就没有多少希望。它们庞大的技术知识远远不是保护的来源，而将带来毁灭。

但我并不忧虑。同样的源头沉睡在西方灵魂的深处。到最后的时刻，这些源头将会重新涌出活水。

1929 年 4 月

[①] 是否有必要提醒读者，他的例子绝对不是独一无二的？比如，下列基督教神秘主义内倾者展现出来的行动才能众所周知：圣伯纳、圣特蕾莎、圣依纳爵。

[②] 我提醒读者参看本书中有关印度觉醒的章节，以及描写达雅南达（Dayananda）和雅利安社的内容。

附录 2

论公元 1 世纪希腊基督教神秘主义及其与印度教神秘主义的关系：亚历山大里亚的普罗提诺和亚略巴古的丢尼修

我的主要愿望之一，是看到印度和欧洲出现讲述东西方形而上学和神秘主义比较研究的教席。印度和欧洲应当互补，因为如果人类精神要学会完全认识自身，那么它们的工作实在必不可少。该教席的目标将不是一种天真的障碍赛，试图确立每一组思想的初级年代表。那样的研究将是毫无意义的，因为宗教历史学家若是仅仅试图发现不同的体系在理智上的相互依赖，那就忽略了要点：宗教不是通常的理智辩证法问题，而是经验事实；尽管理性在后来介入，以便在这些事实之上建构体系，然而，那些体系若非基于稳固的经验基础，将根本无益。所以，必须首先发现和研究经验事实。我不确定是否有任何现代心理—生理学家——以新的心灵科学的最新工具武装起来——有一天能够完全了解这些经验事实[①]，但我愿意相信。同时，我们目前掌握

[①] 最早尝试对它们进行客观研究的人之一是威廉·詹姆斯，他于 1902 年在纽约出版了一部有关描述心理学的名著《宗教经验种种》。值得注意的是，尽管詹姆斯没有获得潜意识现实的天赋，如同他本人坦率地宣称的，"我的性情使我几乎不可能获得任何神秘经验"，然而他单单以完全诚实的理智完成了对那些潜意识现实之客观存在的真实说明，并从科学家的角度着眼去赞赏它们。除了他的成果之外，还有

的这种简单观察使得我们承认，这些宗教事实的存在是一切伟大的组织宗教之基础，那些组织宗教随着时间的推移传遍全世界。同时，我们不可能把各民族的成果受到的任何显著影响归因于它们的共同行动和反应，因为它们的提升是自发的，这种提升在人类生活的某些影响下从土壤里生发出来，而那些影响几乎"周期性地"再现，就像春回大地，谷物在大自然中发芽。

对比较形而上学和神秘主义进行客观研究的最初结果将显明，伟大的宗教经验事实具有普遍性并且反复出现，在不同的民族和时代非常相似，这证明人类精神具有持久的一致性，或者毋宁说（因为此处涉及的内容比精神更加深刻，精神本身不得不对此进行探究），构成人的本性的材料具有同一性。[1] 然而，在讨论印度和亚历山大里亚的

博学的迈尔斯（Frederick W. H. Myers）的成果，后者在1886年发现了"潜意识"，该理论在迈尔斯去世之后出版的著作 *Human Personality* 中提出，晚于詹姆斯的《宗教经验种种》。（迈尔斯和詹姆斯一样，与辨喜有私交。）詹姆斯的名著最有趣的部分，似乎是对神秘见证的收集，它们来源于他的西方同时代人，主要来自不熟悉宗教沉思或形而上学沉思的俗人，因而他们没有试图把内在经验的事实归于这种沉思，而那些内在经验常常十分显著，犹如惊雷一般意外地落到他们身上（Tennyson, Ch. Kingsley, J. A. Symonds, Dr. R. M. Bucke, etc.）；他们全都不知不觉地进入了与印度的三摩地特征相同的状态。有些人天生的智性使他们与神秘主义绝缘，他们发现自己就像詹姆斯本人一样，被人为手段（氯仿、乙醚等）诱发获得对大一的一种惊人直观，在那里，所有的对立面消融，这完全超出他们通常的知识范围。这些进入出神状态的"外行"以西方的清晰智性完美地描述了该状态。詹姆斯假定的结论证实了一种罕见的精神自由。其中某些结论与辨喜和甘地的结论一致，比如，宗教必然是多样化的，它们的"完整意义只能通过它们的全体合作来破解"。有些结论奇怪地承认一种"私我的多神论"。

[1] 这也是西方异常虔诚的人之一，马尔堡的鲁道夫·奥托（Rudolf Otto）教授在对印度和欧洲的神秘主义进行了仔细而科学的比较研究之后得出的结论。奥托在印度和日本生活了十四年，奉献了一系列有关亚洲神秘主义的卓越著作。其中对于

宗教与形而上学所建立的精神结构的比较价值之前，(为了说明我们当前正在讨论的例子所得出的要点) 有必要表明如下事实：实际上，斐洛的启示，普罗提诺和波菲利的伟大出神状态，以及印度瑜伽士的三摩地，是相同的经验。因而，我们一定不能用"基督教"一词来排除其他许许多多的神秘主义经验，相反，基督教正是建立在这些经验的基础之上，就是说，基督教不是基于一次狂热的诞生，而是基于若干世纪的一系列诞生，好比新芽在每一年春天从老树上抽出。

确实，这才是问题的核心。一旦这些伟大经验得到确立、比较和分类，比较神秘主义将会——只有到那时才会——有权发展成一种体系研究。体系的存在只是为了向心灵提供一种方法，用来登记启示的结果，并在一个完整而协调的整体中将感觉、理性和直觉的要求（claims）进行分类（不管我们选择用什么名字来指称第八感或第二理性，那些体验过的人称之为第一感）。所以，体系是一种不断更新的努力，为的是实现一个人、一个民族或一个时代已然经验过的综合（通过使用知识所提供的各种工具）。不可避免地，这个人、这个民族或这个时代的特定气质总是反映在该系统中。

另外，这一点极其有趣：的的确确相似但却分散在不同的国家和时代的各种有识之士知道，他们的思想的多样性——由不同的气质

我们的议题最重要的著作是 *West-oestliche Mystik-Vergleich und Unterschiedung zur Wesensdeutung* (1926, Gotha, Leopold Klotzverlag)，该书把商羯罗和梅斯特·爱克哈特这两位神秘主义者作为两种类型。

奥托的主要论题确立了人类灵性经验之根本动机（Urmotiven）的异常相似性，而不论种族、时代和风气。神秘主义总是处处相同。人类精神的深刻一致性是个事实。当然，这并不排除不同神秘人格之间的差异。然而，这些差异不是由种族、时代和国家造成的，它们也可在同样的环境中并存。

造就——既是界限，又是力量的孕育处。印度和欧洲同样关心一个主题，就是用这一精神力或生命力发展出来的各种形式的知识去丰富自身，正是在这一主题上，印度和欧洲的不同人种、时代和文化编织出了自己的图案。

因而，回到我们当前的论题，我认为现代印度形而上学再也不能对亚历山大里亚和基督教的神秘主义一无所知，就像我们西方的知识分子在未来不能缺乏对希腊边境的"神圣的无限者"（Divine Infinity）[①]的研究。当高贵的印度人性和希腊人性讨论同一个主题时，显然，二者都将以自身的独特光辉丰富这个主题，而由此产生的双重杰作将与我们正在寻求确立的新精神——普世人性相和谐。

在本文中，我最多能向智慧的读者们指明道路，在此，我特别转向印度的吠檀多主义者，我想让他们至少窥见地中海沿岸的神秘主义与他们自己的神秘主义的相似特征和相异特征。我尤其强调早期基督教神秘主义的主要不朽之作——托名丢尼修的名著，因为它来自东方，从而已经具备它将要通过六个世纪的基督教加诸西方形而上学面貌的那些特征。

* * *

人们普遍承认，希腊精神（对艺术和科学贡献突出）对"无限"的概念几乎一窍不通，它只是不太信任地接受了这一概念。尽管阿那克西曼德（Anaximander）和阿那克萨戈拉（Anaxagoras）原则上

[①] 这是如下优秀博士论文的题目："The Divine Infinity from Philo the Jew to Plotinus, with an introduction on the same subject on Greek philosophy before Plato"（《神圣的无限者：从犹太人斐洛到普罗提诺》）（Paris, Alcan, 1906.），作者是 Henri Guyot，我从中受益匪浅。

谈论了无限者,但他们给予它一种物质特征,并为它烙上了科学本能之印。柏拉图在《理想国》里顺便碰触了高于存在(being)、本质(essence)和理智(intelligence)的善的理念,但没有停留在善的理念上,并且似乎仅仅视之为有关完美的概念,而非有关无限的概念。在亚里士多德看来,无限者是不完美的。在斯多葛派哲学家看来,无限者是不真实的。[①]

直到公元1世纪,我们才发现被希腊思想养育的亚历山大里亚犹太人斐洛以源自他的民族的无限观念去接受无限者,并试图保持两股潮流(希腊的和犹太的)之间的平衡。然而,这种平衡一直是不稳定的,斐洛的一生就在这两种气质之间摇摆。犹太教徒的上帝保持着一种相当强烈的个人风味,斐洛无法免除这种影响,尽管事实上他对这一点并不明确。另一方面,他受到的希腊式教育使他以理性主义者的清晰性去分析他的民族先知们的那些谜之力量,正是那些力量使他们与上帝接触。他的出神理论——首先退入人的自我,然后实现小我的飞跃,让感觉、理性和存在本身完全失效,以便融入大一——大体上与东方的印度人始终修习的内容相一致。斐洛最终勾画了一种尝试,即通过中间力量让无限者附着于有限者,由此出现了"第二上

---

① 我们一定不能忘记,在亚历山大里亚时期,印度和希腊化的西方之间有着密切联系。然而,思想史没有考虑到这一点,甚至目前,思想史对这种密切联系的认识也是相当不充分的。几年前,有个学会在印度成立,用来研究"大印度"及其被遗忘的昔日帝国的辐射(大印度学会,*The Greater India Society*,会长为Jadunath Sarkar教授,加尔各答大学副校长;名誉秘书为Kalidas Nag博士)。自1926年11月以来,该学会定期出版期刊,第一期收录了Kalidas Nag博士的论文《大印度:印度国际主义研究》("Greater India, a Study in Indian Internationalism"),该论文对印度精神在境外的传播进行了相当有趣的历史描述。

帝",即圣言(the Word)、"上帝的独生子"。借着斐洛,也许不经意地(因为他从未丢失他的初步建模者的指印:耶和华),东方的无限者进入地中海沿岸的世界。

许许多多的事实证明,公元2世纪期间,东方在何种程度上与希腊思想混合。让我们来回顾三四个最典型的例子。普鲁塔克(Plutarch)引述过琐罗亚斯德,并撰写了有关埃及神话的专著。历史学家尤西比乌斯(Eusebius)见证了他的时代对亚洲哲学与宗教的一种有趣摸索。亚历山大里亚主义(Alexandrinism)的最初创建者之一努美纽斯(Numenius,他称颂最多的希腊人是毕达哥拉斯)从昔日寻求他的时代精神,并相信毕达哥拉斯在希腊传播了埃及人、占星家、印度人和犹太人那令人敬畏的智慧。[①]埃及的希腊人普罗提诺加入戈迪安(Gordian)的军队,为的是研究波斯与印度的哲学。尽管戈迪安在美索不达美亚的离世使他停在半途,但他的意图表明了他与印度精神在智性上的亲密关系。[②]然而同时,他与基督徒亲密交流。他的一名倾听者是新兴教会的学者之一奥利金(Origen),他们彼此

---

① 尤西比乌斯说,努美纽斯(他对普罗提诺影响最大)"全心全意地致力于将毕达哥拉斯和柏拉图融合,同时寻求以婆罗门、印度人、占星家和埃及人的宗教信条来确证二者的哲学学说"。

② 他的轮回理论带有印度思想的痕迹。一切行动和思想全部计算在内。净化的不执之人不以肉体形式出生,而是留在精神和极乐的世界里,没有理性、记忆和言语;他们享受的自由是纯粹的;他们与圆满者合一,融入了圆满者,而又不失去自身。这种极乐可在当下通过出神而获得。
他的物质理论以及对物质的定义让我们想起印度教的摩耶。
他把宇宙视为神的游戏,在游戏中,"演员不断更换服装",而社会革命——帝国的毁灭是"场景和角色的更换,演员的眼泪和哭喊",这一宇宙图像和印度人的一致。最重要的是,正如我将表明的,他那深刻的"神化"科学,即通过否定之路与神合一,是最恢宏的"神化"表达之一,有可能来自一个伟大的印度瑜伽士。

尊重。普罗提诺不仅仅是个博览群书的哲学家，同时是圣人和伟大的瑜伽士。他的纯洁形象（某些特征类似于罗摩克里希纳[①]）值得东西方人更加虔诚地纪念。

出于对他的伟大工作的尊重，在此匆匆带过是不够的，我们来列举其中类似于印度思想的最显著特征。

普罗提诺的第一存在（First Being）是绝对者，他"先于万物"；"绝对无限、不确定、不可思议"，只能通过否定的方法去解释。"让我们从他那里得到一切，让我们对他无所肯定，让我们不要谎称在他里面有什么，而只是让他如此这般地存在。"

绝对者超越善与恶、行动与知识、存在与本质。他既没有面容也没有形式，既没有运动也没有数，既没有德性也没有情感。我们甚至不能说他意愿做什么或他做了什么……"我们说他不是什么，而不能说他是什么。"简而言之，普罗提诺集合了"不是"的连祷，用来表达绝对者，这对印度教神秘主义者（以及对基督教神秘主义者）而言是如此地亲切。然而，在普罗提诺那里没有大多数人具有的那种混合了幼稚幻想的自满，他总是以完美的谦逊谈论绝对者，这个事实让他的谈论显得非常动人，而且我要说，他比很多基督徒（例如稍后我们会考察的《神秘神学》的作者）更具基督精神。

他写道："当我们说他超越存在时，我们不是在说他是这个或那个。我们无所肯定；我们不给他任何名字……我们不试图去理解他，事实上，试图去理解那不可思议的本性是可笑的。然而，我们凡人怀有疑惑，就像童年怀有悲伤，我们不知道怎样去称呼他，所以，我

[①] 他极其仁慈、柔和、纯洁和十分天真的性情。

们试图命名那不可言喻者……他必须迁就我们的语言……甚至连大一之名所表达的,也无非是否定他为多……我们必须放弃这个问题,并探究如何重新陷入沉默。当我们不可能更进一步时,继续寻求又有何益?……如果我们想要谈论上帝,或者想象他,那就让我们放弃一切!一旦做到了这一点,就让我们(不要把什么加之于他,而要)检查是否还有什么没有放弃!……"

在否定之路上,印度人有没有说过更加完美或谦卑的话呢?

然而,这不是否定的问题。不可思议的绝对者是至上的、极多的完美,其不断流溢生成了宇宙。他借着爱悬浮在宇宙中,并完全充满宇宙,因为他从未出离自身,却又无所不在。在人的精神区分诸界的神圣等级的努力中,这位希腊神秘主义者以迸发的热情颂扬神圣理智(Intelligence)为神的头生子,继神之后的最高尚者,其本身是"一个伟大的神"、"第二上帝"、第一本体(the Hypostasis);神圣理智生成第二本体——宇宙灵魂(the Soul),它既是一也是多,是万物之母。从这里,整个感官世界开始展开,物质(the Matter)在感官世界的领域内,是存在的最末级,或者不如说是非存在,处于神圣力量之驱动力的反面。

由此,我们的心灵只能通过否定去接近的绝对者在全体中得到确认。绝对者在我们自身内部。绝对者是我们的存在之基础。我们可以通过专注重返绝对者。在普罗提诺的描述中,伟大的神圣合一之路——瑜伽是智慧瑜伽和虔信瑜伽的结合。经过一个基本而漫长的净化期,随着灵魂进入沉思阶段,灵魂必须抛弃作为起点的知识。"当灵魂获得知识,便从太一中撤出,不再是一个实体(entity)。知识实际上是种话语,而话语是多。为了沉思第一存在,人必须超越知识。"[1]

于是，出神开始了。对希腊精神而言，出神之门是美。通过这扇门，燃烧的灵魂飞向至善之光，而在至善之光之上，再无一物。这位亚历山大里亚的神秘主义者的神圣飞升，就是贝多芬在晚年写下的一个句子：

致善以美（1823, The Beautiful to the Good）。

对出神的这一描述类似于印度教徒和基督徒的描述[2]，因为与绝对者合一只有一种形式，无论心灵最初或最终试图以什么名字来指称绝对者。根据普罗提诺的观点，宇宙灵魂试图倒空全部形式与内容、全部善与恶，以及与"那"（That）合一的全部思想，"那"不是形

---

[1] *Enn.*, VI, 9, 4; VI, 9, 10. 参见 Ed. Le Roy 对直观的分析，见附录 1 的引文。
[2] 从西方最神圣的要素中获得的这一绝妙观念及其对美的激情，在柏拉图那里有其来源——
苏格拉底对门丁尼亚的陌生人说："在爱的领域，为了做好，一个人必须从爱一种美的形式到爱所有美的形式，或爱一般而言的身体之美；然后，从爱身体之美到爱灵魂之美、行动之美和思想之美。在这种精神上升中，借着精神之美，一种非凡的美将突然出现，它是永恒的，免于整个生成和腐坏，是绝对的：它既不在于美丽的脸庞，也不在于任何身体、思想或科学；它不属于任何地方，而只属于自身——无论在天上还是在凡间，它以绝对和完全的一永远存在于自身之内，并为了自身而存在。"（《会饮篇》）
这里包含了一种美的瑜伽，使虔信者在某种程度上与智慧者相结合。我不会说它是西方所独有的，因为我们可在印度找到它的痕迹，但它是对我们而言最自然、最亲切的形式。

式、不是内容、不是善、不是恶、不是思想。① 宇宙灵魂甚至倒空了关于神的思想，为的是与神合一。② 到这里，神在宇宙灵魂内部显现，神就是宇宙灵魂。"它已成为神，或者不如说它就是神。③ 一个中心与另一个中心重合……"二者同一。那是完完全全的同一。灵魂已然返回自身。④

---

① 吠檀多也教导我们，不是认识，而是成为。辨喜说："认识是下降一级。我们已然是它。既然如此，我们何谈去认识它？"（《智慧瑜伽》第十五章"真正的人和表面的人"）
这也是基督教神秘主义的著名教导——有学问的无知（Docta Ignorantia），即超越一切知识的知识。世上再没有人像十字架上的圣约翰在其名著 Niut Obscure（《双重黑夜：感官的黑夜和精神的黑夜》）中那样强有力而细致地描述过它。

② "灵魂应当是无形的，如果它希望没有障碍来阻止它被第一本体充满和照亮的话。（VI, 9, 7.）第一本体内部没有分别，始终存在，当我们不再占有时，我们本身就存在于他内部。（VI, 9, 8.）灵魂应当驱走恶、善和其他一切，仅仅接受上帝……它甚至不知道自己已经融入第一本体。（VI, 9, 7.）它不再是灵魂，不再是理智，也不再是运动……与上帝的相像应当是完完全全的。灵魂最终甚至不会想到上帝，因为它不再思考……（VI, 7, 3, 5.）当灵魂已然变得与上帝相像，它便突然看到上帝现身；分离和二元性不复存在；两者合一……这种合一在凡间被那些爱与被爱并寻求成为同一个人的人所效仿。（7, 34.）"

③ VI, 9, 9.

④ 普罗提诺常常经验到这种伟大的出神，根据波菲利的明确见证："上帝向他现身，既无形式也无面容，超越理智。我本人，波菲利，在我的生命中曾经接近上帝，并与上帝合一。当时我七十八岁。这种合一就是普罗提诺的全部愿望。当我和他在一起时，他四次进入这种神圣的喜乐当中。当时的情形不可言喻。"
所以，最重要的是从普罗提诺本人的口中得知，他在出神状态中的印象是什么。最显著的是灵魂在接近神圣合一时的极度痛苦，因为灵魂无法长久地保持这种强度。"确实，每一次，当灵魂接近无形的那个，它就收缩，它因为面前唯有虚空的那个而颤抖。"
这些内容让我想起年轻的辨喜在首次拜访罗摩克里希纳时的极大恐惧，当时，这位开悟的大师让他第一次认识到与无形的绝对者那眩晕的接触。
普罗提诺接着说（他接下来的描述适用于辨喜的经验）："灵魂带着喜乐返回……它让自己坠落，直到它碰到某个可感对象供它停下来休息……"（VI, 9, 3, 9, 10.）

我已说得够多了，可以让每一位印度读者渴望了解这个伟大的伙伴瑜伽士，他在古希腊文明的末期、在她辉煌的日落中，让柏拉图与印度结合。在这场神圣的联姻中，随着这名希腊天才拥抱他的新娘克伊尔坦（Kirtana）——开悟的酒神祭司，他加诸她的心灵一种美与智性的有序和谐，而这产生了最美妙的灵性音乐旋律之一。1世纪伟大的基督教神秘主义正是这一联姻的头生子。

　　在接下来的内容中，我将试图描绘——无论我的描绘多么不完美——我心目中最美妙类型的早期基督教思想，由东西方的这场联姻诞生，它就是亚略巴古的丢尼修的思想。

＊　＊　＊

　　在写作本书的过程中，我常常需要注意印度教神秘主义和基督教神秘主义在各自的顶峰时刻的相似之处，甚至亲缘关系痕迹。随着你接近基督教的源头，这种相似性更加显著[①]；我意欲向我的

　　J. A. Symonds 说了同样的话："空间、时间、感觉逐步迅速被吸收……世界失去了所有形式和所有内容。但是，我的自我停留在可怕的虚空里，我极度痛苦地感到，现实将毁灭它，就像毁灭一个肥皂泡……对接下来的消融之恐惧——可怕地确信这一刻是我的最后一刻，我已抵达深渊的边缘、进入无穷无尽的幻觉——将我从梦中拽回……首先返回的感觉是触觉……我很高兴逃离了这个深渊……"（威廉·詹姆斯在《宗教经验种种》里讨论神秘主义的章节中罗列的诸多当代见证之一。）

　　然而，像普罗提诺这样的伟大神秘主义者几乎没有在渴望他所逃离的东西之前再度返回……致命的眩晕之吸引力并未止息。曾经品尝过令人敬畏的合一的灵魂渴望再度找到这种合一，它必须回到无限者那里。

[①] 在西方，现代天主教的某些新信徒在他们对东方之危险性的谴责中表现出来的盲目暴怒，是一个恰如其分的讽刺对象。他们无可挽回地把东方变成了西方的对立面，忘了他们宣称的整个信仰来自东方，忘了在最初几个世纪的仪式中，西方被亚略巴古的丢尼修这个信仰的医生诊断为"阴影之地"，让受洗前接受教义启蒙的初学者"双手张开作憎恨状"，并"三次发誓拒绝撒旦"。（参见《教阶体系》II, 2, 6）

东方读者展示这一点，他们将比西方读者受益更多，因为正如我说过的，他们全都对欧洲基督教形而上学中包含的非凡财富一无所知。①

围绕着那个亚略巴古人的名字——无论我们叫他丢尼修（也翻译为狄奥尼修斯）还是托名丢尼修②——而展开的辩论在此对我们几乎无关紧要，因为所有的解释全都同意，他的真作在532年或533年降临③，从那时开始，它们的权威就在基督教会成为法律，被教皇、主

---

① 错误部分地在于，政治状况在印度和欧洲之间插入了大英帝国这个厚厚的屏障，对于天主教（甚或改革前的基督教）的神秘主义，以及德国大师们意识深处流淌出来的音乐——直觉的另一源泉，大英帝国的心灵比欧洲其他任何国家都要紧闭。
② 在一千年里，这个最伟大的基督教神秘主义大师被认为是隐士丢尼修，圣保罗时代雅典亚略巴古的成员，在公元5年向圣保罗皈依，后来成为雅典主教（他甚至被等同于法国的圣丢尼修）。最初是劳伦斯·瓦拉（Laurence Valla），然后是伊拉斯谟（Erasmus），再后面是宗教改革无礼地对待他的传说，邪恶地想要败坏他的作品的名声，而他的作品足够强大，无法撼动，于是，他们改变了作者的名字，试图让他变成无名氏。现代研究似乎赞同，这些书的作者大约生活在公元500年，并且无论如何，尽管他可能早于这个年代（根据的是公元9世纪他的一些博学弟子对于他的作品之可信性的见证，他们重新争论他大约生活于公元400年），但他不可能晚于查士丁尼，后者把他作为权威来引证。参见 Stiglmayr, *Das Aufkommen der Pseudo-Dionysischen Schriften und ihr Eindrungen in die christliche Literatur bis zum Lateran-concil* 649-Feldkirch, 1895。

Hogu Koch, *Pseudo-Dionysius Areop. In seinen Beziehungen zum Neo-Platonismus und Musterienwesen*, 1900.
③ 场合是在查士丁尼于君士坦丁堡召集的一次宗教会议上。还值得注意的是，Severian 的异端援引丢尼修的作品。对他们有利的一个强有力的论证是，正统出于防卫或憎恨的本能而没有尝试怀疑它们的可信性！从那以后，它们被援引和释义，直到它们几乎成了"神谕"。

教和博学之士在7—9世纪[①]的宗教会议中援引。随后，丢尼修的作品被秃头查理（Charles the Bald）得意扬扬地安顿在巴黎，让司各托·爱留根纳（Scot Erigene）着手翻译，由此，它们孕育了西方教会的神秘主义思想。它们的力量被圣安瑟伦（St. Anselm）、圣波纳文图拉（St. Bonaventura）和圣多玛（St. Thomas）所证实，他们对这些作品进行了注释；13世纪的伟大学者们把丢尼修的作品置于教父的作品之上。14世纪，梅斯特·爱克哈特以及鲁伊斯布洛克的神秘主义熔炉以丢尼修的作品为火焰；此外，在意大利文艺复兴时期，这些作品为伟大的基督教柏拉图主义者马尔西利奥·费奇诺（Marsilio Ficino）和皮科·德拉米兰多拉（Pico della Mirandola）所享用；它们继续成为贝律尔派教徒（Berullians）、慈幼会教徒（Salesians）[②]和法国17世纪的伟大神秘主义者们的财富，正如布里蒙德（Abbe Bremond）在新近的作品中所表明的那样。

所以，无论这位建筑师的名字是什么，他的作品形成西方整个基督教思想在其发展过程中最重要的十个世纪里的巨大亚结构。这些作品的影响远远大于双眼所见，它们构成基督教思想最和谐的"大教

---

① 这里有些重要事实，可以表明它们在东西方基督教会无可争议的权威。6世纪，丢尼修被圣格里高利尊崇为"antiquus videlicet et venerabilis Pater"。7世纪，教皇马丁一世在640年的拉特兰会议上援引丢尼修的文本来证明天主教的教条，反对异端。他的作品在692年的第三次君士坦丁堡会议和第二次尼西亚会议上再度被使用。8世纪，伟大的东方教父圣约翰，"东罗马帝国希腊人的圣托马斯"，成了丢尼修的门徒。824或827年，君士坦丁堡皇帝"癞子米迦勒"（Michael the Lame）把丢尼修的作品当成礼物送给路易（Louis the Good）。为秃头查理翻译这些作品的Scot Erigene在丢尼修的精神中彻底获得重生。他将自己的热切呼吸注入译作，使之成为西方泛神论神秘主义的酵母。从那以后，丢尼修就和所有精神争论联系在一起。
② 我要提醒读者，这些名字表明17世纪方济各·沙雷氏或贝吕勒的法国宗教派别。

堂"之一,并且至今仍是基督教思想活生生的证明。

这座"大教堂"的非凡价值在于,它正好耸立在东西方的连接点上,耸立在东西方教导结合的那个时刻。[①] 无论是其建筑师借用了亚历山大里亚的大师们的技艺,还是反过来,亚历山大里亚的大师们主要借用了他的技艺,结果对我们而言是一样的:最高的希腊思想和最纯的基督教思想的结合,这场联姻在整个西方常常被教会承认和圣化。

在品尝这一结合的果实之前,我必须从读者的脑袋里消除怀疑的印象,这种怀疑是由那个不幸的词"托名"——含有虚假的污染意味——预先加给那位古代大师的。例如,有一幅称为"托名伦勃朗"的美妙油画至今仍被轻蔑,因为"托名"的概念暗示了赝品。但是,如果一名艺术家乐于把自己的作品藏在死后没有留下任何作品的某人名下,这是否构成反对其创造力的论据?这样的计划至多只能让我们怀疑那个假面者的诚实。然而,在研究了丢尼修的作品之后,就不太会怀疑作者的诚实了,因为如果说这些作品给人留下什么印象的话,那么其印象就是作者具有最高尚的道德节操。我们无法想象一个如此高尚的人会屈尊托遁,即使为了信仰的利益。我宁愿认为,在他死

[①] 如果以今天人们普遍接受的公元 500 年这个日期为丢尼修生涯的中心点,那么他必定看到了亚历山大里亚的结束(普罗克鲁斯,410—485)和 529 年雅典新柏拉图学派的结束。因此,他在某种意义上合上了希腊哲学的双眼。可以肯定的是,至少两者都源于共同的形而上学深度,在那里,柏拉图主义、早期基督教和古代东方的财富混合在一起,公元后的头五个世纪从这个宝库中汲取养料。那是个思想具有普遍性的时代。根据传说(基于现存书信),丢尼修在年轻时偕同朋友阿波罗法奈斯(Apollophanes)拜访了埃及,这个朋友追随诡辩论哲学,一直是个异教徒。阿波罗法奈斯从未原谅丢尼修对基督教的皈依,在信中指责他"叛逆",因为正如丢尼修的解释,"我不孝,用我从希腊人那里学到的来反对希腊人"。希腊与基督教的结合在此被特别承认。

后，有人利用了他。总之，原初文本尽管肯定被篡改和润饰过，但仍从头到尾（包括专著和书信）呈现为一个和谐的整体，能在读者的记忆中留下那位古代大师平静面容的不灭印象，比许多活着的人留下的印象更加生动鲜明。[1]

这座大厦的楔石以及整座大厦本身是"极为卓越的大一"——"作为其他所有整体之母的大一"。他的肯定和否定更多地寻求唤起而非获得大写的"它"（It）[2]，它们的庄严比得上吠檀多的语言……"没有动机，没有知识，没有名字……万物的作者，然而'它不是'（It is not），因为它超越'所是'的一切……"[3] 它本身不是万物存在的原因，[4] 也不是非存在的原因。

---

[1] 这部作品是如此地难以进入，这对基督教的利益是个遗憾，因为很少有宗教文本比它更高，同时更人性化、更慈悲或更纯粹地描述了基督教思想。在这部作品中，没有不宽容、敌意，以及自负和尖刻的辩论，来破坏理智与善的美妙和谐——无论他是在以充满深情的宽广理解力来阐述恶的问题，并在至善的光明里接纳一切，甚至最坏的东西，还是他在告诉一个怀着恶意信仰的修士那令人钦佩的基督传说（会让老托尔斯泰着迷），从而令该修士再度顺从，这里的传说是，为了保护即将被一个宗派处死的背教者，基督再次从天堂降临，指责冷酷的基督教："你举起了手，我现在就是你要打的人。我已做好准备为拯救人再受苦难。"（《书信八》）

[2] 莫雷尔（M. Ferdinand Morel）在 *Essai sur l'introversion mystique*（1918）中对亚略巴古的丢尼修进行了一次精神分析检查，并选出了他最常用的词。它们可能暗示一个双重推动力：回到自身内部，以及内部存在者的扩张（精神分析师会说，这是一种内倾的投射）。莫雷尔进一步认识到，伟大的直觉需要强大的行动力，而探索潜意识世界需要敏锐的注意力。

[3] 《论圣名》第一卷第一节。

[4] 约翰·帕克（Rev. John Parker）的英译本《论圣名》第一卷，第 2 页，1897 年编。"非存在，这超验的称号只属于那以非凡的方式存在于至善中的……因为后者（至善）无限超越存在者，所以非存在以某种特定的方式在他里面找到位置。"（《论圣名》第五卷第五节）

万物化为这独一的客体，它同时是独一的主体。它是出神的合一，①在它里面，智性没有丧失其明晰性，而是将自身交给无限之爱的奔涌和"圆形"的爱河：

"圣爱（不可言喻的大一之平滑流动）清楚无疑地表明了其自身的无始无终，它是个永恒的圆，至善让它旋转……始终在同一个圆里并通过同一个圆而前进、维持和复归。"②

所以，整个世界受制于神圣的引力，万物的运行是朝向神的行进。一切有觉知的灵魂的独一目标就是"在效仿神圣者的过程中……以及最神圣的是，在成为神的合作者的过程中，找到自身的圆满"③。

"效仿"可以通过无数方式进行，因为"每一灵魂……按照自身的适切等级在效仿神圣者的过程中找到自身的圆满"④；灵魂将变得与神非常相像，而神"以许多形式参与它"⑤。

然而，有三条接近神的主要道路，其中每一条都能以两种方式遵循，即通过肯定和通过否定。

肯定的方法有两种：

（1）通过认识神的特质和属性，这种认识要依靠圣名的象征来获得，而"神谕"（即经典）已经为心灵薄弱的我们提供了圣名。

（2）通过存在的一切——被造的世界，因为神在一切造物之中，

---

① 这种出神在所有唤起它的语言中找到与灵合一的形象。
② 《论圣名》，第四卷第十四节。
  "圣爱之圆"的这一概念保留在 17 世纪的神秘主义神学中，布莱蒙德对此进行了分析。
③ 《天阶体系》第三卷第二节，基于圣保罗的《哥林多前书》（3：9）。
④ 《天阶体系》第三卷第二节。
⑤ 《天阶体系》第四卷第一节。

他的印记可在所有事物中找到，尽管印记随着事物种类的不同而不同。[1]不同的世界汇入同一条河流。物质世界的规律与更高世界的规律相符。[2]因而，在最卑微之形式的面纱下寻找神是正当的，因为"爱的所有溪流（甚至包括动物之爱，也能在此找到正当的理由）[3]汇入圣爱，后者是它们的独一源头"。

多亏温柔的神将他的光分给人类虚弱的双眼，"将形式与形状安置在没有形式和形状的东西周围"，并将"一"隐藏在"多"中[4]，我们才能掌握这些方法，然而，它们全都是不完美的。另一条道路——否定之路更高、更可敬[5]、更确定，而且走得更远。

尽管"甚至在神圣的等级中"，也只有凤毛麟角的人抵达大一，但确实存在这样的人。"我们当中有些人被呼召蒙受相似的恩典，那是人类所能获得的最大恩典……通过悬搁整个理智的运作，他们与那不可言喻的光亲密合一。他们仅仅通过否定来谈论神……"[6]

伟大的否定之路正是一部特别的专著——《神秘神学》的主题，这本书从中世纪到现代一直闻名遐迩。

---

[1] "甚至连物质，在它是物质的范围内，也参与善。"（《论圣名》第二卷第六节）
[2] 《天阶体系》第十三卷第三节。
[3] 《论圣名》，摘自幸运的 Hierotheus 的虔诚颂诗。
"爱，无论我们说的是圣爱、天使之爱，还是理智之爱、灵魂之爱、身体之爱，让我们把爱视为某种结合的力量……把这些再度合一，让我们说，爱是某种单纯的力量，其本身走向某种出于至善的合一，即走向最低级的存在之物，并从那里再度依序旋转，穿过所有的善，始终以同样的方式返回自身。"
关于托名丢尼修的老师和朋友 Hierotheus，参见 Langen: *Die Schule des Hierotheus*, 1893。
[4] 《论圣名》第一卷第四节。
[5] 《天阶体系》第二卷第三节。
[6] 《论圣名》第一卷第五节。

在书中，丢尼修对初学者提摩太（Timotheus）进行指导，但他告诉提摩太对神秘之事要严格保密（因为它们的知识对没有准备的人来说是危险的）。他教导提摩太如何进入他所称的"神圣的黑暗"（在他的书信中[①]则被解释成"无与伦比的光"），以及如何进入"神秘的无知"，它不同于通常的无知，"在其更高意义上，是对神的知识，而神超越一切已知之物"。

人必须"放弃一般的否定，而追求越来越强烈的否定……我们可以冒险否定有关神的一切，以便洞察这崇高的无知"，它其实是最高的知识。他用了一个巧妙的比喻：雕刻家用凿子除去石头的遮盖，"让内在的形式呈现于我们视野之中，唯独通过削减过程解放隐藏的美"[②]。

第一项工作是扯掉"可感事物"的面纱。[③]

第二项工作是剥去剩下的衣物，即"可理解事物"的包裹。[④]

在此值得引用原文：

"它既非灵魂，也非心灵；也无想象力、意见、理性或概念；既不能被表达，也不能被构想；既非数，也非秩序；也不伟大，也不渺小；也非均等，也非不均等；也非相似，也非不相似；既非静止，也非运动，也非休息；既不拥有力量，也不是力量或光；既不活着，也不是生命；既非本质，也非不朽，也非时间；它的接触不可理解，它既非科学，也非真理；也非王国，也非智慧；既非一，

---

① 《书信一 致修士该犹》，《书信五 致多洛修斯执事》。
② 《神秘的神学》第二卷。
③ 《神秘的神学》第四卷："一切可感对象的那个非凡原因不是可感对象。"
④ 《神秘的神学》第五卷："一切可理解对象的那个非凡原因不是可理解对象。"

也非同一性；既非神，也非至善；也非我们所理解的灵魂；也非子，也非父；也非我们或其他存在者所知的其他任何东西；它既不是任何非存在，也不是任何存在物，存在物也不如其所是地认识它；它也不认识存在物；既无对它的表达，也无名字，也无知识；它既非黑暗，也非光明；也非错误，也非真理；关于整个它，既没有定义，也没有抽象。当我们对低于它的事物进行断言和抽象时，我们既不是从它断言，也不是从它抽象；因为作为万物完美而不变的原因，它高于每一定义，它完全摆脱一切并超越全部，它的卓越高于每一抽象。"①

从这一全然否定带来的智性沉醉中，难道虔诚的印度教徒不能认出吠檀多教导的纯智慧瑜伽在达成之后的样子吗？

当征服神圣者，即臻达"超理性者，所有理性的原因"②之时，

---

① 对照"原初的圣爱与任何事物无关"（Jacob Boehme），"上帝仅仅是无，此时和此地都不属于上帝"［安吉鲁斯·西里修斯（Angelus Silesius）］。
否定法在商羯罗的著名偈颂中得到再强有力不过的强调，辨喜在柯西普尔的花园里对弥留之际的罗摩克里希纳引用了这些偈颂：
"我既非精神、理智、私我，也非精神的实体，
我既非感官……也非空、土、火、风，
我既非厌恶、执着，也非欲望……
我既非罪过、美德，也非快乐、痛苦等等，
我是绝对存在、绝对知识、绝对喜乐。
我是他，我是他……"（引自《印度觉醒》，1929年3月。）
我要说，在此情况中，印度思想没有基督教思想那么勇敢，因为在每一否定性的诗节之后，它急于在"存在、知识、喜乐"那里找到立足点，而基督教神秘主义者，即丢尼修的后继者们，彻底扫除一切，甚至从上帝概念中去掉了存在和本质。

② "神圣智慧，由卓越的上帝超乎理智地给予，是一切原因的原因。"（《论圣名》第七卷）

觉悟的、自由的灵魂进入合一的静默。① 它不是看见神，也不是认识神，而是"居于那里"②。它被神化。③ 它不再谈论神，因为它就是神本身：

"但你会发现上帝如何把'众神'的称号不仅给予那些天界存在者，那些超于我们之上的，而且给予我们当中的以爱上帝而著称的人。上帝的奥秘是超越的'一'。他远远在万物之上。没有任何存在者可以，或有权被称作与他相像者。然而，一切具有理性和理智的存在者、一切彻底地并尽最大可能地向上帝统一回归的、一切被他的神圣光照的、一切可以说是在奋力模仿上帝的存在者当然都可以被称作神圣的。"④

从那一刻开始，那被"神化"的——被神圣光照之后与上帝合一的圣人——反过来成为那些低于他的存在者的太阳。"这样，在每一层次上，在先者都向后来者传送他接收到的一切圣光。"⑤

圣光逐渐穿越天阶体系和人间体系的各个等级，以一条不间断之链连接最卑微者和最高尚者。再者，这一阶系反映在每一个体那里。"每一位理性存在者，无论是天界的还是人间的，都有自己的一套上、中、下秩序和力量；与其能力匹配，这套体系标示着前面说到的提升，这与每一存在者所得到的光照等级是直接对应的……无物能由自己而完全、无物根本不需要完全；只除了那真正地在自身中完善的，

---

① 参见《论圣名》中论述神圣和睦的美妙篇章第十一卷。
② 《书信五 致多洛修斯执事》。
③ "否则（保存）无法产生，除非那些被拯救的被圣化。与上帝同化，即与上帝合一，就能够达到的而言，就是圣化。"（《教阶体系》第一卷第三节）
④ 《天阶体系》，第十二卷第三节，第十三卷第二节。
⑤ 《天阶体系》第十三卷第三节。

和真正地先于一切完善的存在。"①

这种完善是入教的目标,借着入教,灵魂穿越三个阶段:(1)洁净;(2)光照;(3)完全。②

那些虔诚的修士属于一级圣洁者,他们就像印度的桑耶辛,要遵守完全洁净的誓戒。他们"排除了一切分心干扰,沉入神圣合一,沉入圆满的圣爱"③。他们的完善哲学"是受训认识戒律,其目标是人神合一"④。

然而,要获得这种神圣合一的知识,并不一定要属于特权等级。因为这种知识烙印在每一个人心中。(因为上帝)"慷慨宽厚地把自己仁慈的圣光给予一切用理性之眼观照他的人",甚至给予那些拒绝圣光的人。⑤如果圣光不可见,那是因为人没有看见它。入教的适切事宜是教人看见圣光。"既然上帝是这一圣洁安排的源头,而圣洁存在者的理性根据这一安排获得自我意识,那么任何着手思考自己本性的人都会一开始就发现自己是什么。"他只需"不偏不倚"地观照自身。⑥洗礼仪式所象征的洁净不仅关系到身体和感官,而且关系到灵魂。实现团契(在圣体祭的意义上)的不变条件⑦是"清除自己灵魂中的最后一点胡思乱想"⑧。

---

① 《天阶体系》第十卷第三节。
② 《教阶体系》第六卷第三节。
③ 同②。
④ 同②。
⑤ 《教阶体系》第二卷第三节。
⑥ 《教阶体系》第六卷第三节。
⑦ 丢尼修给了它一个神秘的名字,叫作 Synaxe,意思是通过绝对的专注返回合一的行动。
⑧ 《教阶体系》第三卷第十节。

在此意义上使用的"胡思乱想"一词仿佛印度教的"摩耶"之回音。① 当我在这个亚略巴古人的体系中阅读有关恶的长久而美妙的解释时，我常常想起摩耶。二者用同样的措辞否定存在和非存在：

"恶并非一个存在；因为如果它是的话，它便不会是完全的恶了。恶也不是一个非存在；因为无物是全然的非存在，除非是'超出存在'意义上的至善。"②

"恶既无稳定性，也无同一性；它是多变的、无定限的，犹如飘浮在易变的对象中……恶作为恶，不是一个实体。它不是一个存在者……恶作为恶不在任何地方……"③

万物仅仅出于至善，并通过至善而存在，至善乃是"大一"。

每一刻我都感到，西方与东方的纽带依然完好无损、难分难解。在描述葬礼时，丢尼修想到有些不信上帝之人面对丧葬仪式时的"大笑"或轻蔑的笑，在他们看来，这些仪式意味着一种荒唐的信念。他间接提到了相反的轮回信念，但没有用预料中的反对者会用的那种怜悯的嘲笑来对待这一信念，而是以令人钦佩的宽容说，在他看来，轮回信念是错误的：

"他们中有些人想象，灵魂离开，进入其他身体；但在我看来，对于分担过神圣灵魂的各种工作的身体而言，这是不公平的，因为身

---

① 但读者在某种程度上知道印度吠檀多思想的趋势，他们会在我的每一步总结中发现这两种神秘主义之间的相似性：否定之路，个体灵魂的"圣化"，基督教的弃绝者迫使自己走出多，充满激情地返回一，即神圣合一的科学，等等。
② 《论圣名》第四卷第十九节。
③ 在普罗提诺看来，恶仅仅是善的缺乏。绝对的恶，即无限的物质，象征着善的缺乏之限度，即"神圣序列"的最后阶段。

体被不相称地剥夺了在道路的尽头等待着它们的神圣奖赏……"①

* * *

亚略巴古的丢尼修在他的宗教大厦中使用了许多可在印度的思想建筑中找到的材料。如果不能证明是一方借鉴了另一方，那么必须同意它们出自同一个源头。我既没有办法，也没有愿望去找出那个源头是什么。我对人类精神的认识引领我在支配这一精神的整体思想和规律中去发现它。嵌入每一个人，并推动着每一个人走向绝对者的那种原初本能——与绝对者神秘合一的渴望——所拥有的表达方式非常有限，而那些伟大的合一之路已被本性（nature）的迫切需要和局限性一劳永逸地探明。不同的民族只是以不同的性情、习惯和偏好走相同的路而已。

在我看来，受到希腊精神深刻影响的基督教神秘主义者和印度教吠檀多主义者之间的区别如下：

显而易见，前者拥有建构宏大秩序（imperial order）的才能，而这要求良好的管理能力。一个和谐而严格的"等级制度"控制着丢尼修的整座大厦，相关要素聚集起来，并得到公正、审慎、清晰的安排。在此结合体中，每一要素皆保持自身的位置与身份。②欧洲人极其重要的本能是忠于他个人的微小部分，并渴望使之不朽；这一本能与神秘引力这一基本力量奇怪地结合在一起，而这种神秘引力倾向于在大一的灿烂旋涡中失去其存在和形式的多样性。丢尼修在他最美

---

① 《论圣名》第七卷第一节。
② 这种对秩序的渴望，这一崇高的阶系，其直接的灵感来源是普罗提诺的"神圣序列"。
"在最初的和最末的之间有个序列；在这一序列中，每一者保持自身的适切位置。造物从属于创造者。然而，造物与它所依附的那个原则相似，只要它依附着。"

妙的一首赞美诗中描述的"神圣的平静"①，就是那种圆满的平静，它应当支配整个宇宙和每一个体，它既联合又区分构成大和谐的所有要素。它让不同实体彼此"和解"，再度联合它们而又不改变它们，从而，在它们的联合中，既没有分裂也没有距离，它们保持自身适切领域的完整性，不因相反要素的混合而丧失自己的本性；没有什么可以扰乱它们的全体之和谐，以及它们自身的独特本质之纯净。②

在丢尼修那里，这一愿望——甚至在绝对存在者的怀中也要保卫个体的完整性和持续性——是如此地强大，以致他不仅为天然的不平等做辩护③，而且为驱动着每一个体（在神圣的平静内部）保存其本质的好斗本能做辩护④，甚至为本性的残酷做辩护，只要这种残酷合乎

---

① 《论圣名》第十一卷。
② 同①。
③ 他只是宣告不平等"源于缺乏均衡。因为如果我们想要以不平等来指作为造物之特征并区分造物的种种差异，那么我们应当说，正是神圣的公义保持着这些差异，为的是让无序和混乱不在世上再度确立"（《论圣名》）。
"歌德的说法被超越了。丢尼修不爱'非公义'，也不爱'无序'——无序对他而言是超级的非公义。"
④ 丢尼修注意到，人和事似乎都不想要和平，它们"喜欢差异和分裂，不愿安生"。对此，他说，即便这意味着没有存在者愿意失去自己的本性，他也能在这种倾向中看到对和平的渴望。"因为万物都爱生活在和平之中，爱彼此团结，不爱远离自身和属于自己的事物，不爱从中堕落。完全的和平试图通过带来和平的远见，通过保存每一坚定不惑者，来保卫它们的习性。如果所有运行之物渴望的不是安生，而是彰显它们自身的适切运行，那么甚至连这也是对整体的神圣和平之向往，这种整体的神圣和平让万物不失和谐，并保卫所有运行之物的习性和运转之生命，让它们坚定不移，远离堕落，以便运行之物彼此和平，始终身在其位，发挥自己的适切功能。"（《论圣名》，法文版第四十卷第三、四节。）
在此，和平代表斯宾诺莎式的倾向——在存在中不屈不挠，它就是斯宾诺莎式的和平："和平不是战争的缺乏，而是一种内在德性，其源头在灵魂的勇气当中。"
我认为辨喜会同意这一定义。

类型和要素的规律①。

基督教神秘主义的另一主要特征是，它给予善和美卓越的地位。这源于它的双重高贵传承——基督和希腊。"美"一词出现在丢尼修作品的开篇。②美是无限者的属性；美是人性的源头和归属。③

善被归入更高的等级。善是存在的源头，善是神圣的起源。丢尼修把善放在神圣喜马拉雅山高里三喀峰的位置，即上帝诸属性的顶峰。善是太阳，无比强大。④从善流出其他一切：光明、理智、爱、结合、秩序、和谐、永生。甚至连存在——"上帝的所有礼物中的第一礼物"——也是善的产物。存在是头生子。⑤

这种观点显然完全不同于印度教的神秘主义，在后者那里，绝对者的统治高于善恶。然而，它使丢尼修的整个思想染上了一种明朗、平静和欢喜，没有任何辨喜式的悲剧阴影。⑥

---

① 恶也不在非理性的造物中，因为如果你拿走愤怒、贪婪以及我们谈论的其他东西（它们就本性而论不是绝对的恶），那么失去胆量和凶猛的狮子也将不再是狮子……
② "万物皆美……"
"存在的事物，无一完全缺乏一切美。"
"物质……其源头在那本质为美的当中，在整个物质界拥有某种理智美的回音。"
（《天阶体系》第二卷第三、四节）
③ "美统一万物而为万物泉源。它是伟大的创造之因，它振兴世界并通过万物内在的对美的追求，而使它们保持存在。它先于一切而为目标，而为被爱者，因为它是它们的原因。正是对美的渴求使万物进入存在。它是它们遵循的原型……我甚至还敢说'非存在'也分有至美与至善。"（《论圣名》第四卷第七节，这一节都是美的颂诗。）
④ 《论圣名》第四卷。
⑤ 《论圣名》第五卷第五、六节。"绝对、无限的善创造存在者，这是它的第一善行。"
⑥ 我想起甚至连罗摩克里希纳（生活在不间断的喜乐状态中，如同爱儿子一般爱摩耶），也不对宇宙的悲剧面视而不见，他有时表明，把神描述为善的，这是愚蠢的。他不否认自然之明显的残酷，他虔诚地拜倒在无限力量那不可思议的天命脚下。

但是，我们一定不能自欺，因为丢尼修口中的"善"一词与基督教的感情主义几乎没有什么共同点。无论是"神圣的平静"还是神圣的善，都没有在其整体结构中忽略宇宙中大量的软弱、暴力和苦难，它们一起组成交响乐；每一个不和谐音如果恰如其位，就能让和声更加丰富。它甚至容许惩罚错误，如果那种错误违背了人的本性所固有的法则，因为本性赋予每一个人自由，"神命并不摧毁本性"①。它必须"留心"保存每一个体本性的完整性，连同整个宇宙及其每一部分的完整性。那就是"普世拯救"的意义。②

显然，这些不同措辞——神命、拯救、善和平静——所表达的不是肤浅的乐观主义。它们的概念源于对本性的一种坚定而清醒的看法。它们要求大胆无畏的心灵与头脑③，离辨喜的英雄气概不远，但能更好地保持一个伟大的灵魂不可动摇的平静，该灵魂与至高无上的大一合一，并专注于大一的永恒计划。

丢尼修的观点所沉浸的氛围比较开阔，而不那么在通常的意义上

---

① "所以我们不应当接受'天命会违抗我们意志而把我们引向美德'的流行看法。神命并不摧毁本性（自然）。事实上，它作为神命的特点正显示在它救护每个个体的本性上，它使自由者可以作为个人或群体而自由地行动，只要这些被支持的个体的本性接受那因人而异给予赐福的支持者。"（《论圣名》第四章第三十三节）
甚至连普罗提诺的自由概念也可追溯到上面的段落，因为他指责斯多葛派的宿命论。人是其行动的主人。"自由包括在宇宙的永恒计划当中。"

② "这一神圣的公义也被称颂为'世界的拯救'，因为它保证每种存在者都被保存与维系在它们的合适存在和秩序中，各各有别。"（《论圣名》第八章第九节）

③ 《论圣名》第八章第八节。对照他对那些感到震惊并抱怨"善没善报，恶没恶报"的人的平静回答。他说有两点，要么所谓的善人深爱与他们分离的世间事物，因而与他们占有的位置和圣爱"完全割离"；要么他们真正热爱永恒事物，因而他们应当乐于接受所有的苦难，正是通过这些苦难，他们才配得上享受永恒事物。我已引用过他的基督观念，基督是"强壮者之主"，带领他的团队进入"为自由而战"的行列（《教阶体系》第二章第三、六节），我已比较过这段和辨喜的话。

道德化，这种氛围的气质更加接近印度教的神秘主义，而非纯粹的基督教思想，后者使卑微的、受压迫的无名大众团结在被钉十字架的耶稣周围。能量由自然法则（nature's laws）非人格的命令维系着，自然法则把富有多样性的要素结合起来。然而，比起印度的秩序，丢尼修的秩序具有如下优势：它带有希腊理性的和谐与罗马的宏大组织才能。我们强烈感到，丢尼修不得不满足双重迫切需要：受到东方思想滋养的希腊头脑的迫切需要，以及怀着被钉十字架的救主之梦的传道心灵的迫切需要。他让亚历山大里亚的华丽沉思光环环绕着基督，结果是，这圈光环的魅力在某种程度上使基督黯然失色。第一个接近这圈光环的人就像爱留根纳一样变得目盲。爱留根纳是那个世纪里唯一接触这些神秘作品的人，并且与它们有长久而秘密的交流，因为他几乎是那个年代唯一掌握这些作品的创作语言的人。他从这一神秘水源汲水，饮入沉醉于象征之中的自由心灵的秘密（这秘密对正统而言是如此地危险），在那里，基督教信仰的字面意义一点点地沉入无限而深不可测的大一之洋。经由丢尼修、普罗提诺、斐洛，亚洲的无限者通过爱留根纳渗入西方的虔诚灵魂。教会在13世纪徒劳地责难他。他公然繁荣在14世纪的伟大神秘主义者的"魔法春药"里，其中最陶醉的是梅斯特·爱克哈特，他受到了阿维尼翁教宗（Avigon Papacy）的责难。

这就是我们为什么很容易理解，在今天，教会甚至在荣耀"托名丢尼修"时，也在用警告来隐藏"那个古老、暧昧、晦涩、易变、危险的大师"，正如最有资格描述西方神秘主义的法国历史学家所称的那样。[1] 没有人能够否认，从正统的观点来看，这个评价是对的，尽

---

[1] Henri Bremond, *Historie litteraire du sentiment religieux en France*, VII. *La Metaphysique des Saints*, Vol. I, p. 158.

管正统在一千年里受到丢尼修的滋养；没有比这更糟的了！然而，我们不用为正统而烦恼，我们仅仅受到伟大的理智源头和普遍的人类之爱的吸引，可以在丢尼修的作品中欣喜地发现和指出（再次套用罗摩克里希纳的巧妙寓言）通往水库的若干阶梯中的某一段。[①] 从其中一段阶梯，印度人汲取他们称之为梵的水，从另一段阶梯，基督徒汲取他们称之为基督的水，但水始终是相同的水。

※ ※ ※

让我们来进行总结。在我看来，以下是印度宗教思想可能会有兴趣从欧洲神秘主义那里学会的重要三课：

（1）基督教形而上学家的"建筑"意识。我们刚刚以丢尼修的作品描述过这种意识，丢尼修的艺术可在整个中世纪找到。建起大教堂的人，将同样的理性秩序与和谐平衡带进精神的建构中，这使他们成为建筑大师，建起连接无限者与有限者的拱门。[②]

（2）探索无限者之"黑夜"的基督教探险家的心理科学。这种心理科学使他们耗尽某种才能——至少相当于（有时高于）从那以后通过戏剧和小说转向世俗文学的才能。16世纪西班牙和17世纪法国的神秘主义大师的心理学预示了古典诗人的心理学；现代思想家想象自己发现了潜意识心理活动，但他们几乎没有达到前人的水平。不用

[①] 在大西洋彼岸的西方，爱默生的声音是罗摩克里希纳的回音："所有存在者都出自同一精神，这精神依其不同的显现而有着不同的名字——爱、公义或智慧，正如大西洋在别的海岸有着别的名字。"（哈佛演讲，1838年。）

[②] 以此，他们不同于理智的逻辑学家，后者努力把心灵划分为不同的部分。几乎同时代的十字架上的圣约翰和加尔文之间的区别常被谈论如下：加尔文为了无限者而牺牲了有限者，而十字架上的圣约翰同时确立了无限者和有限者这两个概念的差异与联系。

说，后人和前人的解释不同，然而，要点不在于解释，也就是心灵给予所见之物的名相，而在于心灵见到的是什么。西方神秘主义的目光抵达的是不可理解之物的境界。

（3）西方神秘主义用来臻达神圣合一的巨大能量，尤其是习惯于战斗和行动的欧洲人的强力。这种强力吞没了鲁伊斯布洛克，以致他的巴克蒂（爱）有时以七宗死罪的伪装形式呈现："难以平息的欲望"，你死我活的暴怒"战斗"，"欢乐的狂潮"，对肉欲的接纳，[①]以及饕餮者的异常饥饿。同样还有灵魂与上帝合一的爱克哈特的"易怒"——"无法容忍任何高于它的东西，甚至上帝本身"，由此通过强力抓住上帝。[②]

我认为，印度教的神秘主义有可能从上述三个方面找到用来丰富自身的源头。[③]我进一步认为，为印度教的神秘主义指明上述三个

---

① 参见恩斯特·哈罗（Ernest Hello）的法文译本，选自 *De ornatu spiritalium nuptiarum*（"论永不满足的饥饿"，第38—39页；圣灵与灵魂的"战斗"，对闻所未闻的残忍和粗暴的描述，第40—41页；或者还有"山上聚会"，第54—55页；以及"拥抱"，第71页；等等），以及选自 *De Septem Custodiis Libellus*（对"爱的骚动"的描述，第106—111页）。

② 爱克哈特的第三论题受到教皇诏书的谴责。它宣称"与神同在的人创造了天和地"，"如果离开人，神什么也做不了"。在一次布道中，他列举了三种最高美德，把"易怒"归入"高于渴望的暴力"名下的第二位。他补充说，缺乏易怒是一种罪；"多亏这种力量"，他说，"神才被灵魂抓住"（Insel-Verlag 编，Leipzig, *Meister Eckhart Deutsche Predigten und Traktate*, 1927, pp. 236-237.）。

③ 我们不像许多西方思想家，尤其是奥托（M. Rudolf Otto）在他的优秀研究"费希特与吠檀多"（发表在 *West-Ostliche Mystik*, 1926年）中那样断言，西方神秘主义的优越性在于"Lebendige Tatigkeit"，即伴随着神圣沉思的行动特征。除了对行动的英雄主义提升，《薄伽梵歌》还能是什么呢？
"……即使不参与行动，也不能摆脱行动……行动总比不行动好……用思想控制住感官，凭借那些行动器官，从事行动而不执着，这样的人是佼佼者……在三界中，

方面，这也是辨喜的部分本意。他那伟大的吠檀多主义不断地专注于扩展和完善他的大一概念。他试图获取其他民族和宗教在为这场英勇的征服（应指征服大一）效力的过程中，所使用的一切力量。他对"神—人"（God-Man）的信仰是如此地无私，以致为了服务于该信仰，他能在任何人面前放下他的骄傲和他的炽热爱国心，无论那些人是谁，只要他们在更有效地为了共同的事业而奋斗。尽管他没有真正地意识到隐藏在西方神秘主义精神之中的深度，但他直觉到，东方可以在西方找到充足的灵性资源，从而，东西方可以共同实现完整的吠檀多主义——整个人类大家庭的宗教大同。① 正是在他的庇护下，我

阿周那啊，没有我必须做的事，也没有我应得而未得，但我仍然从事行动……如果我停止行动，整个世界就会倾覆，我成了混乱制造者，毁掉了这些众生。无知者行动而执着，婆罗多后裔阿周那啊，为了维持这个世界，智者行动而不执着……"

这些著名言论在许多世界以来滋养了印度思想，它们仍然是辨喜、甘地和阿罗频多的行动与灵感的祈祷书。阿罗频多表明，《薄伽梵歌》里的神不仅是通过精神意识揭示出来的神，而且是朝向行动，朝向我们所有奋斗、所有进步的神，工作与献祭之主，劳作与奋斗之人的朋友，亚略巴古的丢尼修会说："位列强壮者之主。"（参见《薄伽梵歌论》第二卷，1921—1928年。）

① 引自辨喜在1895年8月9日写给一个英国人的信，发表在1929年2月的《印度觉醒》上。我摘录如下（随意压缩过）：

"……我坚定地相信，人类社会有周期性的宗教骚动，目前我们正在穿越其中一个周期……当前的宗教骚动具有如下特征，即所有小的思想旋涡都在汇入同一处：对存在之统一性的洞察与寻求……在印度、美国、英国（我只了解这三个国家），成百上千的此类运动正在彼此争斗。它们全部或多或少有意无意地代表着吠檀多思想——人类迄今拥有过的最高贵的统一哲学……进一步说，如果在我看来有什么是显而易见的，那么这就是，在这些运动中，有一种运动应该吸收其余运动……哪一种？……就是展现生命最强烈、最显著之特征的那种运动……一言以蔽之，就是这个主题！是的，我真爱印度。但我的洞见日益清晰，无论印度、美国还是英国，我们都是那个神的仆人，那个神被无知者称为人。难道浇水浇树根的人不是在浇灌整棵树吗？社会、政治或宗教福祉只有一个基础，就是认识到我和我的兄弟为一。

把这份简短的基督教吠檀多主义摘要——从它在亚历山大里亚的古希腊摇篮开始讲起——献给印度。东方的星停在那个摇篮上空，亦如停在那个马槽上空。

1929 年 4 月

对所有国家、所有人，都是如此。让我告诉你，西方人比东方人更好地意识到了这一点，为阐述统一概念并在少数个别案例中将它付诸实践，东方人几乎筋疲力尽。让我们行动吧，不怀任何求名求权的欲望……"

译后记

我从事哲学翻译已有十余年,从来没有一本书像罗曼·罗兰的这部传记这样,牵动我的心。时至今日,交稿已有月余,我已着手翻译其他著作,然而,只要一想起斯瓦米·辨喜(或译为斯瓦米·维韦卡南达)如火球、如流星般的一生,我仍然感觉到深深的崇敬、热爱、愤怒和惋惜。这股混合的激情如同烙印,将永远留在我心里,或许也将在读者的心里留下或深或浅的痕迹。

罗曼·罗兰出版辨喜的传记时,后者已经仙逝多年,然而,罗曼·罗兰仍然在书中告白自己无法碰触辨喜的滚烫言语而不被灼伤。辨喜的力量穿越时空,扑面而来,让人无法避开。

翻译期间,曾有多个凌晨,黎明前最黑暗的时刻,有种力量召唤我醒来,坐到电脑前继续工作。我在焦灼和兴奋中,于字里行间奋力爬行,像只蚂蚁驮着重物急急回窝。在某个黎明,工作即将完成,我再也忍受不了,提笔将这股莫名的奔突激情的一小部分化为了一首小诗,以求得暂时的平静——

　　四十年华风暴里,
　　功名利禄皆尘土。
　　可怜一身傲狮骨,

付诸梵国贫民窟。
长夜漫漫哀声伏,
悲魂遍野扰清梦。
怒起踏上救亡路,
赤足寻遍人间火。
功勋卓绝照千古,
却使今人泪满目。

我本欲再写点什么,然而,无论如何,思路犹如被一块巨石堵住,再也无法诉诸文字。一方面是因为,在罗曼·罗兰的笔下,辨喜的一生,于我而言,上面这首诗便是写照。另一方面,本书的魅力不像哲学书籍,在于理智之光,毋宁说,本书的魅力在于,它主要挑动的是人的情感和意志,而情感和意志是非理性的,一旦试图言说,便已从指间流走,徒留文字空壳。我对辨喜的深情和对罗曼·罗兰的敬佩,使我无法允许自己在此留下虚弱苍白的言语。

我只想表明,在印度思想史上,恐怕没有人比辨喜更接近佛陀。他们反对种姓制度,竭尽全力让劳苦大众离苦得乐。辨喜由于生活在现代,因而更加激进,他试图先用面包让他的"叫花子神"饱腹,然后获得尊严、提升精神。他让印度母亲首次"在沉睡中翻身",尽管让印度母亲醒来的,乃是他的后继者们。要了解印度现代思想,就要先了解辨喜和他亲爱的师父室利·罗摩克里希纳;而要了解辨喜,就要从他对同胞的苦难、印度母亲的苦难之思考、体味和应对入手。

罗曼·罗兰倾尽全力,已将这部关于辨喜的最好传记呈现在我们面前。

你会发现，辨喜的生活、工作与思想，对我们就像对当时的印度人一样有效。在阅读的过程中，自有光芒照进你的内心深处。这是远古以来的人类精神财富之传承。

作为大文豪罗曼·罗兰的作品之英文版，本书的英文本身不算简单，再者，他喜欢绕着圈说话，以便最充分地传达他内心的想法和情感。这对于习惯简单直接的哲学文风的我而言，未尝不是一种挑战。因而，中文拙译中如有任何不妥或错误，皆归于我，请读者原谅我的能力有限。感谢闻中兄长对我的信任，把这项翻译工作交给了我。感谢广西师范大学出版社的编辑为本书付出的辛劳。感谢我的学生魏东泽为本书做了仔细校对。此外，感谢一些学生阅读本书初稿后，对译文修正提出的宝贵建议。

愿您饮得甘露！

最后，本书注释中有多处涉及《辨喜全集》，由于该书在过去的一百多年里经历了反复的编辑过程，因而目前的《辨喜全集》和本书英译者当时参考的版本有诸多不同，请有文献参考需要的读者依据目前的《辨喜全集》版本重新搜索相应引文的位置。

朱彩红

2018 年 8 月 10 日记于昆明